教育发现书系
# Discovery

# 学校智道
## 20所课改名校成长力报告

褚清源 著

山东文艺出版社

# 他们用行动定义理想

褚清源

我们的教育怎么了?!

这代表了很多人的一种情绪,这种情绪常常在不同的人群中传播,像流行病毒一样无孔不入。

正是这种集体情绪的渲染,有人把"教育问题"放大成了"问题教育",以至于有人忧患——我们的教育"病"了;有人宣称——教育"死"了,只有学校还活着;也有人痛斥——我们的教育嫁给了经济,嫁给了政绩,唯独没有嫁给我们的学校、我们的孩子。

身为教育中人,我们也常常会对教育自身存在的问题表示愤慨:我们的学校在异化,教育在异化,课堂在异化。在功利化思想的驱使下,今天的学校越来越漂亮了,教育却越来越没有生机了;学校有形的围墙透明了,无形的围墙却始终未能打开;学校的"工厂化"、"市场化"色彩浓了,而人文化和生活化却淡了;学校这个最应该彰显文化品质的地方,文化却是贫血的、苍白的。

今天的教育走得太急切、太功利,以至于迷失了前行的方向,忘记了出发的起点。"我们到底要培养什么样的人,我们的教育要走向哪里?"当这样的追问被置于耳旁的时候,我们的学生成了成人的工具,甚至教育也成了工具,我们的教育试图越过成人直接追求成才,以至于教育被窄化为教学,教学被窄化为应试。我们每个人都在应试教育的围城里靠着一种惯性生存,人人都知道这样做是狭隘的,但鲜有人愿意用个体的力量对抗整个环境,常常把教育的问题归咎于体制的束缚。也正是因为这样的思考逻辑,我们每个人又都成了这个体制的帮凶,都在有意无意地加固着这个保守的问题制度。从这个层面上说,如果我们的体制需要突破的话,这个体制不应该是抽象的、宏大的,而是具体的、微观的,那就是从改变自己做起。至少作为教育中人,我们没有理由抱怨环境,抱怨体制,千万不要天真地以为只要体制变了,你的教育就能做好,这是怯弱者给自己找到的拒绝变革的美丽借口。

我们这个国度从来不缺少揭开伤疤的批判者,同样,在我们的身边也总会有那么一批不甘平庸、勇于变革的建设者,总会有一批以教育理想追寻理想教育的行动者。他们用行动定义着自己的教育观和方法论,延续着一场对抗教育异化的集体行动。

行动是改革的最高智慧,教育理想只有诉诸行动方有意义,教育理念只有回到粗糙的地面才能彰显价值。我一向憎恶那些只说不做或者只批判不建设的人。教育需要"破",更需要"立",不破则不立,但只破不立是不道德的。

这本书所记录的就是那些身处围城之中却试图以个体的努力寻求突围的学校,和学校背后敢于打破教育沉疴的人。

我所记录的学校大多具备如下特征:

一是学校正处于上升状态,改革是学校发展的主流文化。

二是师生呈现出向上的生命状态,过着一种幸福而有尊严的教育生活。

三是有一位有思想的领军人物,并且这个人物背后有很多耐人寻味的改革故事。

如果用一个特征加以概括,那就是"变革"。变革的张力放大了学校的魅力。没有什么力量能挡住学校变革的脚步。教育变革以学校为代表呈现出了这样的景观:从城市到乡村,一批领跑课改的先锋学校正在成长,他们的影响在更大的范围内逐渐延伸;从校长到教师,教育者的集体成长意识开始觉醒,越来越多的学校开始关注教师的专业成长和幸福指数的提升。

穷则思变与忧患意识,代表了我所关注的学校的两种改革的文化基础。河南洛阳十二中、河北围场天卉中学等都是在发展身陷囹圄的背景下启动改革、走向成功的;而河南郑州一中、山东昌乐二中等是当地的名校,却毅然锁定课改,谋求学校文化的突破与升级。

在这些改革样本中,有已经走进人们视野中心的炙手可热的名校,但更多的是那些尚在成长中的"潜力股名校"。他们在自己的领域里默默地勾画和实践着理想愿景,他们在学校变革的道路上默默地"爬坡",正是众多像他们那样"爬坡"前行的学校和校长,才构成了未来本土教育发展无可穷尽的活力和不可限量的动力。

他们中有公办,也有民办。无论是公办学校还是民办学校,敢于投身改革者都让人心生敬意,但是与民办学校相比,公办学校阵营中的改革者可能面临更大的改革阻力。公办学校的校长完全可以选择做一个"维稳型"校长,他们可以有太多理由远离改革,拒绝改革,但是他们毅然对可能意味着要付出种种代价的改革乐此不疲。没有对教育理想的追求,这样的改革可能无法开启,热情也无法持久。

我很庆幸,因为记者这个职业结识了那些躬身实践于教育田野,敢于坚守理想、捍卫教育常识的人们。他们以不同的方式演绎着好教育共同的品质,他们通往理想彼岸的路径可能不同,他们言说教育的方式可能不同,他们出发的起点可能不同,但有一点是相同的,那就是他们追求理想教育的最核心、最基础的部分是相同的。

课改是一段通往理想教育的旅程。不管你是否感受到学校变革的脉动,课改都已进入了"深水区"。我们需要厘清的是,课改到底为学校教育带来了什么?课改会带中国教育走向哪里?我试图在自己有限的记录与解读中回应这些命题。因此,我常常把每一个学校个体置放于课改这一特定而宏大的背景下进行考量和观察,我也因此更愿意将这样的记录定义为对学校个体课改史的解读。

我真切希望这本书能给更多的读者带来益处,让改革者从中读出共鸣,读出温暖,不再孤独,让那些有意改革者从中读出勇气,读出信心,不再迷茫,不再徘徊。

# 目 录

## 第一辑 保卫童年

保卫童年　　样本学校:河南省濮阳市实验小学/3

一所"好学校"的办学辩证　　样本学校:北大附中河南分校外国语小学/26

解放孩子的创造力　　样本学校:山东省济南市经十一路小学/40

叩响幸福之门　　样本学校:河南省三门峡市外国语小学/48

新世纪学校谋变　　样本学校:河南杞县新世纪学校/58

## 第二辑 课堂救赎

从"改课"到"课改"　　样本学校:河北省围场县天卉中学/71

不一样的课堂　　样本学校:河北省兴隆县六道河中学/94

传统课堂的现代救赎　　样本学校:江西省抚州市金溪二中/104

探寻课堂之道　　样本学校:河南省尉氏县剑桥外国语学校/115

三生课堂　　样本学校:北京市昌平区长陵中学/125

## 第三辑　品牌生长

中国的帕夫雷什中学　　　样本学校:河南开封市求实中学/135

领跑者的教育远景　　　样本学校:江苏翔宇教育集团/145

非主流学校的主流教育探索　　　样本学校:河南商丘兴华学校/160

东西方文化的现代课程解构　　　样本学校:河南少年先锋学校/174

新博攻略:学校软实力的成长　　　样本学校:河南省辉县市新博学校/185

## 第四辑　文化再造

一所现代版"春晖中学"的教育高度　　　样本学校:河南省郑州一中/201

从课堂改造到文化再造　　　样本学校:河南省郑州市第102中学/214

通往名校之路　　　样本学校:河南省郑州市第十九中学/228

县中突破　　　样本学校:山东昌乐二中/240

薄弱学校的蜕变与增值　　　样本学校:河南洛阳市十二中/255

**附录·观察/266**

**后　记/279**

# 第一辑 保卫童年

谁偷走了孩子的童年？我们的教育迷失了什么？当童年被作业和考试占据，当课堂因灌输而挤压了思维放飞的空间，当孩子的童年被成人社会以"爱"的名义反复围剿，一些教育者不禁发出这样的感叹。童年不应该沦为工具，牺牲童年的幸福并不能赢取未来的幸福，挤占孩子自由的空间就是扼杀孩子童年的幸福。我们真的需要一场"保卫童年"的集体行动，还原学生作为孩子的独特存在，至少在自己的领地里为孩子撑起了一片自由的天空……

# 保卫童年

> 样本学校：河南省濮阳市实验小学
> 核心经验：适度教育实践

有这样一所学校：学生没有过重的学业压力；每一届学生毕业时都要共同种一棵毕业纪念树；由学生创意的主题活动，成了他们获得成长体验的主要平台；几乎每个人都有博客，这是师生、家长共同言说教育的方式。在这里，学校自主开发了30多种自助餐式的课程可供学生自由选择；学生的近视率被纳入到了评价体系；学生的诚信品质被看得高于一切，甚至用诚信统领了整个德育。在这里，教师的行走方式正在被一种行动研究所改写。所有这些组合在一起，构成了他们正在进行的一场名为"适度教育"的探索。

# 上

在豫北，素有"颛顼遗都"之称的濮阳，区域教改呈现了前所未有的生机，每一所学校都在以自己的方式彰显着改革的活力。濮阳市实验小学就是其中的一个领跑教改的探路者。2008 年第 22 期《人民教育》在封面文章《濮阳之谜》的报道中以"理性"对该校的特质进行了概括。这很大程度上也许源于该校对当下小学教育的深刻反思。

李慧军，这位智慧型的校长，总是能够洞察教育的现象与本质，她的很多观点让我们对当下的小学教育有了更清醒的认识："我们一不小心就可能进行着反教育的实践。""教育是一种慢的艺术，它需要等待，急功近利则容易'死机'。"回应她这些深刻思考的是——她带领自己的团队开始了一场以保卫童年为主题的教育行动。

## 从适度教育出发

"今天，我做得适度吗？"每天对自己的教育行为进行这样的反躬自问，已成为实验小学教师共同的习惯。

2007年1月，离开实验小学10年之久的李慧军回到了她工作过的第一个地方。不同的是，20年前，她来到这里的时候，是一位刚从学校踏上工作岗位的语文教师，而离开10年后，她回到这里的角色已变成了校长。在这个熟悉的校园里，她要在校长这个陌生的岗位上作出新的探索。

新的探索首先源于她对现实教育中普遍存在的过度和不及现象的高度关注。她发现，很多孩子每天晚上写作业要到10点甚至更晚，双休日依然被困在家里做试卷，写作业。孩子们没有自由的时间和空间，更没有自主学习、自主思考的机会和余地，他们的大脑被一种功利思想主宰着，没有个性、没有自我、没有健康的心理和强健的体魄。"这种教育与生活的分离正渐渐让孩子们失去体验生命的机会，而生活恰恰是教育的根基，失去了根基的教育，其有效性和意义将从何谈起？"李慧军说。

针对教育中的不适度现象，实验小学展开了一项调查。调查共收到家长材料3200多份，教师反思材料150多份，学校管理反思材料40多份。经过整理，他们归纳出了课堂、德育、管理、教师队伍成长等方面的过度和不及表现。比如，课堂上教师讲授过度，学生的自主、合作、探究学习不及，学生的课堂参与度不及，等等。比如，学校对分数的过度追求，家庭对孩子学习的过度要求，机械的重复性的过度训练、过度补习、过度竞争，等等。比如，关注身心健康不及，关注开发潜能不及，关注创新精神不及，等等。

"这样的教育是目中无人的教育，把学生当成统一规格的产品去塑造，当成知识的容器去对待。这些都可能严重影响孩子成长的生态平衡。"李慧军说，"孩子进入学校，就意味着把生命中最珍贵、最有意义的另外一个生命交给了学校。当下，孩子们整个童年世界不断被扭曲被挤压。依靠拼体力和时间换取分数的高成本教育，让孩子们失去了童年的快乐和幸福，失去了他们成长过程中本应拥有的一些东西，而这些东西恰是最宝贵的。"

2008年3月2日，濮阳市实验小学适度教育研究所正式成立，研究所下设教育理论、教育管理、教育评价、教学实践和德育实践5个研究室。聘请了以北京市教科院程晗博士、河南大学刘志军博士为代表的16位专家学者作为研究所的顾问。适度教育确立的理想目标是，通过抑制过度的教育、提升不及的教育、调整错位的教育，最终发展绿色的教育。

自此，实验小学从适度教育出发开始了新的教改旅程。于是，学校里开始有了"适度教育论坛"；于是，学校全面启动了"五大工程"，即健康教育工程、诚信教育工程、潜能开发工程、教师专业发展工程、学校形象策划工程。

## 高效课堂的"绿色化"

在实验小学，几乎每一节课都别开生面。三年级语文老师张丽华在讲授《中国国际救援队真棒》一文时，普通话很标准的她采取了新闻播报的方式，让学生在聆听中赏析、体悟文章的内涵；五年级语文老师白佩轩仅用半个多学期就与学生一起完成了教材的学习。他用最经济的时间取得了最佳的教学效果。然而，为了培养学生的自学能力，一节《桂林山水》他曾经连续上了一周。

适度教育首先要追求适度课堂，让孩子们自由生长。自2007年以来，实验小学就开始致力于构建"自主、高效"课堂。后来，他们又把自己的课堂定位于绿色课堂，即高效课堂的绿色化。他们对"绿色"有很多自己的解读，所谓绿色，即环保的、健康的、生命的……唯有这样的课堂才配得绿色这种生命的颜色。

在李慧军看来，在课堂上如何广泛开展启发式教育，激发学生的学习兴趣，引导学生独立思考，敢于质疑，不让学生死读书、读死书，才是真正意义的减负，才是真正绿色的课堂。学校提出了绿色课堂的评价标准：一是当堂完成教学任务，不布置机械的重复性的作业；二是通过实施分层教学、分层训练，使各层面的学生都能在现有的基础上实现最大发展；三是保证每个孩子都有乐此不疲的学习兴趣，且人人会学习，人人主动学习；四是全面开发学生的潜能，促使学生全面发展。

在此基础上，学校初步提炼出了一种以"三维"为总体目标，以"六度"为教学原则，以"五环节"为基本操作方式的适度课堂"三维六度五环节"教学模式。

所谓"三维"，即兴趣、习惯、能力。所谓"六度"是指教学目标的适切度、学生学习的参与度、学习方式的自主度、小组合作的有效度、练习设计的层级度、拓展延伸的合适度。所谓"五环节"：一是预习（自主）探究环节，这一环节可以在课堂上进行，也可以在课下进行，根据年级和学科特点提出适度的预习要求。二是交流展示环节，是对"预习探究"的交流展示，主要分两个阶段进行，第一阶段是学习小组成员之间互相交流、讨论，解决自己"预习探究"的收获和困惑，属于小组内的"交流展示"；第二阶段是在此基础上以小组为单位选派代表向全班展示本组"预习探究"的收获。三是质疑释疑环节，是经过预习（自学）、交流展示环节后还有哪些没弄懂或没学会的，可以通过其他小组的同学或老师来解决。四是主题训练环节，主题训练的目标可以是学生质疑中有价值的问题，也可以是老师备课时确定的重点、难点和训练点。训练主题的确定应充分考虑课标要求、教材特点与学生实际。五是拓展延伸环节，对主题训练进行有益的补充与提升。

为使课堂更加高效，逐步趋于绿色化，实验小学开展了"三个一"活动，即一个课题、一次研讨活动、一堂课。学校加大了随堂听课力度，指导老师们发现并梳理具有针对性的校本教研问题。如，课堂教学目标的适度确立、不同学段预习要求的适度、不同学段小学生自主学习的适度、数学教学中怎样适度地为各学段学生编写学习提纲等等。然后，各个教研组、每位教师根据自己的教学实际，从中选择一个最急需解决的问题，作为自己的阶段研究小课题。这些小课题的结题，不一定是一篇周密而详尽的结题报告，而是通过研究探索出的解决问题的方法和思路，一篇随笔、一段反思、一则案例分析等都可以是校本教研的成果。

实验小学的适度教育论坛是以年级组为单位轮流承办的，每期围绕一个主题进行集中探讨，效果显著。所谓一堂课，就是一节能反映课题研究思想、解决课题中的一个问题的教学探索课。每学期一次大规模的课堂展示活动，是课堂教学改革成果的集中展示。负责教学业务的副校长徐相瑞说，公开课是盛宴，常态课是家常便饭。盛宴往往是给客人吃的，花色更多，做工更细；家常便饭是自己吃的，求营养更求实惠，所以讲究就少了，但是要提升教学艺术，盛宴和家常便饭都要兼顾。

## "诚信德育"新模式

在实验小学，诚信教育被视为是"根"的教育，是适度教育的保底工程。而用诚信教育统领整个德育，则是该校的一大创新。该校通过承诺的自我约束力，有效地将诚信教育与养成教育、文明礼仪教育、课堂教学、家庭教育、社区教育进行了对接。

《我承诺、我诚信、我快乐——适度养成教育诚信评价手册》是实验小学自主编制的校本教材，分为低、中、高年级三个版本。《评价手册》提出的要求由低到高呈梯级分布，内容分为在家表现、在校表现、校外表现三部分，共56小项，涵盖了小学生学习、生活等方方面面。

每周一下午第一节课，是实验小学的诚信评价课。这是由实验小学自主开发的一项德育课程。在这节课上，针对上一周学生在《评价手册》上的集体承诺、个人承诺，通过自评、小组评、家长评、老师评，得出评价结果和改进意见。

在自评过程中，如果觉得自己承诺的习惯要求都达到了，就在自评栏里涂一个"笑脸"，完成得一般就涂一个"一般脸"，没有达到要求就涂一个"哭脸"。同样，在小组评价中，小组成员根据被评价学生的表现进行客观评价，根据情况涂上"笑脸""一般脸"或"哭脸"，最后，还要有家长和老师的评语。

在五年级的班主任李玉萍的班上，郭倩雨同学在自评中写道：我在过去的一周里，自己承诺的没有做到，我有时在书店里看书，但心早已跑到电脑上了，虽然我一个星期写了7篇阅读，但那都是在一天时间内恶补的，太惭愧了。

妈妈心语：能认识到自己的缺点就是一种进步，能改正自己的缺点是一种超越，妈妈相信你一定能超越自我，很好地展现自我。

刘皓天同学在自评中写道：我在这一个星期没有打人骂人，也没有在小摊上买零食，早睡早起的习惯也养成了，也认真写老师布置的作业了。我觉得这一星期表现得不错。小组评语：这个星期确实表现不错，没有听到你骂人，写作业也很认真，在你的身上也没有闻到零食的味道，值得表扬！

在最初的评价过程中也有这样的现象出现：三（5）班班主任发现给自己"一般脸"和"哭脸"最多的竟然是班里平时表现很好的两名同学；平时习惯不是很好，总是影响大家学习的同学，竟然有不少全部给自己涂上了笑脸。在这种情况下，班主任给表现很好的两名同学写下了这样的评语："你对自己这样严格要求，明天的你是最棒的。"而给那些不能客观评价自己的学生则给予了这样的引导："一个只有敢于面对错误的人，才能勇于改正错误。如果我们连自己的缺点都不敢面对，还怎么去克服这些缺点呢？"

实验小学曾经召开过一次家长座谈会，在这次座谈会上，二年级的一名学生家长程淑华谈到了自己孩子在诚信评价课中的成长与变化。这个很多方面都表现得不错的孩子有一个坏习惯：不喜欢刷牙。为了督促他每天刷牙，妈妈每次都要检查他的牙刷，但是为了逃过刷牙，孩子甚至偷偷把牙刷弄湿，蒙混过关。就是这样一个不愿意改掉坏毛病的孩子，在学校开展了诚信评价课后，发生了变化。变化源自一次自评，《评价手册》中50多条内容他几乎全都涂上了笑脸，唯独"早晚要刷牙、洗脸"一栏空着，他知道自己这一条做得不好，但又不愿意涂"哭脸"，经过了一番思想斗争后，他主动恳请妈妈允许自己先涂上"一般脸"，然后保证以后坚持每天刷牙。这就是诚信评价课产生的神奇力量。

诚信评价课受到了学生和家长的普遍欢迎。学校曾作过一个调查，结果显示，学生和家长对诚信评价课的喜爱和认可度高达95%。

一位家长说："原来培养孩子的好习惯总感到无从下手，现在好了，每周都有培养目标，孩子津津乐道，看到孩子一步一个脚印地成长，我感到很欣慰。"

诚信评价课评出了学生的诚信品质，评出了崇尚美好的集体舆论，评出了辨别是非、美丑的砝码和尺度，使学校教育和家庭教育实现了有效对接。

围绕诚信德育，学校倡导学生参加一项主题性研究——当代诚信企业文化。各班自由选择一个知名企业，利用网络、书刊等信息，深入了解企业，挖掘其诚信文化内涵，进而内化为自身品质。有收集文章的，有收集图片的，有收集口号的，有收集数据的，研究对象有北京同仁堂、青岛海尔集团、烟台张裕集团等等。学校还利用黑板报、走廊墙壁，展示了一个个鲜活的案例，一张张精美的图示。李慧军说，此项研究已经成为学校的品牌活动。

诚信考试，是实验小学鼓励学生增强自控能力，提高约束自我、战胜自我意识，而实行的无人监考考试。2008年4月18日、19日，学校举行了为期两天的无人监考考试。考前，老师对学生进行了有针对性的动员，学生写下了《诚信考试承诺书》。考后学生根据自己的表现，为自己的诚信打分。老师们还不失时机地让学生写下自己考试后的心得体会。有学生写道："我宁愿考试成绩得零分，也要我的诚信得满分。"

"写到一半，一道题将我难住了，可那道题占的分可真多呀！不写，就会丢失很多分。想写！怎么写？看别人的？不行，诚信考试怎么能看别人的！宁可卷面成绩考零分，也得让我的诚信得满分！"

"剩最后一分钟了，我却还有一道小题不会做，我的脑子已经快爆炸了，终于，我看了邻桌的试卷一眼。这一眼使我失去了诚信，即使得再高的分又怎样？我后悔了。"

孩子们用心灵写下的这些文字，令人感动，促人深思。人生处处是考场，只有以诚信为基础，用诚信去书写自己的人生，才能从容应对各种挑战，才能交上一份满意的人生答卷。

## 手记：发现适度教育命题

对于一个充满理想的教育群体而言，适度教育应当是一个永恒的命题。实验小学的研究者给适度教育下了一个定义就是，施教者顺应生命成长的自然规律，以一种发展的眼光、宽容的态度、期待的心态，在适宜的时间和空间内，采取适当的方式、方法、措施，营造一种安全、轻松、相互接纳、健康和谐的教育氛围，对受教育者进行恰如其分的教育，从而达到教育本真状态，使受教育者的身心得到健康、和谐、充分的发展。

在小学教育领域，适度教育就是呵护孩子完整的童年。它倡导绿色质量观，反对以生命损耗为代价的高成本教育。适度教育认为，这里的高成本教育实际是指那些"目中无人"，只瞄准分数，靠加班加点、机械训练、重复练习，靠排名次调动学生学习兴趣的教育。这样的教育使得本来就存在差异的学生都在同一条道上赛跑，他们没有自主时间、没有放飞身心的空间，每天的全部就是为了考分。学生大脑中关于考试的潜能被开挖殆尽。而事实上每个学生的大脑都是一个丰富的宝藏，亟待教育者通过适当的教育方式和教育方法进行适度开发。

适度教育是认识、解释和改造复杂性教育的教育哲学。其本质特征是及而不过，恰到好处，是尊重生命、关注生命、促进生命健康发展。

适度教育坚持六大基本理念：一是顺其自然，适当引导。学生该做什么就让其做什么，能做什么就引导其做什么，要激发其兴趣，使孩子由被动变为主动，让其特有的潜能和天赋遇到适合成长的土壤。

二是讲究到位，及而不过。所有与孩子成长有关的工作都要以恰到好处为标准，不能擅自降低标准，偷工减料，也不能擅自提高标准，揠苗助长。

三是主张精细化教育。精细化是实施适度教育的必要条件。实验小学制订的学生在学习习惯、行为习惯、文明礼仪、做人做事等方面的精细化方案，旨在提升精细化教育意识和教育效果的不及，努力培养学生的精细品质。

四是崇尚"根雕艺术"。适度教育讲求尊重和利用物体原有的形状，顺其势，凑其形，它若尖嘴猴腮，就塑孙悟空，若肥头大耳，就雕猪八戒，强调老师要挖掘学生内在潜能，反对揠苗助长。

五是要承认不同、尊重差异。辣椒没有冬瓜大，冬瓜没有辣椒红，适度教育充分鼓励"辣椒"不要自卑，与"冬瓜"并肩而坐时完全可以扬眉吐气。

六是面向全体，强调公平。适度教育认为，教育者施教时的任何厚此薄彼的做法都是不公平的，不公平就不适度。适度教育强调四个尊重，即尊重孩子的参与权、质疑权、犯错权和越轨权。

我们期待着更多的孩子能在适度教育的实践中受益。

# 下

　　临近毕业的一段时间，刘翼飞同学一直忙碌着制作班级的毕业DV。从拍摄、撰写解说词，到解说和后期编辑，毕业DV都由刘翼飞和他的几个小伙伴完成。

　　刘翼飞是五（8）班的学生，他是校信通评出的学生"博腕"。这个毕业DV，详细记录了他所在班级的学生从5年前入学到毕业时与老师一起生活的点点滴滴。其中有他们共同种植纪念树的场景，有校长亲自为学生颁发优秀毕业生证书的镜头，也有每一位个性学生的精彩展现……一段时间以来，五（8）班富有创意的毕业DV，成了师生关注的一大新闻热点。

　　类似这样的人和故事，在实验小学有很多。无数这样的人和故事被记录在师生的博客里，沉淀在师生的记忆里。校长李慧军对这一现象有一番感慨："每个人都要有自己的故事，要记录自己的故事，有了故事，也就有了思考，也就会有美好的回忆。保卫童年，何尝不是让孩子们留下美好的回忆。"

　　走进这些诗意的教育故事，也许更能让我们深刻理解适度教育的思想。

## 师生的木瓜情缘

实验小学的校园里有4棵木瓜树，那是学校历史的见证，从建校至今已有近20年了。每到秋季，硕大、油亮、散发着淡淡清香的木瓜挂满枝头，成了师生闲暇时驻足观赏的风景。每年国庆节到来之际，是实验小学师生采摘木瓜的时候。学校会专门安排一节采摘木瓜的特殊课。

学校王志敏老师在一篇题为《校园木瓜情》的文章中记录了一次采摘木瓜的场景：上课铃一响，木瓜树下聚齐了负责采摘任务的老师、领导和学生，每个人都跃跃欲试想亲自摘下那最大最黄最香的一个。采摘工具拿来了，是梯子、钩子、床单等。床单的作用在于由4人扯住4个角，负责随时"迎接"摘瓜人从树上扔下来的木瓜。"好，开始摘！"不知什么时候，校长一声令下，手脚灵活的教师迅速爬到了木瓜树上。接木瓜的师生立即到位，一切娴熟有序。"呀，这个木瓜真大呀！""哟，这个虽然个头不大，可长得这么匀称光滑，真是个'木瓜美女'！""嘿，小心脑袋，往下扔木瓜的时候悠着点！"树下又是一阵嬉笑、欢呼……这样的场景让每一位在实验小学生活过的学生都记忆犹新。而每一年的木瓜采摘课在孩子们的记忆里都是唯一的。木瓜的产量很高，采摘下来的木瓜学校会给每个班分发两个。尽管木瓜长得很是喜人，尽管年幼的学生们天天在树下嬉戏、玩耍、捉迷藏，木瓜伸手可及，然而，不到采摘的时间，没有学生会去随意碰它们，而是小心呵护着。木瓜树的点点滴滴已经融入了师生们的生活，木瓜树下发生的故事会让他们铭记一生，这木瓜和师生的情结只有他们自己才能读懂。

木瓜树只是校园里众多植物中的一种。在实验小学并不算大的校园里，还有很多如樱桃、女贞、石楠、银杏、海棠、桃、杏等花木，其中广玉兰、雪松、木瓜树、葡萄被誉为"实小四绝"。这些花木集中分布在校园小路的两旁，其中标示有班级毕业留念字样的，是每一届毕业生种下的一棵毕业树。

学校还发动师生共同为这些花木题诗以赋予其文化内涵。如有教师给广玉兰的题词是"傲骨不下松柏，娇艳胜于桃李"；给龙槐的题词是"系龙魂于一体浩然正气，聚谦虚于一身俯首纳谏"；给爬山虎的题词是"无手无脚肯攀登，有胆有志占高峰"。学生用自己的语言所表达出的童心、童真和童趣，更是让人感动。为花木题诗的倡议发出后，短短一周时间，就收集诗词作品近千首，孩子们的作品虽显稚嫩，但字里行间流露着真情实感。如告诫同学珍惜时间的"题龙爪槐"：撑起一把伞，顶绿一片天，树下读书忙，努力在童年；抒发感谢老师之情的"题葡萄"：一颗一颗又一颗，果皮晶莹果肉多，没有园丁来培育，哪得累累丰收果。一年级的一位小同学为垂柳题诗：柳叶儿青，柳叶儿黄，柳树旁边是课堂。柳枝儿弯，柳枝儿长，柳枝下面捉迷藏。"花木题诗"活动使学生在尝试诗词创作中，体验到了乐趣，更受到了教育。学校择优把诗词制成标牌，立于花前树下。

伴着这些花木的成长，一届又一届学生成人成才。学生任晨在自己的毕业留言中这样写道："学校木瓜树上的每一片叶子，每一颗果实都蕴涵着我们真挚的友谊，葡萄架上每一颗晶莹的葡萄都包含着我们的自律精神。"

## "玩风"就是学风

学校里没有活动，便没有了生活。生活是最好的教材、最好的老师、最好的课程、最好的展示平台。

实验小学的活动很多。最具特色，也最让孩子们期待的是每年春季举行的科技艺术节和秋季举行的体育文化节。

科技艺术节是该校师生的盛大节日。这一天，校园里的主角是每一个孩子，而观众是每一位教师和家长。在学校举行的第二届科技艺术节的开幕式上，学生展示的"红旗飘飘""欢乐校园""激情飞扬""乘着知识的翅膀"等大型团体操编排新颖、活泼生动；经典诵读"中华魂"气势宏大，震撼人心。开幕式结束后，每个年级的节目演出同时开始，一个个充满个性、富有童真童趣的小节目，彰显了孩子们的创新智慧和艺术素质。细心的李慧军校长会走到每一个舞台前观看，并为孩子们鼓掌、叫好。

引人注目的还有学生自己设计编辑的精美手抄报，奇思妙想的小发明和异想天开的科幻画。学生现场演示的与生活常识有关的物理和化学小实验也吸引了众多家长的围观。

张金香老师讲述了一个故事：一名平时在班上表现并不是很突出的学生，用蛋壳和萝卜制作了一只卡通小鸟，很逼真。最初小鸟的头是用萝卜雕刻的，但过了一段时间后，萝卜缩水，小鸟的头掉进了蛋壳，破坏了整个小制作。为了能在科技艺术节这一天展示自己的作品，他反复做了三次。最后，选择生姜做材料雕刻，使整个小制作既不会缩水又活灵活现。"这样一个过程的背后，是学生兴趣的培养，智慧的开掘。"张金香老师说。

与上一届科技艺术节不同的是，本届科技艺术节充分调动了每一位学生参与的积极性，学生自主编排、自主导演，从节目的筛选到节目单的设计，从演出场地的布置到演出场地的命名，整个过程教师都退居幕后，学生走到了前台。

李慧军介绍说，以往的节日活动，学校习惯于注重"出彩"，注重让领导满意，孩子们是少数参与，且是被动参与，老师们为了策划组织常常是疲于应付。

"节日本身应该是为孩子搭建展示自我的平台,为他们打下快乐童年的烙印。"李慧军说。

在体育文化节上,学校组织学生参与丰富多彩的民族体育趣味运动,校园舞、速轮滑、抖空竹、推铁环、抽陀螺、马术、击剑、跆拳道、跳山羊、编花篮……校园里沸腾了,处处洋溢着生命的激情。

体育文化节上,学校尽可能搭建适合每一个学生兴趣的活动平台。学校为那些适合发展竞技体育的学生安排竞技体育项目,为那些不适合竞技项目的学生,专门安排一些趣味性体育项目,为那些不善于运动但很热爱体育文化的学生,则安排了体育文化研究活动,让他们选择一个自己最感兴趣的体育项目开展研究性学习。他们的研究成果为同学们提供了丰富的体育文化大餐。

李慧军说,玩是孩子的天性,适度教育最大的追求就是遵循教育的规律,还原教育的本真,抓住学生爱玩的心理,在"玩"字上做文章,为学生创设主动学习、特色发展、创造发明的自由天地。

实验小学的教师经常向学生强调,学与玩是一对亲密的兄弟,在学中玩,在玩中学,学与玩会相互促进。"玩中长智,玩中品乐,玩得文明,玩出学问"成了实验小学追求的至高境界。

学校先后组建了书画、英语、篮球、合唱、科技、朗诵、珠心算、节目主持、情景剧表演等30余类兴趣小组。为了激励学生将自己的特长技能学精学透,学校一方面给他们提供展示才华的机会,另一方面允许特长突出的学生年末评优时优先参与竞争。对当选者,学校既为本人发奖,还要为家长送"喜报"。

"小明星工程"是实验小学落实"用不同尺子去衡量每一位学生,用放大镜去寻找每一位学生的闪光点"理念的一项创意活动。有一技之长的学生,都可以申报参评"学校小明星"。在校园最醒目的教学楼过厅处,张贴着"浩瀚天宇,我是最亮的那颗星;实小学园,我是快乐的小精灵"标语，一大批学生榜上有名，绘画星、舞蹈星、科技星、书法星、篮球星、长跑星、博客星等等，可谓"群星璀璨"。一位即将毕业的五年级学生抑制不住对学校的留恋，说："我以前虽然成绩不好，但老师不会因为我成绩差而责骂我，当我有了提高，老师就把我评为'进步小明星'！我真希望初中也能在这里上！"不少孩子在谈到对学校的感受时，都对学校宽松的教育氛围、融洽的师生关系、愉快的校园生活非常眷恋。

"会学善玩"的理念为实验小学学生的个性发展插上了奋飞的翅膀。家长们欣慰地感慨：刚开始还有些担心，没想到孩子玩兴愈浓，玩得愈火，学习起来越轻松，学习效果也越好。

## 为学生开发"自助餐"课程

实验小学学生的快乐生活不仅源于丰富的活动平台，30余类可供学生自主选择的"自主餐式"校本课程，更是为他们提供了成长的沃土。

根据学生的兴趣和特长，学校开设了以诚信教育为主题的评价课程、乒乓球技能普及课程、形体训练课程、阅读课和主题性学习五种校本课程，为学生的特长发展提供了多种可能。"只有开设丰富的可供不同孩子自主选择的课程，才能适应孩子的个性需要，才不至于扼杀那些千差万别的孩子的天赋。"李慧军说。

为保证校本课程的有效实施，学校还编写了《数学拓展训练》《小学生经典诗文计划诵读自助餐》《小学生计划课外阅读自助餐》《低年级计划练笔教程》等校本教材。学校还设置了一苇书吧、泡泡书吧，孩子们可以自主选择自己喜欢的图书。

针对目前普遍存在的作业过量，学生课业负担重的痼疾，学校实施了"作业自助餐"，即根据学生差异分层布置作业，不同的学生可完成不同数量和内容的作业，按需分配，适时适量。与此同时，倡导教师作业布置要"花样繁多,营养均衡",如语文作业即可布置写字、朗读、查资料、阅读课外书、采访调查、背诵、欣赏影视等,以调动学生所有感官,动手动脑。实施"作业自助餐"后,同学们表现出了浓厚的兴趣。三年级的学生小文回到家就兴奋地对妈妈说:"妈妈,我们可以自己选择作业啦!从今天起,我的作业我做主!"

## 评价评出新导向

对于适度教育来说,评价是保证其顺利实施的导航仪。一年前,当学校初步建立适度教育评价体系时,李慧军说:"这使我们适度教育的推进有了具体的方向指引。"按照李慧军的解释,新的评价体系体现了三个特性:一是适度教育的导向性,二是"三个发展"(学生发展、教师发展、学校发展)的促进性,三是评价效果的客观公正性。同时,新的评价体系还做到了"四个考虑":考虑如何体现对班主任、辅导员工作的激励,考虑由于班级人数不均造成的工作量不等的问题,考虑如何提升教师幸福工作指数,考虑如何体现对干与不干、干多干少、干好干坏的不同评价和待遇问题。

在对教师教学业绩的评价中,语文、数学教师教学业绩由卷面成绩、学科素质抽查、主题性学习、书写习惯四部分组成。综合学科教学业绩由学生学科素质展示、兴趣小组活动情况、课堂教学秩序和业务负责人评价四部分组成。

对教师的教学素养评价,该校从教学基本功、写作、信息技术和学科素养四个方面进行评定。如"学科素质"重点评价一线教师必备的专业素养和学科特长,各学科公共评价项目含专业知识、案例分析、教学设计和即兴演讲。各个不同的学科还有单列的评价项目,如语文评价教师的朗读、欣赏、书写和阅读,数学评价教师的计算、书写、教材分析和问题解析等。

学科素质评价给那些靠加重学生课业负担"磨"高分的老师亮出了"红灯",评价范围的宽泛、评价项目的增多,促使所有任课教师更多地关注学生学习能力的提高和学科素质的培养。一位年轻教师兴奋地说:"评价教师如果仅仅看学生的卷面分,我很可能比不过老教师,但现在我可以通过开展丰富多彩的活动,提升学生的学科素质,我敢保证我的业绩不会低!"

在对年级组的教学成绩评价中,学校尝试运用"离散度"这一新的评价方法,鼓励同一年级各个班缩短差距,优者更优,差者不差。

对学生学科素质的评价体现了对学生学习能力、学习习惯的评价。比如,语文学科主要抽查学生课外阅读和学生诵读,教师每学期初要给学生推荐课外阅读书目,学生可自主选择;诵读则以校本教材《适度教育经典诵读自助餐》为主。数学学科重点抽查学生的计算和思维能力。主题性学习评价含活动方案、资料积累、成果展示三部分。书写习惯就是将学生书写情况计入考试卷面分。

值得关注的是,实验小学将学生成绩进步幅度以一定比例纳入卷面成绩。"进步幅度"给了教师很大的努力空间,你只要比以前有进步,这就是很明显的"业绩",因此,接"差班"反而比接"好班"更容易出成绩。如今,教师抢着接"差班",成了实验小学的一种新现象。

## 被研究改写的教育生活

"体长"是实验小学的一个特殊的学术职务名称。为使适度教育能扎实推进,学校充分发挥适度教育研究所的功能,以子课题为单位成立了11个适度教育研究共同体,如诚信德育研究共同体、教师幸福工作工程研究共同体、学生作文情思不及研究共同体等。共同体的研究涉及学校工作的方方面面，共同体的课题研究由"体长"主持。

每一个共同体都是基于日常教学和管理中存在的实际问题而组建的，共同体成员也常常会将工作中的一些问题转化为自己的小课题进行研究。比如，语文、数学教学研究共同体，综合学科教学研究共同体。比如，学生作文情思不及研究共同体是由学校首任校长刘延义（学校适度教育研究所顾问）发起成立的。他发现很多学生在写作中往往是胸中有情，却笔下无情，对很多感人的细节熟视无睹，普遍存在写实过度、情思不及的现象，作文研究共同体将其命名为"作文的情思不及"现象，后来，共同体的名字也改成了"学生作文情思不及研究共同体"。

共同体主要以专题论坛和博客论坛等形式进行研讨，渐渐地，教师的行走方式发生了改变。他们开始每天记录自己的工作与生活，博客成了他们与同事、与学生、与家长交流的重要方式，他们学会了从学生生命意义和价值上反思自己的教学行为和管理行为，学会了用适度教育理念关注一切与孩子有关的活动。

随着研究的不断深入，实验小学逐步形成了一种以"适度教育研究"为主题的"双轨道三层级校本教研模式"，即以"学校教科室—教研组—教师个体"的自然常态化研究机构，主要侧重课堂教学实践层面的研究，促使学校行政管理变成一个个研究组织，把工作的过程变成研究的过程；另一轨道是以"适度教育研究所—研究室—研究共同体"的优化组合科研机构，其主要职能是对学校各部门工作从整理和发展的角度，进行系统研究，促使学校管理工作不断趋于适度，并对教学实验成果进行理论的提升。由此，学校真正实现了"由行政管理"向"科研管理"的转轨。

教师幸福工作工程研究共同体旨在研究如何引导教师享受工作的幸福，树立正确的幸福观。这一共同体创意了很多活动。2009年元旦前夕，实验小学举行了"让爱永驻我家"专题报告会，邀请183名教职工及家属全部参加，报告由学校教师的爱人主讲。报告会后，每一位教职工向爱人奉送了自己用心写的新年贺卡。王志敏老师给爱人的贺卡这样写道:"老公,老公,我爱你,不像老鼠爱大米。老鼠爱米会吃米,我爱老公会疼你!"这样的创意活动让教师家属备受感动,有教师家属说:"学校想得真周到,帮助我们构建幸福的小家,今后,我们会更加理解、支持爱人的工作,体贴、关心爱人的生活,做一名幸福、有为的实小家属!"这种来自学校大家庭的温暖和同事之间的友爱成了实验小学教师们幸福体验的"源头活水"。

## 手记：以学生为圆心改造学校

暑假里接到李慧军校长的一条短信，该校学生董浩然经过技术测试和面试，荣获全国电脑制作大赛一等奖。据说，一等奖全国只有8个。

每每谈到学生的成长、进步，李慧军总是兴奋得像个孩子。采访过程中，关于学生的成长故事和案例是她畅谈的核心。她习惯称自己的学生为"孩子"，她喜欢与孩子们在一起，让孩子们把她带进一个纯真的世界。

20年前，她选择做教师时，就曾暗下决心做孩子们最喜欢的老师，做家长信得过的老师，设法让每一位孩子都快乐。

两年前，当她和她的团队提出并践行适度教育理念时，她就再一次明晰了自己的理想——在孩子的心灵上写诗。也许从那一刻起，她注定要在教育理想与教育现实之间开始一种坚守与突围，也正是这种坚守与突围更让人心生敬意。

"孩子的童年幸福高于一切。"在实验小学，把学生放在中心位置，是一切教育教学行为的出发点，他们始终坚持以学生为圆心来改造学校、变革教育。从改革学生和教师评价体系到组建教师成长专业共同体，再到用诚信统领整个德育和养成教育，这些无一不是基于学生的成长与幸福而考虑的。

前后两届科技艺术节，学生主体地位的变化，更彰显了实验小学把学生放在核心位置的理念。同样的活动，同样的参与人员，主体变了，活动的丰富程度提升了。从给表演场地起名字、节目的筛选、观众席的布置，到活动的宣传、节目单的设计、彩排的组织等等，孩子们的表现出乎老师们的意料。

实验小学的校魂是"朝气、勇气、豪气"。首任校长刘延义对这一校魂作过详细解读。所谓"朝气",即有强烈的时间观念,有"立即"精神;有生动的个人形象,教师站在讲台上,要活泼生动、有趣有情;对事物要敏感,有独到的创新精神,要做"登山人",不断达到新高度,不要做"推磨人",虽走了很长的路程,但始终在原地打转。所谓"勇气",就是具备克服困难的决心和信心,让老师们牢记:克服大困难,是大人物;克服小困难,是小人物;不克服困难,不是人物。所谓"豪气",即高目标,牢记"人应该向星星瞄准,向星星瞄准总比向树梢瞄准打得高"。

实验小学的教育者将这视为学校最宝贵的精神财富。他们也在努力用行动、用改革的激情积淀着符合"朝气、勇气、豪气"的精神文化。他们同样在努力寻找每一个孩子的最近发展区,努力为孩子们的童年积淀最美的底色,努力实现学生发展的最大化。

在实验小学的教学楼顶上有一个艺术化的"场"字,这是对该校教育文化的最好诠释。适度教育构成的教育文化场,将使每一位师生都能从中寻求一种诗意的栖居。

# 一所"好学校"的办学辩证

> 样本学校：北大附中河南分校外国语小学
> 核心经验："以真求真，以爱育爱"的阳光教育

什么样的学校才是好学校？一位资深校长在做了30多年的教育后，又一次深刻地提出了这一命题。在他看来，好学校的公约性标准是：当孩子离开这所学校时，依然喜欢学习，依然心存依恋。基于这样的认识，在北大附中河南分校外国语小学，一支富有教育理想和责任感的教育人在默默进行着一场教育新文化的深耕。

在被誉为"亚洲水概念城"的郑州郑东新区，有一所占地142亩，倡导阳光教育理念，致力于还原教育本真实践的教育的伊甸园。这就是北大教育品牌在入驻河南5年后，延伸出的又一品牌——北大附中河南分校外国语小学。

这一切源于董事长李光宇先生的一个善念，源于以校长王国平为代表的一群教育人的理想和愿景，源于河南本土家长对优质教育资源的期盼。

2005年9月1日，北大附中河南分校外国语小学迎来首批学生，仅仅不到5年时间，这所没有招办的学校已经聚集了来自全省各地的2200多名学生，处在满额状态，且一位难求。与此同时，他们在且思且行中，也采撷了一系列成果和光环：他们创造性地提出了旨在教育孩子做人、做事、守规则的"PBS课程"；2005年12月，在蒲公英第四届全国大都市青少年英语艺术表演赛中荣获两项金奖、五项银奖、五项铜奖；在近两年中他们的定向越野队连续获国家团体第二名并走出国门；2007年12月，被省民办教育协会评为"河南省民办中小学示范学校"，校长王国平被授予"名校长"称号；2009年被评为全国优秀民办学校；2010年中国民办教育协会在该校举办了全国民办学校现场会；《光明日报》《中国青年报》《大河报》等媒体纷纷关注学校的发展；这里很快成了一处教育景观，慕名来这里考察交流的省内外教育考察团络绎不绝……

北大附中的品牌的输出何以这么快能生根开花，是什么在支撑着本土教育与知名品牌的有效嫁接？

在民办教育专家、北大附中河南分校外国语小学校长王国平的教育日记里，有着鲜为人知的教育理解和办学辩证。无论是优质学校、理想学校，还是好学校等不同说法，王国平更钟情于"好学校"这一通俗的说法。他认为，好学校的内核在于：让快乐学习为教学指导思想，教学上让学生体验学习过程的愉悦，享受学习成果的快乐，搭建多种机会和平台，学校处处可见学生的学习成果和劳动作品，努力创建快乐学习和快乐成长的环境。

出于求证，我们应该或必须对这样一所学校细细地解读，尤其是其办学辩证。因为，在这样的办学辩证中，我们的方向更加明晰，我们的信念更加坚定……

## 文化泛滥 vs 文化缺失

一直以来，大众文化对校园的冲击似乎从来就没有停止过。网络、暴力、相互攀比以及不良卡通等不利于学生健康成长的社会文化因子不断渗入校园，而成人流行歌曲被青少年学生广为传唱则是其中较为普遍的现象之一。

这样的现象在北大附中河南分校外国语小学同样存在。每当听到中小学生哼唱《两只蝴蝶》《老鼠爱大米》或者《双截棍》等，王国平就感到一种隐隐的忧虑。"为什么几岁的小孩子会唱这样的歌曲呢？我们的校园歌曲怎么了？我们的校园文化怎么了？"一连串的问号久久萦绕在王国平的心头。为此，他一夜之间写下了8首歌词清新健康的校园歌曲，由学校的音乐老师集体谱曲教孩子们歌唱。

旋律优美、歌词清新的8首校园歌曲，受到了学生们的普遍欢迎。其中一首是这样写的："白鹅浮绿水，杏花伴春雨；瀑落九天外，河流白云里。我在中原背古诗，背呀背古诗，灿烂文化多神奇。"歌词融合古诗的韵律和意境，古朴而美丽。经过一段时间的传唱，王国平欣喜地发现，校园里孩子们暂时摆脱了《两只蝴蝶》等流行歌曲的骚扰。

如今，这8首校园歌曲已印刷成精美的校本教材，名曰《七彩旋律校歌集》。翻开这一校本教材，扉页上的几句话引人注目：有梦就要有摇篮，有爱就要有家园，有歌就要有主旋，愿我们一起唱——爱满校园。这是8首校园歌曲《亲亲校园》的其中几句，也是王国平最得意的几句，同样是最受孩子们欢迎的歌曲。

曾到该校参观的上海卢湾区教育局副局长、教育专家赵其坤先生手捧着这本校歌集感慨地说，有的学校有一首校歌，但可能仅仅是作为学校在大型集会时学生们唱一唱而已，根本无法阻挡那些乱七八糟的歌曲进入校园。但是像你们学校这样，在课前、课间让8首校歌响遍校园，的确在全国是一大创举。

王国平把这一创意称为校歌文化，同时将其作为传播健康文化的一种有效载体。"事实上，我们教孩子们唱校歌是在坚守着一个教育阵地，否则，就没有办法抵御那些不健康、不适合孩子们唱的歌曲侵蚀校园。"王国平说，"写这样的词用意很明显，一方面是填补，另一方面也是抵制。我相信这些会对孩子有潜移默化的作用。"

对于当下的学校文化，王国平认为，一方面是大众文化的泛滥，另一方面是校园文化的缺失。他说教育本应是有着最丰富文化的精神高地，而现在最欠缺的恰恰就是文化，教育系统到处充斥着急功近利的行为，唯分数是命，市场化的高度发育让校园也逃不过商家炒作的诸多作秀，误导和腐蚀了孩子幼小的心灵。

王国平对当下不少学校都在庆祝万圣节、圣诞节等洋节，进行了抨击。他说，有人把这误以为校园文化，实际上是学校标榜国际化的一种误导，是文化背后的商家在有意炒作。所以，他揣着拳拳之心，甚至有些"国粹"地把圣诞节请出学校，提出"站着学英语"的口号，在圣诞节期间改为"英语节"。也是出于教育文化和创意，与"英语节"并行的还有三月份的"感恩节"和十月份的"河南节"。特别是首届河南节的举办，用震撼一词来形容活动的影响绝不为过，因为期间学校接待了全国民办教育现场会的各省代表，而张扬着"我骄傲，我是河南人"家乡文化情结的这一活动，以及遍布校园的学生分地区、分类别手绘的《河南报告书》俨然就是一部河南大辞典，读后让来自全国各地的教育工作者歔欷不已、感慨万分。

看到学校里正流行给学生过生日，王国平立即给予了制止。"有人说这就是人文关怀，但实际上这很容易让学生产生相互攀比的心理，得不偿失。"王国平说，"大众文化缺乏深厚的人文精神。人文精神是一个民族的创新、创造之源。如今的教育，最欠缺的就是这种文化。"他所指的大众文化是当前进入校园内较为流行的、即时消遣性的文化形态。

为此，王国平在自己的学校里搞起了名人园、36项品质培养课堂、社会对口调查、读经等，丰富学生的视野与学习生活，并极尽所能，试图影响更多的老师和家长给予校园文化更多的关注。学校的"河南广场"上，彰显厚重河南文化的36位历史名人组成了一幅大气磅礴的教育画卷，巍然伫立在孩子们每天活动的广场之中，耳濡目染间，让孩子们油然而生一种"身为家乡人，谁能不自豪"的喜悦。而"英才墙"则是以"自古英才出少年"为主题的另一组大型墙体喷绘文图，近百个古代少年俊杰的故事脍炙人口，催人奋进。这些无声的巨幅"教科书"每天都伴随孩子身边,以强烈的视觉冲击效果震撼着孩子们的心灵,时刻使置身其中的孩子们获得一种健康的人生激励。

如果说"河南广场"和"英才墙"是激扬生命的巨幅扉页,"国际文化厅""快乐读书园""气象园""快乐音乐餐厅""戏水池""戏沙池"等就是寓教于乐的精巧篇章,而由孩子们自己动手悉心经营的"百鸟园""柳林鸽子房""桃李园""葡萄园"等,更是一篇篇感受自然和谐、体验生态之美的天然妙文……这样的校园,本身就是一部美不胜收、百读不厌的好书!

## 素质教育 vs 应试教育

当下,教育文化正在面临着回归与重塑,而有关素质教育的讨论一直就没有间断过。为此,王国平曾提出过这样几个问题:有关素质教育的讨论是"方向迷失"还是"航船搁浅"?素质教育与应试教育是否存在分水岭?答案很明确,王国平认为,对素质教育的追求所面临的尴尬,绝不是方向迷失,更多的原因在于,考试指挥棒的指向有问题,使驾驭航船的舵手无所适从;而对于素质教育与应试教育是否存在分水岭,他认为,素质教育毕竟是不能用一些简单的操作行为来界定的。如果用能体现全面发展的兴趣活动、社会实践和课堂主体活动来表现素质教育,那么,即便是一些以升学率著称的名校,多搞一些活动也并非难事。因此,很难去评说是搞了素质教育还是应试教育,抑或是"你中有我,我中有你"的"双丰收"?

然而,在素质教育理想和应试教育现实困境之间,无论是区域教育层面还是学校层面,教育变革的力量一直在向前延伸。

在很多场合,校长王国平都曾不同程度地强调,素质教育关键在小学阶段。小学教育实际上是给孩子们构造三个系统:知识系统、能力系统、动力系统。其实，学习的最关键动力是原动力。当一个人有了学习的原动力，就不需要学校的高压管理。"而从小学开始，给予一种宽松的、丰富的文化培育，可能更容易一些，也更彻底一些。"王国平说。

他认为，当前，素质教育关键是要对孩子学习动力系统进行呵护。怎么呵护？以人为本、以孩子为本，要把让孩子在快乐中学习这一理念渗透到教师的教学中，渗透在学校的每一个角落，要在教师的教学结构中，孩子的生活结构中，家长、学校的畅通沟通中，让孩子处处感受到学习的快乐。

王国平举了这样一个例子来阐释素质教育的问题。近两年，在一些大型招聘会上存在一个普遍问题：有80％以上的用人单位，不愿意聘用应届毕业大学生。为什么？是因为应届毕业大学生教育结构不健全，缺失的东西太多。用倒车镜看，我们的小学教育甚至是幼儿园教育都是有问题的，最集中的就是素质教育。实际上，校长的胸前要挂一个望远镜。就像家长，要为孩子20年以后考虑。作为校长，应该为学生的40年以后考虑。

为了探索素质教育的真谛，北大附中河南分校外国语小学、双语幼儿园一直着力创建精品教育，打破传统的学校圈养教育模式，开设了两大校外教育基地，体验教育基地和孝心教育基地。设有8大专用教室，即DIY手工教室、DIY陶艺教室、PBS厨艺教室、蒙台索利教室、奥尔夫音乐教室、感觉统合训练教室、数码钢琴教室和体育芭蕾教室。这些为学生的素质提升、健康成长和品质发展创造了良好条件和氛围。

对于青少年学生的成长轨迹，王国平依据自己的教育实践总结有一个"万米理论"：从小学到中学，学生的学习过程就像是跑1万米，如果想在高中的后5000米跑得更快，前面的5000米一定要保存好体力。

"当前的教育，文化缺失现象严重，学生成了知识学习的机器，而一些老师则成了给机器加油生产分数的技师。"在最终以高考为指挥棒的学校教育下，繁重的学业负担，造成了校园生活的单调、机械，也造成了学生强烈的压抑感、孤独感。校园生活没有趣味，缺乏应有的活力，学生的情感需求无法得到满足，他们丰富的想象力、创造力和丰富的个性人格得不到应有的舒展。

王国平认为，能够尽量把握教育的本质，不一味地被分数左右自己的教学思想和行为，也不能仅用一个分数来掩盖学生的学习品质问题。可现在不少人都有些急功近利，不论黑猫白猫，弄出高分就是好猫，学校、老师、学生都脱不开这个"好猫"论。

现今学校文化的核心在于培养学生持续不断的学习能力与积极性。而事实上，一些学校在边缘教育上做了不少文章，各类花样繁多的活动几乎成为学校教育的核心，甚至不惜牺牲学生的正常上课时间。有学者认为，这些做法的确有利于学生全面发展，但如果失去课堂教学质量，忽视核心教学，就会对学生的成长产生不良影响。而在当前的学校教育中，由于始终未能摆脱应试教育的窠臼，知识性、学术性的学科受到普遍轻视，一些学校即使设置有这些课程，其施教状况与学生的接受程度也不乐观。

在《教育，并不轻松的思考》这本教育专著的序言里，王国平曾写下了这样一段文字：如果说，我们送给孩子们的是走进生活的一块"敲门砖"，那么，教育就会呈现出一种阶段性的任务；如果说，教育若仅被社会发展所迫使，这无疑又是教育使命的流失。把视角放到学生身上，便不能不被当下那些苦熬在学海书山中的孩子们而感动，继之是无奈。因为，孩子们被任务性的学习压得喘不过气来，以至于那些本应属于他们的快乐童年、少年，在如今的教育中很难寻找。

"是家长在批评着某些教育弊端的同时，又在倾诉着对教育的一种渴求。而我理解这是对教育品质提升的一种呼唤，也是推动教育前行的一种原动力。也正是在这样一种动力的驱使下，使我进一步看到的是教育文化的缺失，教育行为的缺失，以及教师本身职业素质的缺失。想想看，当今的教师何尝不是如此，被评价机制捆绑着，哪有闲暇来思考教育，只有透支思想的高强度工作，颇有一些艰难跋涉的感觉。"王国平说。

正是基于这样的深刻思考，北大附中河南分校外国语小学进行了一系列探索与尝试。该校开设了"假日学校"。假日学校是基于教育服务理念，专为单周留校学生开设的专门性的学校。假日学校并非传统意义的学校，也不同于社会上某些假日补习班或看护学校，而是一所能使学生快乐学习的，一所让学生真正喜爱的学校，一所让学生假期与老师、同学一起不想家的学校。

假日学校的"课程表"里密密麻麻排满了各种活动，包括写作业、读书、上各种特长课、举行校内竞赛、外出游玩、上游泳课、去紫荆山英语角活动等，以及去超市购物的同时还带着商品调查的任务和计划、计算的功课，还有去该校的"孝心基地"和"爷爷奶奶"一起欢度周末……细细品味，发现其活动涵盖德育、体育、知识拓展、艺术教育、生活体验等各个方面。小小一张"课程表"，短短两天周末，无不渗透着该校的"阳光校园、快乐学习"理念，真可谓煞费苦心。

"PBS课程"是该校的六大校本课程之一，是为了实践素质教育理念所自行设计、开发的一门课程，这是从如何教会孩子们做人、做事和守规则的角度，与国际接轨的课堂教学模式，他们把英文的人（people）、行为（behavior）及标准（standard）的组合作为该课程的名字。该课程把许多生活中的品德、基本常识、能力都搬到课堂中了。比如洗手五环节、刷牙四步骤、两分钟叠被子、洗袜子、钉扣子，也有就餐礼仪、待客礼仪、电话礼仪，还有感恩教育、生日教育、节约教育、勤朴教育及卫生常识等等。

该校还开设了国学经典诵读和思维训练等课程。王国平说：我们往往低估了孩子的阅读能力，以致他们在阅读的黄金阶段便与名著失之交臂。其实,中国古人所说的"取法乎上,得乎其中"是很有道理的。让孩子直抵高层,感受大师的风采,无论是对其思想品格的培养,还是写作水平的提高,都不失为一条佳路坦途。

面对那句很美丽很人文的"蹲下来和孩子讲话",王国平却带着教育情怀说出"让孩子们踮起脚来读书"。读综合性的报纸,班班读、天天读,而且读国内国际新闻,并在读后由学生自行剪报,在每个班级走廊都有一大块的"读报墙"。几年的坚持下来,他们硬是把原本的"读图"一代给改造成了会读、善读报纸的小读者,回家后嚷着父母订报纸,因为他们喜欢和关心国内外大事。

对于校园内十分流行的"赏识教育",王国平也有自己的看法,"不能过分表扬,表扬应出于真情,也要适时而用、适可而止,否则会使鼓励和表扬趋于形式,显现浮躁之气,表扬的效果会大打折扣,孩子的心理品格也会受到影响。"

## 好学校 vs "百年老店"

致力于办一所好学校,打造"百年老店",是北大附中河南分校人孜孜以求的梦想。

在北大附中河南分校外国语小学的一本纪念册上,有这样一段文字:什么样的学校才是好学校?我们曾多次为豪华的校舍、星级设施环境所感慨,然而,终究还是让思考点回归到了教育,因为只有以教育为出发点才可以诠释什么是好学校……

在王国平看来,只有能发现孩子的潜能质、培养孩子素质、构建孩子品质,关爱孩子的学习生命,让孩子终生受益的学校,才有理由叫做好学校。好学校的每一个角落都要渗透着教育的文化,每一方空气都应该让孩子们能够自由呼吸,每一天都能让孩子享受着学习和生活的快乐。

好学校要有一片优质土壤，土壤的每一个缝隙都应该渗透着教师们对孩子的爱，因为，没有爱就没有教育。

而一所好学校最简约的解说是，当孩子们走出这所学校时，依然喜欢学习，依然心存依恋……王国平也最中意这一说法。

在一次交流中，董事长李光宇与校长王国平谈到了关于建设"百年老店"的问题。按照他的理解，"百年老店"既是一个办学追求的目标，同时也是一种企业文化的阐述和情结。

投资办学者的思想直接决定着学校的健康发展，是整个学校可持续发展的基石，是追求基业长青的关键。王国平曾在一篇文章中专门阐述了这一问题：纵观那些曾经演绎了生死轮回的民办学校，我们不难得出一个结论，如果办学者的初衷没有落到社会公益事业上，不具备健康投资心理，那么，在利益驱动下，教育就很难做到实处。而问题一旦出现，便缺乏了应对的信心和底气，从而导致"短命"结局。

正是有着这种远景的追求和忧患意识，北大附中河南分校外国语小学从诞生之初便提出了"做阳光教育"的大目标。让我们共同领略这一具有前瞻性教育文化的内核：

六个核心教育：养成教育是给孩子们建立一种良好的规范和秩序；勤朴教育是针对学生家庭经济状况较好的实际，落实董事长李光宇先生提出的"富家寒教"思想，培养学生优良品格；诚孝教育旨在体现中华传统美德；创新教育是课堂教学思想的价值取向，是为了培养适应社会发展的未来人的需要；成功教育是为了让每一个孩子都得到健康发展的教育思想；合作教育是与国际接轨的教育行为和学习方式的体现。

五种管理思想：专家治校是提升学校教育品位和把握学校教育思想的基本保证；民主理校是学校健康发展和凝聚人心的

需要；科学规范是现代化学校的基本管理骨架；严格管理是认真做事的基本准则；以爱育爱是教育真谛的最核心表现。

四种品质培养：品质教育是借鉴西方教育思想，为培养高素质、可持续发展的人才所提出，也是阳光教育和绿色教育的体现。其中的领袖品质是一种广泛意义的概念，核心是培养学生的多元能力，包括组织能力、合作意识、吃苦精神、个性发展等等。学习品质泛指学习目的、学习态度、学习习惯、学习兴趣和学习方法等。

以上三个层面是属于操作领域的理念整合，通过这些理念的落实，达到我们的三个教育追求，即"领先半步"表达了学校教育发展的前卫性、卓越性、高标准的目标；追求个性的宏观表述是学校要突显办学特色，微观表述是坚持学生的个性发展；追求和谐是表达教育的健康性和开放性。

阳光教育是我校的教育最高理念表述，也是学校发展方向和奋斗目标。阳光教育最终体现在：孩子们享受学习的快乐；老师们享受工作的快乐；学校的教育是健康的，是体现教育本质的科学教育；从这里走出的孩子不仅有着优秀的学习成绩，而且一定要具有良好的学习态度、浓厚的学习兴趣和健康的思想品格以及健全的身心素质。

对于"做阳光教育"这一大目标的内涵，他们的解释是，让孩子们在学习的过程和成长的过程中，能够通过我们的教育行为获得健康、快乐、和谐。下一个分解的理念是对于教师而言的教风"以爱与爱、以真求真"；对于学生而言的学风"发展品质、享受学习"。

从近五年的办学过程，他们提出的这些办学理念，无论家长还是社会都给予了充分认可，所以说，从他们的办学理念来讲，也看出了一种创建"百年老店"的思想。

在构建"百年老店"的行动中,王国平提出了一个"骨架"与"灵魂"之说。

其中,所建立起来的"简约、求实、操作性强"的考核制度,也就是他们所说的"制度的动力元素",是让各项常规制度"活化"的核心要素。是让管理模式走向科学化、常规化,是从"人治"转变到"法治"的问题。所以,要建设一整套严格有效的管理制度,这是"百年老店"应该具备的钢筋铁骨。

与此同时,他们认识到,一个机体必须有血有肉更要有灵魂。而这个灵魂的表述正是学校提出的"家文化"建设,是一个组织赖以凝心聚力的关键。多年来的教育实践中,从教师到学生,因为以人为本的落到实处,因为刚性制度中的"人味",因为民主理校的实施,让老师们和学生们深深地恋上了这个"大家"。因为,这是一个有文化的家,也是一个有"家文化"的学校。

作为有"百年老店"战略思想的学校,文化建设应该贯穿于整个建设之中,使之在发展过程中逐步形成一种属于自身的内涵和特色,进而成为具有生命意义的学校文化。而在这样的学校文化高度再集中到两点便是"服务"与"学习":

第一是服务。这是校本文化从何处奠基的问题。新世纪赋予企业立身之本的文化在悄然发生变化,"服务""被服务"意识在不断深入每一个中国人心中。教育行业也是如此,"教育服务"也在不断地植根于每位受教育者心中,它已经成为学校的立身之本,所以,如何以优质服务成为学校的核心竞争力,打造一个像"海尔"一样的被社会认同的服务品牌,能让家长、学生乃至于整个社会满意,则成为他们的一个文化追求。为此,提出的问题就是,学校一切工作都必须从服务开始,使学生、家长真真切切感受到"服务"的存在。这是他们当前以及永远的学校文化标志。

第二是学习。一支教师队伍要想可持续性发展，要想实现"百年老店"的理想，必须要求这支队伍有学习意识和学习行为。教师的业务生命在于不断地学习，业务素质的不断提高在于学习能力的不断提高，而学习型校园就是以每位老师不断学习为基础，将学校建设成为积极向上，可持续发展的健康团队。

学校是一个事业共同体，也是一个生命集合体。面对办学越来越重视内涵发展的要求及方方面面不尽相同的教工群体，学校必须以尽可能到位的理念进一步积聚共识与合力。而要做到这一点，在学习型组织的框架内注重学好用好辩证法，当是一种清醒而理智的选择。

如何在具体操作过程中预防碰撞、消除疑惑、避免矛盾，换句话说，如何恰当地把好每一组前后之间的度，力求将有关工作处理得尽可能恰到好处。

什么样的学校才是好学校？我想通过北大附中河南分校外国语小学的办学辩证的解读，每一位关注教育的人士都会有一个清晰答案。他们的思考与实践展示了本土教育变革的力量。也许对于教育或者教育者而言，重要的是拥有教育理想，走进教育真实。

# 解放孩子的创造力

样本学校：山东省济南市经十一路小学

核心经验：创造教育课程实践

作为山东省创造教育实验学校，济南市经十一路小学从创造教育课程进课堂到"潜能开发"课堂教学模式的构建，从小发明、小制作到现在全校拥有367项国家级发明专利，十二载持之以恒对"创造教育"的行动研究，使这所有着近60年历史的名校焕发出了瑰丽的色彩。创造教育不仅沉淀为学校的一种文化底色，而且成了一张正在被擦亮的教育名片。

上个世纪30年代，著名教育家陶行知发布了《创造宣言》，在教育领域抛出了"创造教育"这一命题。他主张，要进行"六大解放"，把学习的基本自由还给学生：解放他的头脑，使他能想；解放他的双手，使他能干；解放他的眼睛，使他能看；解放他的嘴，使他能说；解放他的空间，使他能到大自然大社会里去取得更丰富的学问；解放他的时间，给他一些空闲时间消化所学，并且学一点自己渴望要学的学问，干一点他自己高兴干的事情。

进入新世纪，已故老人钱学森的"世纪之问"又一次直击创新人才的培养问题，这无疑是新时期的创造教育宣言。

今天，如何通过课程建设与课堂变革来保护孩子的好奇心，解放孩子的创造力，是每一位学校教育者面临的重要课题。山东省济南市经十一路小学持续10多年的创造教育探索，无疑是对"创造教育"期待的积极回应。

## 放大创造教育课程平台

2008年7月,校长王新梅上任伊始,第一件事就是梳理学校建校以来积淀的特色与文化。在梳理的过程中,持续实践了十多年的"创造教育"的价值被重新认识并高度认同,从此,"与发现为友,与真理为友"的校训和"创造无限,大爱无边"的核心办学理念正式确立,创造教育课程文化被传承和进一步放大。而校长王新梅坦言,创造教育曾一度在济南市很多学校开展过,但是真正持续坚持下来的却为数不多。

早在1998年,经十一路小学就将创造教育课正式列入了学校的课程表,创造教育课每周一节课,并设有三名专职教师,确保使学生受到系统的创造性思维教育和创造技法训练。据校长王新梅介绍,1~3年级上创造活动课,4~5年级上创造发明技法课,6年级上科学史话课,分层次、有针对性地对学生进行思维训练,开发学生的创造潜能。

"创造课上,老师让每个同学讲自己的创意,学生们的灵感层出不穷,然后老师和全班同学一起出谋划策。"负责教授创造教育课的燕莉老师说,针对不同的年级,老师会用不同的教学方法对学生进行思维培训。"一到三年级的学生,主要是培养他们的创造发明意识,四到六年级的学生主要是教授他们创造技法,挖掘他们的创造潜能,培养他们的创造力和动手能力。"

王新梅与他的团队还探索总结出了创造教育课的四步教学模式,即"情境导入、兴趣推进、问题探究、体验拓展"。如今,在创造教育的课堂上,根据教学内容,学生填写创造发明卡,学生乐学、乐做,奇异想法层出不穷;思维的求异性、灵活性、独创性大大增强,好奇心、求知欲得到满足,学生开始勇于怀疑、敢于冒险。"创造课满足了我的好奇心,我学到了组合法、联想法、反向转移、拓展用途等好多有用的创造技法。"六年级学生王敬浩说。一个学期下来,学校就产生了141项国家级发明专利。而这些发明创意大多与人们的日常生活密切相关,比如,学生坐姿矫正器、组合文具盒、新型暖瓶、分层垃圾箱、多功能拐杖、节能水龙头等。

2009年经十一路小学六年级(2)班的学生孙靖发明的一款可以自由伸缩的纱窗,获得了国家级实用新型发明专利。谈起这项发明的初衷,孙靖说,她的创意灵感源于自己生活中的发现与观察。她发现父母每次刷纱窗时都需要把纱窗卸下来,特别费力。她就想能否把家里的纱窗改造一下,更便于取下来。经过思考,她在创造发明技法课上,按照自己的想法绘制了一张设计图交给老师。后来在老师的帮助下,终于把创意变成了现实。

像孙靖一样,六年级学生陈鹏设计的多功能拐杖也获得国家专利。其创意同样是源于对日常生活的观察。"之所以发明这个多功能拐杖,是因为我看到现在老人用的拐杖功能太单一了,尤其是长短没法调整。"陈鹏说。这款拐杖的长短能够自由伸缩,老人们可以根据自己的需要调节拐杖长度;底部是一个破冰锥,冬天起到防滑作用;拐杖的支撑杆上还有反光镜,车灯一照会反光,可以保证夜间行走安全;拐杖上还安装了照明灯、指南针,方便夜间行走;拐杖还安装有太阳能电池板,通过导线与照明灯相连,以代替电池。

像孙靖和陈鹏这样的"创造小明星"在经十一路小学还有很多。副校长王长征介绍说,每学期学校都会通过创意比赛和申请的国家级发明专利评选出学校的"创造小明星"。中高年级几乎每个学生都有自己的小创意或小发明。

"一个富有创造力的人一定是一个对生活、对生命充满人文关怀的人。人文精神是想象的源泉,是创造生成的根。而读书是养成学生人文意识的最有效的手段。"在实践中,王新梅逐步认识到阅读对于开发学生创造力的重要意义。

在经十一路小学,教学楼上有全天候的开放式书架,有摇篮书屋,学校给学生推荐有必读书目和选读书目。阅读教学则关注学生差异和年龄特点,一、二年级通过实施绘本教学,高年级积极开展名著导读课研究。这样的阅读教学改革,旨在培养学生主动阅读和自主想象的能力。

学校每学期有计划地组织名著研读交流活动,三至六年级全部公开教学,各班充分发挥师生的创造性,采取丰富多彩的呈现形式,交流读书的收获感悟,在让学生开阔视野、丰厚文学底蕴的同时,使众多的学生得到了展示、锻炼的机会。

每年的读书月活动学校都会邀请知名作家到学校与学生面对面交流。学校曾邀请当代动物小说作家沈石溪与学生交流,一时间在校园掀起了一股研究动物世界、尊重生命情怀的读书热潮,有的学生在一个月时间内就读了沈老师写的五本书,见面会上学生的阅读能力、质疑能力、环保意识和生命意识受到了沈老师的充分肯定。

## 让学生做校园生活的主人

经十一路小学的校园里有一个创造文化长廊。长廊由 40 个三面的柱体组成,呈现的内容有学校文化建设十大金点子、十大创造发明技法、学生科幻画、创造发明获奖作品和专利等。"这些柱体可以旋转,学生们可以在转动中学到每一个面上的知识。同时,旋转的柱体也是一种创意的体现。"王新梅说,"创造文化长廊是学生每天到教室的必经之路,耳濡目染可以激发学生的创造热情和发明的欲望。"

除了创造文化长廊,教学楼长廊上悬挂有很多创造小明星的大照片及创作感言,每个楼梯的台阶上都标着月份和日子,相应日子出生的科学家也都标出。"就是希望每个与科学家同生日的学生能够像这些科学家一样,好好学习,为社会作贡献。"王新梅校长说。

为了激发学生的创意,经十一路小学的校园文化建设充分放权让学生设计,让学生做校园生活的主人,自己动手来策划、美化自己的校园。

2009年是经十一路小学的"文化创新年"。学校把校园文化建设的权利充分下放,让师生和家长深度参与建设。学校首先在全校师生、家长中开展了"我为学校文化建设进一言"活动,广泛发动教师、学生、家长参与,挖掘每一个人的潜能,共同建设"人文、和谐、创新、智慧"的学校文化,努力营造适宜创新的良好环境。

在这项活动中,"惊喜星期五"、"行业体验课程"、"淘宝社区"、"校园行动形象大使"、"感恩实践日"、"校园吉尼斯"、"社区小义工"、"家长助学站"等被评为"学校文化建设十大金点子",这些精彩创意在学校文化建设中发挥了巨大的作用,充分调动发挥了师生的创造性,广大师生在主动发展中展现了生命个体的精彩。

学生社团活动是培养学生创新精神和创造能力的又一重要平台。经十一路小学有47个学生社团,根据学生年龄特点,学校每学期组织学生辩论会、读书交流会、故事会、小课题研究交流、创意大赛、英语情景剧、航模、美术、书法等活动,周三、周五下午的47个社团活动,开阔学生的视野,彰显了学生的艺术特长。学校的创意陶吧、天地任我行、DI训练营……是拓展学习空间、发挥创造才能的乐园,是孩子们放飞创意与梦想的地方。

学校每年开展创意比赛活动。在组织学生全员参与的基础上,推选出选手参加全校创意比赛,小选手们的奇思妙想让观众惊叹之余引发了更多的创意,最佳创意、校园专利、创意作家等荣誉,让众多的创造小明星倍感光荣。

学生根据问题与创意往往转化成指导自己实践探究的小课题,形成一系列自主参与性和合作性极强的小课题项目组,如:"走进绿色军营研究"、"城市居民的菜篮子调查"、"市民的节水意识调查"、"绿化树种与城市环境的研究"、"能源利用的研究"等,"让更多的学生参与"成为学校设计活动的基本出发点。每学期,全校至少要有 2000 人次在校级活动中展示,老师们也在活动的组织中逐步形成了创新的思路。校园成为学生展现精彩、快乐成长的乐园。

## 创造教育需要什么样的课堂

创造教育本质上是一种教育方式、教学方式的革命,是一种学习方式和思维方式的培植。这一点王新梅有着清醒的认识。

"以往的课堂上,学生基于平等的质疑和独立思考太少了,学生自由思想的空间长期被标准答案压制着。"王新梅说,"创造力的生成往往与独立思考、批判质疑的意识有关,对于学习而言,发现问题比解决问题更重要,没有问题就没有学习。"

经十一路小学追求的理想课堂是:学生问题生发的课堂、自主探究的课堂、思维碰撞的课堂、合作实践的课堂、智慧生成的课堂、理想孕育的课堂、思想形成的课堂。

在实践中他们发现,学生创造力的培养仅靠创造思维训练课是不够的,更为重要的是整个课程体系都应该担负起这一责任和使命。

基于对这一问题的思考,该校以"把握课堂主渠道,培养小学生的创造力的案例研究"为抓手,全体师生参与,大力实施旨在改变学生学习方式的课堂教学改革,充分发挥学习主体的作用,让学生尝试、探索,主动获取知识,在获取知识的过程中发展学生的智慧,强化学生创造性思维的训练,每一位教师都是学生思维训练的指导者,使创造教育落实到了教育教学的方方面面。

陈振凤老师在课堂上一直采用问题教学法,以问题为中心来开展活动,把发现问题、产生疑问作为学生学会创造的第一步。在她的课堂上,她常常会精心预设一些问题让学生能够生疑,鼓励学生让其敢于质疑,教给方法使其会疑。

在进行"水下的火"这一活动时,她通过变换冷水、热水和蜡烛、固体酒精等条件,不断鼓励学生质疑已有答案,鼓励学生带着新问题走出课堂,让学生在不断的质疑中,产生新问题,寻求新答案,拓展新领域,开发新思维。在进行"如何区别不同浓度的盐水"教学时,她鼓励学生大胆尝试新的方法,学生们想出了"用天平称一称、用舌头尝一尝、放个鸡蛋看浮力、用手蘸一蘸看挥发、用火加热蒸发"等方法。"答案的唯一性往往会限制学生的思维,因此要敢于让学生独立思考,进行发散思维。"陈振凤说。

在各教研组研究的基础上,学校推出了创造教育特色课堂的四项"创新"观察点,即是否有创新性问题、是否有创新性思维、是否有创新性方法、是否有创新性观点与结论。学校还先后推出了"课堂教学改革的十项指标",开展了两周教研组合作研究、一周全校研讨的循环研讨活动,利用主题教研的形式,先后进行了"如何使学生深层次参与小组合作学习;小组合作学习中教师如何发挥主导作用;如何实现有效的生生互动、师生互动;如何有效评价;如何提高教学目标的达成度"等专题研究,解决课堂改革中的难题,推进小组合作学习的研究,使全校的课堂逐步精彩,创新思维不断涌现,教学效率显著提高。

如今,老师们在这样的课堂教学改革中迅速成长起来。青年教师管镇、丁凡睿老师的课堂受到学生的普遍欢迎,在区教学视导中,常态课目标达成率分别达到 94.6%、94.8%,受到教研员和领导的好评。学校的"潜能开发"五步教学模式还被评为"优秀教学模式"。

# 叩响幸福之门

样本学校：河南省三门峡市外国语小学

核心经验：幸福教育

在教学大纲和教科书中，规定了给予学生各种知识，但却没有给予学生最重要的东西，这就是：幸福。理想的教育是培养真正的人，让每一个从自己手里培养出来的人都能幸福地度过一生。这就是教育应该追求的恒久性、终极性价值。

——苏霍姆林斯基

在这里，我要穿越一条路/叫幸福路，悠悠长长/在路上穿行/把读书作为影子……我看到欢乐是红色的——活力、健康/我看到欢乐是橙色的——活泼、华美/我看到欢乐是黄色的——温和、高贵/我看到欢乐是绿色的——宁静、青春/我看到欢乐是青色的——坚强、庄重……我把单色的欢乐/沉淀在生命的旅程里/把人生变成七彩/奠定幸福……

在三门峡市外国语小学的网站上，这首诗写在"学校文化"栏目的首页。对于一群教育的追梦人而言，幸福，是他们的终极追求，"为学生的幸福人生奠基"是他们恪守的办学理念。这一切源于一个久违的梦想——那就是让孩子们喜欢学校、留恋学校，让孩子们体验到学习是一件快乐的事。

## 樊建州的幸福教育命题

有一则短信这样形容教师：满腔热血把知识学会，当了老师吃苦受罪，从早到晚比牛还累，天天学习不懂社会，家长告状回回都对，囊中羞涩逢人惭愧！这则短信使樊建州对教师和学校发展的关注点发生了转移。作为校长，他深知教师整天生活在这样的状态之中，会对孩子产生怎样的影响。"教师需要追求幸福，更需要传递幸福；做校长的，应该把幸福送给老师，而做老师的，则应该把幸福送给孩子。""教育可以不承诺成功，但不能不承诺幸福。""学生的幸福心态是教出来的。""校园的幸福是可以传递给家长的。"一个时期以来，樊建州在自己的工作日志写下了很多关于"幸福教育"的思考。

作为一所在当地被誉为品牌与旗帜的学校，樊建州致力于提升学校品牌背后的品质文化——那就是以"幸福教育"为核心的学校文化。关于"幸福教育"理念，樊建州将其诠释为"学生快乐，教师幸福，家长满意，社会认可，政府放心"。在他看来，幸福教育既是一种教育理想，也是一种教育实践。

他常说，一所听不到教师的歌声、笑声，看不到教师打球、跳舞身影的学校不是一所好学校。从 2007 年开始，该校开始为教师发放羽毛球、跳绳、毽子、笛子、小号、萨克斯等，创造条件引导教师积极参加文体活动。与此同步进行的，是对教师幸福心态的引导。追求的关键是要有幸福的心态，心态决定状态。教师不能把自己的职业作为谋生的手段，要提升为一种对事业的追求层面，要把教育当做一种信仰，把课堂当做与学生共同经历的生命历程。

樊建州经常会给老师讲这样的故事：三个工人在建筑工地砌砖头。有人问，你们在做什么？三人的回答各不相同，一个说："砌砖。"一个说："赚钱。"一个说："我正在建造世界上最美丽的房子。"结果，第三个工人成了举世闻名的建筑师，而前两个一生默默无闻。故事讲完后他也常常会有感而发作一番分析：这只是一个故事，但是不能不承认，它蕴含着一个深刻的道理——只有智慧教育，怀揣梦想上路，才能享受成功的幸福。教师不能把自己困于日常琐事，舍本逐末，就像去解决一个一个学生的一个一个问题时，忘了学生的生命性、成长性；去一节一节上课时，忘了学科的基本性质和任务；一天一天奔走于学校与家庭之间时，忘了自己的追求。我们要在教育智慧中促进自己和学生的发展，感受在智慧中前行的幸福。

"学生的幸福心态是教出来的，校园里的幸福是可以传递给家长的。"这是樊建州的另一个常常被强调的观点。在三门峡外国语小学的校园里，不仅有篮球、乒乓球，还有古筝、钢琴，不仅有英语角、红领巾广播站，还有文明岗、礼仪队，在这里生活学习的学生总能找到适合自己的舞台。学校每周二的家长开放日，来学校听课的家长重温了童年的欢乐，了解了孩子的动态，理解了老师的辛苦，推动了学校的工作。四（3）班的家长自发成立了"5＋2家教互助小组"，把家住在一起的孩子召集起来，家长轮换辅导，让孩子们身体互动、精神灵魂互动。在这样的学习模式中，家长和孩子互相鼓励，共同进步，享受学习的快乐，可谓是独生子女的家教新模式。"当学生找到兴趣所在，当家长的心态逐渐改变，学生的校园生活质量就会提高，家长的认可度也会提升，幸福就会蜂拥而至。"樊建州说。

## 快乐学习是这样创意的

不能让孩子幸福地度过每一堂课，就无法给予孩子一个幸福的童年。如果老师在课堂上给学生足够的魅力而不是压力，那么每一个魅力焕发的课堂都会让学生跃跃欲试，变"要我学"为"我要学"。为使学生能在玩的过程中习得知识，该校提出以学生快乐的状态来衡量课堂教学的效果，为此，各学科的老师可谓煞费苦心，设计了很多别出心裁的教学方法和教学活动。

以英语课堂教学为例，每天开课前，老师都要组织学生进行两两对话，以说促学、以学促读、以读促诵，激发孩子们学习英语的热情。

受英语全身动作反应法的教学启示，利用小学生活泼好动的特点，该校组织英语及音乐、体育教师编排了一整套英语韵律操，在有充满动感的音乐声中，让学生把日常生活用语通过韵律操的形式表现出来，生动再现英语情景，使学生在轻松愉快的氛围中，强化记忆、激发兴趣、增强语感。

为使学生早日进入真正的英语世界，英语老师精心编制英语对话、英语歌谣、英语故事、英语童话剧等精彩的节目，录制成英语磁带，每天分别在校门口、校园广播系统、学生乘坐的班车上播放。为学生创造制造机会练，抓住机会用，边学边用，学用合一的英语学习环境，久而久之，使学生渐渐形成语感。

英语阅读则根据不同年级的特点，高年级同学在老师的带领下阅读英语短文《阅读一百分》和部分名著的简易英汉对照读物。中低年级则阅读老师搜集的童谣、诗歌。因为中低年级没有适合的阅读读物，学校正着手编写中低年级阅读材料。英语手抄报，是在新教育实验的感召下，学生自发创办的，学生们把自己平时的阅读材料加以整理、以喜闻乐见的形式呈现给大家。

为激发学生学习英语的兴趣，老师们还引导学生将所学的语言材料组织起来描绘自己的感受和生活。"I love my family"，"Introduce my friend"，"My pet"，"I want to be your friend"等等。一篇篇小作文、一篇篇学生的习作变成铅字印在《外小报》《学英语报》《英语辅导报》

上,学生们的成就感油然而生,更加坚定了他们学好英语的决心和信心。

每周一次相聚,每周一个话题,每周一份收获。English Corner 把每周点缀得更加精彩。英语角是学校为学生创设的英语交流展示的舞台。国旗下一分钟英语演讲是新学期加强校园文化建设的新举措、新亮点。教师鼓励三至五年级的学生自愿报名,利用所学英语知识,撰写简单的英语演讲稿,学校择优录用,在每周一国旗下进行英语演讲,或抒发自己的理想,或抒发爱国情怀,激发大家学英语、讲英语、运用英语进行日常交流的自信心和创作热情。

## 捕捉校园里的关键事件

一年前,河南电视台对该校与病魔作斗争的学生卢雨薇与老师和同学之间演绎的爱心故事进行了专题报道。一时间卢雨薇成了公众人物,她的事迹常常被很多熟悉和不熟悉的人提及。

卢雨薇是该校四(4)班的学生,2008年5月30日,被诊断为急性脊髓炎。一直酷爱学习的她不得不告别课堂、告别自己朝夕相处的老师和同学。为使她鼓起勇气,勇敢同疾病作斗争,学校、老师和同学没有一刻减少对她的关注。班主任沈苏玲老师得知她的病情后,当晚写下了《给病中的雨薇》的文字。那段时间,孩子在监护室的病床上读了一遍又一遍。每当卢雨薇被病魔折磨痛苦难忍时,医生和护士总是把这封信念给她听,鼓起她配合治疗、自强不息的信念。由于卢雨薇转到了西安的医院,沈苏玲老师除了打电话询问治疗情况外,手机短信成了她们之间的主要交流方式。

2008年教师节到来之际,卢雨薇的家长给班主任沈苏玲老师写了一封信。信中这样写道:"在教师节来临之际,我还是想要说:'沈老师,谢谢你。'谢谢你对孩子的关心。尽管我的孩子只是你的一个很普通的学生，但是，你对她的关心已经远远超出了对一个普通学生的关心。我还清楚地记得，孩子有病的第二天，当你得知消息时，你和教数学的梁老师不顾工作的繁忙，就急匆匆地赶到了医院的监护室门口，眼神透露出的是焦急、真挚和关切。此后的几天，你总是不停地打电话询问孩子的病情。你知道吗？六一节的那天，你再次到医院和孩子通电话鼓励她同疾病作斗争，不仅给了孩子最好的礼物，而且对孩子在西安治疗期间树立坚强意志起了多么大的作用！"

学校也充分抓住这一典型事件加以放大，制作了《学习身边的榜样》专栏，把卢雨薇的照片、试卷、与病魔抗争的事迹张贴出来，并在学校的校报上刊登了《雨薇的故事》，掀起了学习身边榜样的热潮。

2008年10月10日，校领导、政教处老师、四年级同学代表、家长代表近30人，在卢雨薇家里举行了《祝福雨薇》的主题队会，给她带去了相声、小品、双簧、拉丁舞等精彩节目。

在三门峡市外国语小学，圣诞节是孩子们每年都要庆祝的节日。在这一天，细心的沈苏玲老师提议，同学们每人给卢雨薇写一封慰问信，把学校、班级近期内发生的事，把自己的点滴进步都写进去，派代表送给卢雨薇同学。52封信写好了。有加了各种图案的信，有折叠成不同形状的信，也有密封了的信……内容上更是倾尽自己幼小心灵的关爱。

在卢雨薇休学期间，同学们还根据不同的情况排班，每周轮流陪她学习、说话、下跳棋、欣赏过去的照片，有时候还要陪她吃饭，使她的心情得到宽慰，去除寂寞。休学期间，卢雨薇几乎是学习、治疗、锻炼同步进行的，功课一点也没有落下。期末考试，她语文、数学、英语都取得了优秀的成绩。卢雨薇和她的老师、同学之间发生的故事，后来先后被三门峡教育台、三门峡电视台、西安电视台等进行了跟踪报道。

这样的帮扶与关心，给卢雨薇带去了丰富的学校生活，让她更具体地了解到班级同学对她的牵挂和关怀，也使同学们学会了关心，学会了如何表达爱。

## 成长，一个不能少

从这里毕业的学生重温自己的小学生活时，谈到最多的不是课本上的知识，而是学校精心组织实施的各种实践活动。体育节广播操比赛时的众志成城；达标运动会的挥汗如雨；小交通员在马路上的有板有眼；图书玩具义卖会上的人声鼎沸；六一、元旦联欢会上的欢声笑语；大队委竞选的心潮澎湃；走出校门摘苹果、放风筝、挖野菜、看桃花、游泳等的特殊体验；到工厂车间的耳目一新；报师恩毕业典礼，一个鞠躬礼一行热泪……有很多让学生刻骨铭心的教育活动。

"争当一日小家长"活动是针对一些孩子被视为"小皇帝"，出手阔绰，依赖心强，不尊重父母劳动成果这一现象，特别设计开展的。在这一活动中，学校先是发放了告家长书，争取家长的积极配合与支持；然后，利用两个休息日的时间，让学生在家中试当一日小家长；最后召开了学生和家长专题座谈会。座谈会上，孩子们畅所欲言。有学生说："我只当一天小家长，炒菜做饭就觉得很累很累，想到妈妈每天都在重复做着这些事，我这才知道她是多么辛苦。以后我要尽量做到自己能做的事自己做，不让妈妈太辛苦。"也有学生说："我陪妈妈去卖菜，看到妈妈一角一角地赚钱，想到我平时总找妈妈要钱买零食，我很惭愧。以后要节约妈妈辛辛苦苦赚来的钱！"这项活动让学生在生活中获得了深刻的体验，在家长中也引起了热烈的反响。一位家长深有感触地说："看到孩子在'小家长'活动中带来的'大变化'，我们做家长的真感到欣慰，我以后一定配合学校，不光重视孩子学习，更要培养孩子做人！"

在创意班级文化活动中，师生在美化环境中"八仙过海，各显其能"，有的以照片体现多彩的校园生活，有的以书法彰显文化色彩，有的以"明星苑"激励学生学比赶超;学校为各班提供了路队牌,各个班级在方寸之间或绘或画,或剪或贴,凸显班级文化;学校每学期都举行小科技小制作小发明比赛,学生利用假期动手制作科技小制作达上千件,开学后通过班级筛选、年级预选,学校分为奇思妙想、动手动脑、心灵手巧三类给予评奖。在这样的活动中,"有字之书""无字之书"相得益彰,解放学生的手、眼、脑、腿,使他们可想、能想、会想、乐干,享受参与的乐趣,品尝成功的快乐。

每一位学生都要发展,但不是一样的发展;每一位学生都要提高,但不是同步的提高;每一位学生都要合格,但不是相同的规格。该校一直在致力于追求学生的多元化发展。该校在三门峡市率先于中低年级开设毛笔、硬笔书法课。2005年对学生美术作业纸进行改革,并建起"七色画廊"。

学校先后投资几十万元购置了多种中西乐器,并于2000年开始进行器乐进课堂的实验。音乐课总课时的1/3上常规音乐课,2/3课时上器乐课。作为三门峡市区少儿活动中心,外小开办了手风琴、古筝、二胡、电子琴、钢琴、书法、绘画等20余项活动班。

《好习惯伴我成长》是该校自主开发的校本教材。老师们依据教材分别从生活习惯、行为习惯、学习习惯、文明礼仪等习惯的养成中,对学生持续施加影响,使学生每天都能进步一点点。

收获成长的不仅是学生,还有与学生一起成长的老师。学校在"教育在线"上申请了三门峡市外语小学新教育实验博客群,老师们在自己的博客里精心撰写教学反思、教育随笔,记录着与学生之间发生的点滴故事。"博腕"白景峰的随笔竟多达175篇之多,约18万余字。张丽娜、石君娜、付腾飞等教师的随笔也均在80篇以上。

在网络里、在老师的博文中,我们总能读到让人感动的文字。有学生曾在网上发起话题:最喜欢的老师。毕业的和没有毕业的学生纷纷跟帖写了很多老师的名字：江上飞、樊勇娜、刘梅玲、王文端、王晓丽、张丽娜、白景峰……

　　一位老师在后面的跟帖中写下了这样一段话：虽然没有在上面长长的名单中看到我自己的名字，但还是非常高兴因为我们外小有着这么多优秀且被同学们认可的老师！我相信如果外小的每一位同学都能看到这个帖子，那名单一定会更长！

# 新世纪学校谋变

样本学校：河南杞县新世纪学校
核心经验：优因数学与尚礼文化

一所设施并不豪华的民办学校，在夹缝中进行着一场学校软实力的培育。她倡导教育要有真正的服务精神，要办人民满意、人民放心的教育；她主张，学校要力促教师专业成长，成就教师的职业理想，为教师寻求职业幸福感和心灵的栖所；她要求，教师在学校要做学生的第一家长，要为孩子们的身体和身心成长负责。对于一所刚刚成立6年的民办学校来说，这样的实践弥足珍贵。

办学难。对于农村民办学校来说，这样的情绪始终在办学人的心头挥之不去。三年前，杞县新世纪学校董事长刘洪轮曾对民办学校遭遇的办学困境表示担忧。那个时候，他的担忧不仅来自内部改革可能带来的风险和阵痛，还有来自民办教育发展外部环境的突然变化。按照很多办学人的说法，一项政策的变化可能给农村民办学校带来"灭顶之灾"。

　　然而，三年后的今天，刘洪轮所在的新世纪学校迎来了发展的春天。进入办学第8个年头的新世纪学校先后赢得了诸多成绩和荣誉——独立研究创设的"三步教学法"被列为教育部国家教师科研基金"十一五"规划重点课题，并顺利通过结题；率先引入的优因数学，使该校的数学教育引发了聚变效应；2007年12月，该校被河南省民办教育协会评为"河南省民办中小学示范学校"；2008年12月，被教育时报社评为"河南教育变革榜样学校"；2009年7月，该校被评为"全国课堂教学创新示范学校"。

　　一路走来，让刘洪轮感触最深的是，发展才是硬道理，一切发展都要从学校内部改造开始。他一直告诫自己：必须要有清晰的方向感，如果沿着错误的方向，即便是用再正确的方法也是枉然。

## 引进数学领域的"杂交水稻"

在新世纪学校小学二年级的教室里，正在进行的是一节数学课。黑板上悬挂着一个算盘，数学老师王宁宁站在讲台上微笑着看着孩子们，她随口说出三位数与四位数加减法的题目给孩子们计算，学生们随口可以说出答案。

当老师给出难度更大的题目时，原来规规矩矩坐着的学生，有的开始拨动课桌上的算盘，有的把两只手举在空中快速作出拨算盘的姿势，那是一幅美丽的风景，每一个孩子都似乎是一个小神童，在演绎着一个数学传奇。这并非人们想象中的一节传统的珠算课，学生所学的教材与其他普通小学内容截然不同，它有一个美丽的名字叫"优因数学"。这本实验教材由河南财政税务高等专科学校教授郭启庶，根据中国传统珠算及数理文化花费数十年心血编著而成。目前这一教材正在省内外一些实验学校进行实验，杞县新世纪学校是其中的一所。

关于优因数学，有这样一段文字介绍：它融合了中国传统数学的优秀基因，将以"西方符号化思想"为单一支撑点的数学知识结构，优化为具有"西方符号化思想、中国传统珠算符号及模型、中国传统的率思想方法"三个支撑点的全新知识结构，实现了数学教学的简易、高效及现代化。优因数学不只是在教学教法上进行了改革，而是像袁隆平院士发明的"杂交水稻"一样，育出了数学教育的中西杂交"优良品种"。在基础教育阶段，优因数学可以将一个学生学习数学的时间缩短3~5年。

刘洪轮了解到优因数学的信息后，主动找到了郭启庶教授，申请加盟实验学校。在新世纪学校，优因数学的起步是以实验班的形式开始的。而刘洪轮作出的一个大胆决定是，在小学和初中两个起始年级同时开设优因数学。这对于实验本身来说是一次巨大的挑战。

挑战首先来自于学生家长的支持与否。为此，学校作了广泛而深入的动员工作。一年下来，实验教师的最终反馈结果表明珠算数学教学法"节省了数学教学时间，增加了教学内容"。该校老师做了一项实验，让七年级和九年级的学生同时做一张中招考试的数学卷子，结果，七年级学生的整体成绩明显高于九年级的学生。原来极力反对和持怀疑态度的家长，思想开始发生转变。今年秋季开学，有一些家长开始主动找到校长强烈要求自己的孩子进入实验班。

"优因数学使复杂的数学问题简单化，使抽象的数学原理生活化，这样更方便了学生对数学基本原理的理解、应用，大大提高了学生解决实际问题的能力。"刘洪轮说，"我和学校的老师都愿意做一个优因数学的传教士，让优因数学的先进教育理念惠及更多的孩子。"

## 微型课题里做出大文章

2009年，新世纪学校的"三步教学法"顺利通过了教育部国家教师科研基金"十一五"规划重点课题评审组的验收，中国教师奖励基金会秘书长杨春茂、教育部基础教育课程教材发展中心副主任曹志祥等专家组成员专门深入该校进行实地调研，对这一课题给予了高度肯定。

"三步教学法"是学校探索实践了近5年的课堂教学模式。它主要包括"自学指导—启发思维—达标测试"三个重要环节：自学指导是让学生根据老师所出示的目标有方向性地进行自学；启发思维阶段是学生之间的兵教兵，是通过小组合作学习来达成学习目标的，这一环节，老师将针对学生普遍存在的疑难问题进行适当点拨，师生之间往往会生成很多有价值的问题；达标测试阶段需要坚持两个原则：一是作业适当分层设计，二是强调堂堂清。

"三步教学法"的研究推广，大大提高了课堂效率和教学效果，真正把课堂还给学生，把思考还给学生，学生成了课堂上的主角。这些农村孩子在放飞思维的课堂上学会了独立思考，学会了表达，学会了评价。

郑丹丹是四年级的语文老师，李光耀是她班上的一个后进学生，刚入校时成绩只有20多分，且学习动力不足。刚开始进行小组合作学习时，他总是不发言，好像整个课堂与自己无关。发现这一问题后，在课堂上，老师除了以做游戏的方式来激发他的学习兴趣外，还让小组成员主动帮助他，并在小组合作中适时给予他表扬和鼓励。渐渐地，他学会了自主学习，在后来的期中考试中分数上升到了80多分。

六年级语文老师秦海战在讲授《穷人》一文的结尾时，激发学生想象桑娜本身有五个孩子，把邻居的两个孩子抱回后，他们将怎样生活。他所出示的题目是"多了两个孩子以后"，让学生展想象，各抒己见。有学生说："桑娜的五个孩子宁可自己饿着，也要让这两个小弟弟吃……"有学生说："桑娜让自己的孩子帮父母干活，却让邻居的两个孩子读书……"还有学生说："由于桑娜关心照顾这两个孤儿，引起了她自己孩子的不满……"学生们在交流这些想象的情境时，无形中使文本得到了升华，思想得到了升华。

"三步教学法"之所以能顺利推行，并大面积激发学生的学习兴趣，很大程度上得益于该校倡导的教师进行"微型课题"研究，即以课堂教学中急需解决的，主要是局部性、操作层面的问题为研究对象。如，小组合作学习中学生参与的积极性为什么不高？学案的设计如何更有针对性？如何引导学生质疑有价值的问题？如何避免课堂乱而无序的现象等等。

微型课题研究的突出特点是，问题即课题，是具体的细小问题，是由点及面的带有共性的"类问题"。它使课题研究距离教师的教学实际更近，更容易把握，且有研究的动力，由此，促使课堂教学改革实现了实质性的突破。

刘洪轮常以企业重视技术开发来比喻学校教育科研的重要性。他说，世界顶尖企业微软公司把"技术开发"作为企业生存和发展的命脉，他们提出了"不断淘汰自己的产品"的口号。作为学校，教育科研正如企业的技术开发一样，没有教育科研就没有科学的教学改革。该校对教师教育科研的重视也同样是该校"第一理论"的有力印证，即教师是第一资源、课堂是第一阵地、质量是第一追求、创新是第一要务、教研是第一生产力。

## 自主选择的"活动超市"

2009年秋季开学，新世纪学校的校园"活动超市"正式开业了。这个"超市"里有学校开发设计和学生自主开发的种类繁多的活动项目，比如时事追踪、今日说"法"、成语沙龙、成语故事、美文欣赏、课本剧场、才华大展示、好歌大家学、经典诵读、棋类活动等。每个学生都可以根据自己的爱好来选择活动项目。

每天早晨15分钟或下午的25分钟时间，是"活动超市"专门供学生活动的时间，这个在该校被称为"小课节"的行动口号是："我的课节，我做主"。

这些活动项目将依据学生对其不同程度的需求进行适当的调节，"供不应求"的项目将进一步加强，"供过于求"的项目，将逐步加以改造或者"下市"。

"活动超市"是一种开放的课堂，为学生提供了可以展示自我风采的多元的舞台，给孩子们创设了一个广阔的空间，使学生兴趣爱好的多样化得到了尊重，为他们的个性发展提供了可能。

语文老师孙慧敏说，校园"活动超市"提倡因班因人而异，让学生自己开展多姿多彩的"小课节"活动。学生的创意是无限的,活动内容包罗万象,从宇宙间的自然现象到生活中的小常识,从国内外热点新闻到自己内心的点滴感受,学生们总能开发出别开生面的活动。

该校教务主任高霞说,校园"活动超市"的开展既增长了学生的知识,开阔了视野,锻造每一个学生正视自己、正视群体的勇气,又有利于培养学生良好的学习习惯,激发其阅读的兴趣。

在新世纪学校"我的课节,我做主"的实施方案上有从《学习的革命》上摘录的一段话:"如果一个孩子生活在鼓励之中,他就学会了自信;如果一个孩子生活在表扬之中,他就学会了感激;如果一个孩子生活在承认之中,他就学会了要有一个目标。"这也许正式启动这一开放课堂的目的和意义所在。

## 有"礼"行天下的礼仪教育

1987年,75位诺贝尔奖获得者聚集法国巴黎。有记者访问其中一个获得诺贝尔奖的科学家:您人生最重要的东西是在哪儿学到的?科学家平静地回答:"在幼儿园。在那里,我学到了令我终身受益的东西。比如说,有好东西要与朋友分享;要懂得谦让;吃饭前要洗手……"这个故事让刘洪轮对学生的养成教育、礼仪教育有了新的认识。

在刘洪轮看来,礼仪教育不是一般的礼貌教育,而是一种道德修养的教育,健全人格的教育,它有利于培养学生优雅的气质和优美的仪表、风度,有利于提高学生的自觉意识和自我约束能力。2006年以来,该校将文明礼仪教育作为学校养成教育的特色,通过抓"常规礼仪"学习,让学生了解、践行尊师重教、孝敬长辈、敦睦同学之礼。新世纪学校提出的学生素质标准是,在校:有个性、会学习、知荣辱;在家:有孝行、会自理、敢担当;在社会:有修养、会共处、守公德。

在该校制订的《礼仪常规》中有涉及交往中的礼仪常规、公共场合的礼仪常规、家庭礼仪常规等10个部分的50条：

在楼道、教室行走时，慢步轻声；在街道上行走靠右行走，不勾肩搭背。

同学之间不搞小团伙，小集体，不影响同学之间的团结。

不讥讽同学的生理缺陷，不给同学乱起绰号、小名。

不在黑板、墙壁和桌椅上乱涂、乱画、乱刻。

不同场合、不同地点与长辈见面要主动问候，就餐时请长辈先入座，然后自己再入座。

送客：当客人提出要告别时，待客人起身后，自己再起身相送。

凭吊：亲戚朋友去世，前往吊唁要注意穿素装，忌穿大红大绿的衣服。

发言致礼：大会发言前一般要用深度鞠躬礼，少先队员在队前行队礼，发言结束时要说"谢谢"，并行鞠躬礼。

这些孩子们在学校、家庭和社会中常用的生活礼仪，为孩子们提供了标准与规范。礼仪常规使养成教育内容更加细化，更具贴近性，更容易让学生接受。

教师无论在上下课、中队活动、实践活动，还是排队行走都会给出温馨提示，积极引导，反复训练。通过长期的练习、应用，这些礼仪常规一点一滴地转化为孩子的自觉行为。

与此同时，为进一步加强学生的礼仪教育，学校各楼层都设立了文明礼仪监督岗，强化学生良好行为习惯的养成。每周学校表扬进步大的班级和学生，每月学校根据《学校考核办法》开展自评、互评、师生共评，明确达标要求，以评价促养成，循序渐进鼓励评价提高，从而使学生由外化行为转变为内驱力。在此基础上，学校还逐步建立了学校、社会、家庭三结合的系统教育网络，建立了科学有效的学生评价激励机制，推行了"评星"活动，让每一个孩子不断体验进步的快乐。

## 培养有智慧的人

2009年暑期招生时，新世纪学校又打出了一个新的概念叫"智慧教育"。这是由推行优因数学和三步教学法所取得的良好效果引发的一个新思路。刘洪轮正在努力打造一个以"智慧教育"为核心特征的课程体系。

所谓智慧教育，在新世纪学校被解释为，教人学会思考，教人张扬个性，教人走向生活，让每一个孩子都具有较强的合作能力、动手能力、倾听能力、交流能力、思维能力、创新能力和搜集信息的能力，让每一个孩子都拥有思考、想象和创造力，让智慧飞扬，让心灵奔放，让童年闪光。

刘洪轮说："我们现在的教育有知识、有课程、有作业、有考试，唯独缺少智慧。智慧教育不在于学生学会了多少个知识点，而在于学生提出了多少有价值的问题，智慧教育的课堂应该是以问题开始，带着问题结束。培养有智慧的人，表现在课堂上就是学生能从对的答案里找出错的地方，或是从错的答案里找到对的地方。"

智慧教育实施第一年，该校依然是以实验班的形式进行。其核心课程是：数学采用"优因数学"和人教版本相结合的模式。语文学科则采用集中识字和快速读写相结合，是以"快速识字"为前提，以"提早阅读"为核心，以"循序习作"为发展的一项比较完整的语文教学。它的突出特点是依据快速记忆理论，采用一种行之有效、兼容并蓄、快速高效的识字方法，让儿童快速学习一些常见汉字，尽早地进入大量阅读，同时进行自主习作训练,把识字和学习语言统一起来。快速识字包含两层意义:一是指快速高效的提前识字,扩大识字量,即将规定小学阶段认识的 3500 个常用汉字两年内识完,会写其中的 2000 个左右,在书写上,高于课程标准提出的低年级会写 1400 个汉字的要求;二是指快速识记汉字能力的培养,研究儿童识字的规律,探索科学识字方法,提高单位时间内的识字效率。

智慧教育还将开发完善相关课程。比如,英语学习如何更好地融入学生的生活,如何从课程层面充分开发利用"小课节"这一平台。

智慧教育还将进一步改造课堂流程,努力培养有智慧的教师,让每一堂课都能生成精彩,让每一位教师都努力逼近"做最受学校信赖的教师,做最受家长满意的教师,做学生终身最感恩的教师"这一目标。

对新世纪学校的教育实践而言,智慧教育是一条路,可能只有起点而没有终点。

## 手记:"新世纪"变革的价值

新世纪并没有豪华的校舍,甚至可以说,与同在一条路上的公办学校相比,校舍有点寒酸;新世纪也没有特别优秀的教师和学生,但新世纪学校的文化性格里,蕴藏着丰富的变革元素。正是在这一革新意识的支配下,教学成绩一直位居全县之首,也吸引了众多生源。

新世纪的变革实践,有很多值得分享的发展战略思维与学校管理智慧。她的变革价值表现在以下几个方面。

价值一:民办学校的忧患意识和战略性思维。

在夹缝中生存的新世纪,之所以能够赢得发展,教学质量应该是核心竞争力,但随着新的形势的发展,学校必须进行制度再造、学校文化再造,为实现学校顺势转型铺垫基础。

新世纪的生源大多是农村留守儿童。作为提供选择性教育的民办学校,如果继续陷入与公办学校进行分数竞争的怪圈,或者仅仅停留在公办学校的替补层面上,早晚会被淘汰出局。刘洪轮的这种忧患意识,促使他不断寻求学校发展的新路径。他认为,在教学质量得到社会认可的情况下,必须逐步提升学校的知名度、美誉度和忠诚度。

整体看来,民办学校在自身发展战略上依然缺乏深入的思考。民办学校的成功,说到底在于战略的成功,在于市场导向的成功。而确立市场导向是一项系统性、前瞻性的战略工程。新世纪的变革趋势为民办学校战略转型提供了参考。

价值二:逐步构建学习共同体。

关注杞县新世纪学校最初源于董事长刘洪轮执著的学习精神。为了学习先进的办学经验,他曾先后数次到教育媒体联系考察有关学校。而在与他的交流中,他不经意间流露出的革新意识和学习精神更让笔者感动。

刘洪轮的学习精神很大程度上感染着教职员工。采访中，一位年轻的教师说："很感谢董事长引导我们去学习、去适应课改，他的学习精神为我们树立了榜样。"通过学习，一线教师积极优化德育环境，优化活动体系及师生的互动效应来探索有利于学生创新能力培养的学校教育创新体系。在这种学习与创新氛围中，新世纪正在有意无意地构建着自己的学习共同体。

我们知道，传统的追求效率的"工厂型学校"正在被学习共同体所替代。而如何把学校建设成为知识、学习者和文化的共同体，学校、家庭和社会一体化的开放的资源中心，创设民主、平等的师生关系和以人为本的学校文化，对于新世纪来说将是他们面临的新的课题。

价值三：借鉴企业经验助推学校管理制度创新。

作为学校变革的旗手，民办学校的校长必须懂经营、善管理。新世纪的发展很大程度上得益于刘洪轮树立现代经营意识，借鉴企业管理经验，不断追求学校内部制度创新和管理变革。

做企业出身的他能够适时将企业管理中的"经营"概念和理念引入教育管理领域，能够以企业家的战略眼光来决策学校的每一次变革，这对于刘洪轮和新世纪来说，都是一笔宝贵的财富。

当前，在教育领域，向企业学习管理已经成为一种新的现象。这一方面反映了教育管理界对于企业管理理论的关注和重视；另一方面也表明学校正试图学习和借鉴企业管理的理念、经验和思想，来改善管理，以提升办学水平和管理效能。

我们认为，借鉴企业经验助推学校管理制度创新，在这一过程中，越来越多的学校将酝酿"制度再造和学校文化再造"的新思维。

# 第二辑　课堂救赎

　　有什么样课堂就有什么样的教育。几乎所有的教育问题都可以从课堂中找到症结，几乎所有的教育改革都需要回到课堂上加以验证。当学生在课堂上的每个 45 分钟不快乐的时候，我们拿什么保证孩子未来的幸福。因此，拯救课堂就是拯救教育，变革教育就要从课堂开始寻求破局——以课堂为原点，重塑教与学的关系、师与生的关系、教材与生活的关系。当我们把课堂真正还给了学生，课堂就走向了重生，教学就完成了救赎，教育就彰显了本色。

# 从"改课"到"课改"

样本学校：河北省围场县天卉中学
核心经验："大单元教学"改革

因为课改，天卉的课堂引发了核聚变，天卉的发展实现了质的飞跃。一所民办学校何以在短短两年时间内赢得发展的奇迹，是什么支撑了天卉课改的整体繁荣？天卉并非课改的先行者，又是什么成就了她后来者居上的发展速度？天卉课改的原动力来自哪里？

杜郎口，天卉。

两个让人充满种种遐想的农村中学的校名。一个在山东，一个在河北；一个是公办，一个是民办；一个是课改先行者，一个是师法前者的学习者。他们之间有太多的不同，唯一相同的是，他们都有非常敏感的忧患意识，并以突围者的姿态选择了课改。杜郎口中学的探索改变了课堂教学的结构与形态，而天卉中学从杜郎口中学的改课出发，实现了对教材的校本化开发与教师资源的再整合，完成了从改课到课改的嬗变。

天卉中学所在的围场满蒙自治县位于河北省的最北面，因是清代皇家猎苑"木兰围场"而得名。天卉中学就坐落在距离县城12公里处的一个村子的边缘。这里更像是一个桃花源式的教育乐园。学校偎依在大山脚下，依山而建，取名博学楼、绅士楼和淑女楼的建筑错落有致，与周围的自然景色一起构成了一道美丽的文化景观。

与杜郎口中学一样，天卉中学每天都有不少慕名而来的"取经者"。这也打破了村庄原有的宁静。但笔者感兴趣的不是这里的美景和来访者，而是脱胎于杜郎口的天卉中学的教学模式到底继承了什么，又发展了什么？

## 与杜郎口中学的"同"与"不同"

"好教育写在脸上"。天卉中学的教育是对这句话的最好诠释。

天卉中学的校园里，到处都洋溢着孩子们的笑脸，你常常会为不经意间看到的张张笑脸感到欣慰，那脸上写满的不仅仅是快乐，更是阳光、向上与自信。然而，走进教室方知，更繁荣的笑脸绽放在教室里。

笔者走进教室听课，准确地说，不应该是听课而是看课，因为这里鲜有老师的讲授，大多是学生"你方唱罢我登台"的展示。无论是理科还是文科，每个学生手中都有一份学案，都有学生的讲解、辩论或朗读等形式，课堂上，学生可以随着同学的板书而随时移动位置，他们或蹲、或站、或坐，"只管脑袋不管屁股"。无论是个人独学、两人对学，还是小组群学，每一个学生都那么专注。

这里的学生真正成了课堂的主人，课堂对老师而言，不再是仅传授知识，而是课堂的组织者、点拨者，是学生学习中的首席，与学生一道分享学习成果。这一点与杜郎口中学的课堂没有大的差异。

教室的设置也与杜郎口中学的教室一样，没有讲台，没有讲桌，教室三面全是黑板，学生的座位由"秧田式"改成了"条块式"。走廊里同样有很多展板，上面是学生和老师写的学习和教学反思。与杜郎口中学不同的是，天卉的教室中每个小组都有一个"白板交流桌"，这是用来方便小组内讨论学习的，尤其是理科，学生随时可以用白板笔在白板交流桌上写下演算的过程，一张小小的白板交流桌拓展了学生交流的深度。

一位外来参观学习的老师看了天卉的课堂后写了这样一段文字：数学被认为是抽象思维的体操，定理、公式、逻辑、推理都是抽象的，鲜有情感可言，因而数学教学以至理科教学难以做到以情育人，但在天卉中学的数学课堂上，却在学习抽象思维规则的过程中产生如此激昂的学习热情，声情并茂的学习场景。在这样的课堂上真正实现了"学生的思维放飞"。

胡志民将传统的课堂比喻为"明星制"，展示只是个别优秀学生的专利，把今天的课堂比喻为"诸侯制"，每个小组就是一个诸侯，形成"诸侯争霸"的局面。对于新生来说，如何才能让他们尽快适应这种课堂呢？笔者发现每年新生入学都要先接受一项特殊的培训，培训内容分为小组长培训、展示培训。小组长须具备三种能力：提问能力、激励能力和分辨能力。这是培养学生领导才能的一个起点。

如果说与杜郎口中学不同的话，还有一点就是天卉中学的班额有些大，每个班都在70人之上，属于典型的大班额。这可能对天卉中学的课改来说是一种挑战。笔者发现，即便这样大的班额，学生们的小组合作学习与展示也很充分、迅速，丝毫没有显出有拥挤的感觉。校长胡志民介绍说，每个班根据人数不同分为几个小组，每组大约10人。通过训练，学生无论在哪个位置都能保证在5秒钟内走到黑板前进行展示，从而保障课堂大容量的要求。

在该校提供的资料中，笔者看到关于展示的要求有如下几点：一是动作要快，展示的同学，要提前进入预定位置，上组展示评价完，自己迅速到位，进入"角色"，不耽误时间。二是展示时避免教师站在聚焦处，要关照学生按要求运动自己，要站在便于指导点拨学生的位置上。三是要避免学生"平行站位"，要有层次，保证每个学生都能站在最佳位置，不影响视线。

## "三型、六步、一论坛"教学模式的诞生

在叶建军老师执教的一节语文课上，笔者看到了学生的精彩展示。

学习的内容是人教版七年级语文《散步》。课代表首先对上一节课学习的重点生字词语进行了检测。随后，学生开始展示学习完《散步》后的感受。一组展示的是一场关于母爱与父爱的辩论。一同学说，母爱最伟大，因为母爱像一缕温暖的阳光，在我们寒冷时，母亲给了我们温暖，让我知道了阳光的味道。另一名同学迅速回应道：父爱虽不细腻，但他却扛起了全家的重担，那伟大的胸襟是爱，无怨无悔的付出更是爱。接下来一名同学的比喻可谓精妙绝伦：母爱像一个棒棒糖，看着诱人，吃起来更美；父爱是豆浆，闻起来没味，喝起来却是回味无穷。

二组展示的是每个人的创作。一位同学围绕文中所描写的春景，改编了一首小诗《春意》——风吹草低随意绿，漾波粼粼泛涟漪。羞草静默花待放，浓柳攀枝互比齐。这位学生声情并茂的朗诵赢得了同学们的阵阵掌声。就这样每个组依次展示下来，整节课充满着对抗、争鸣、欣赏、鼓励。

叶建军老师告诉笔者，这是一节提升展示课，是该校"预习展示课、提升展示课、巩固展示课"三种课型中的一种。

提出这三种课型源于天卉中学对杜郎口课堂教学价值的深刻认识。他们认为，杜郎口课堂教学模式最大的价值就在于展示，展示即发表，展示即暴露，展示即反馈，展示即提升。展示是引发杜郎口课堂产生核聚变的关键因素。基于对展示的价值认同，天卉抓住这一点进行了无限放大，以展示为核心提出了"预习展示课、提升展示课、巩固展示课"三种课型，即所有科目授课基本分为这三种课型。

三种课型落实在每一节课上，分为六个基本环节："出示课题、目标、要求、时间预设"、"分发学案，学生独立学习"、"小组讨论，生成学习成果"、"小组展示，教师点拨"、"组间质疑，穿插巩固"、"当堂检测，落实目标"。

课堂时间的分配与杜郎口中学一样是"10＋35"，即教师讲解最多不能超过10分钟,其余时间是学生自主学习,合作学习,成果展示的时间,倡导"先学后讲"或"只学不讲"或"边学边讲",让教师领着学生寻找"水源"。

"展示教育"是这一课堂教学模式的重要支撑。胡志民说,"预习展示课"环节中,学案是教与学的抓手,在三种课型中占有主导地位,要求每一个学生都要对自己的学习成果进行展示。预习课达不到学案设计的目的,后面两个课型将无法进行,预习课根据教学内容的要求设置1~2个课时,必须让学生在学案的基础上,完成A、B、C三类目标。对D级目标要根据小组合作学习的结果,作为"提升展示课"的目标。这一课型要求最大限度发挥学案的作用,利用独学、对学、群学方式,在教师深入的指导之前,教学目标基本完成70%~80%。"预习展示课"中展示的内容要少而精,要对"提升展示课"有指导和铺垫意义。

"提升展示课"则通过追问质疑,提升学习目标,拓展出更多的相关内容,让学生达到"举一反三"的目的,在此课型中重点在于利用学生的"表现欲",培养孩子的"自信心"。让孩子在展示自我的过程中,不但展现"合作"学习的成果,还要显现个人的风采,让学生体验到"成就感"。

"巩固展示课"是在前两种课型的基础上对所要达到的"目标"具体落实的环节。在此课型中,彰显的是教师对练习题的设计,要求教师根据目标的需求设计出梯度、难度适中的练习题,通过学生"兵练兵"、"兵教兵"、"兵强兵"的过程达到独立或合作完成,对知识的再认识和巩固的"目的"。此课型的"展示",在于发现学生"求异思维"的能力,要让学生能够达到"一题多解"、"多解一题",总结规律,归纳方法,从而在智慧碰撞中开启智慧,生成能力。

"三种展示课型最大的优点是,能充分调动学生主动学习的积极性,解放了学生的思维,增强了学生的信心,但同时也存在弊端,学习易浮浅，表面的热闹可能会掩盖知识的夯实，最后导致教学效果不理想。"胡志民说。为此，天卉中学专门设置了"单元论坛"，目的指向性非常明确，就是以夯实知识为第一要义。

每单元授课结束后，天卉中学的教师都要对本单元知识结构做一整体梳理，与学生一道利用1~2节课举行单元论坛，师生共同展示，为本单元建立"知识树"，建立完整的知识体系，学生整理笔记，写出本单元学习心得。叶建军说，增加这一环节，就是要充分发挥教师的"精讲作用"，对本单元授课环节中挖掘不到的问题，提升不到的层次，进行有效地"二次补充"，让学生有"豁然开朗"之感。"单元论坛"要求学生单独设置笔记，长期保存，作为初三复习的第一材料。

这就渐渐形成了天卉中学特有的"三型、六步、一论坛"教学模式。天卉对这一模式还有另外一种解读，叫"滚动循环模式"。胡志民的解读是，学生在合作、展示的过程中极易拓展和衍生出许多新的学习目标，以展示为核心的课堂在时间把握上没有传统课堂的精确性，往往难以完成教学任务，所以老师在授课时，要有大时间观念，本课解决不了的问题或衍生出的新目标"滚动"到下一节课，在一周或一个单元形成一个闭合循环。

## "大单元教学"思想是什么

天卉中学的单元授课与通常意义上的单元概念不同。它打破教材原有的单元设置，对教材进行了重新组合与增补，天卉中学将其定义为"大单元教学"。

"大单元教学"思想的萌生源于课堂教学改革之初课时的不够用。一些教师在想能不能对教材进行重新整合，三年教材打通使用，这样可能会节省很多时间。

天卉中学的数学学科最先尝试进行了"大单元教学"的试验,在教学内容上打破教材的编排顺序,进行增、删、补。根据系统性整合教材,合成模块进行教学,真正加大了课堂的容量,使教材的示范作用、例子作用更加突出。在数学学科的成功启示下,其他学科开始积极跟进。

语文学科按学科的知识体系进行"模块单元"归类,整合后的语文学科主要分为语基部分,包括识字、写字、语法知识、口语交际、综合性学习等;古诗文的阅读学习,含优秀诗文80篇;阅读与写作,分为记叙文、说明文、议论文的阅读与写作。

整合后,老师和学生在某一时间段将重点研究与学习某一部分内容,三部分内容可略作交叉。每一个小的专题就是一个单元,比如语法知识就是一个小单元,一个学年就是一个中单元,整个初中三年就是一个大单元。两个老师专门来承担语基和古诗文的阅读教学工作,另外两个老师则长时间进行阅读与写作的教学,其中阅读分文体进行,而写作则贯穿于三年的教学中。

语文老师刘金铭说,"大单元"着眼于"大"字,要求教师在教学具体课文时不只是局限于一篇课文,局限于这篇课文所在的单元,甚至不局限于课本,而是把眼光放远,将学生课内的学和课外的读结合起来,扩大学生的阅读面,拓展学生的知识层次,开掘学生的人文视野,让课内的课文学习成为激发学生阅读同类文章的引子,让课堂成为调动学生去作课外阅读的策源地。"大单元教学"首先立足于"破",大胆挑战传统教学中的"教材编排"、"课时安排"、"学期安排"、"学年安排"。把学科知识按照教学的实际需要重新规划整合,综合设计,有序实施,从而把"三年"贯通起来,当成一首完整的曲子来谱、来弹。

从内容上看,把每一个学期的知识体系视为一个"小单元",每一个学年的知识视为一个"中单元",三年的知识视为一个"大单元"。

从教学组织架构上看,传统的"单元教学"是单兵独斗,以课本的编排单元为内容进行备课。而"大单元教学"是以两个班为一小单元，四个班为一中单元，整个学科为一个教学组织"大单元"进行教学安排。

从评价体系上看，传统的"单元教学"是对教师个体进行评价，而"大单元教学"是对教学组、单元组、学科组进行单元整体评价。

从教学管理上看，传统的"单元教学"管理指向教学个体，而"大单元教学"管理指向整体，有效捆绑，强弱组合，无缝隙合作。"大单元教学"是从"大教育观"出发，遵循系统论、整体论原则概括出来的。

胡志民将"大单元教学"概括为三大特点：大整合、大迁移、大贯通。所谓大整合，即按学科的知识体系进行"模块单元"归类，打破学科之间"老死不相往来"的限制，把相邻学科的知识"上挂下联、左顾右盼"，逐渐走向跨学科整合，达到真正意义上的"同课异构"，不同学科的教师同上一节课。

大迁移是指先小步进行跨学期、学年的界限，实现同学科的纵向迁移、对接，形成知识链条的完整性，形成从点到面的迁移，进而逐步实现跨学科的纵向迁移，是学生体会知识，广泛联系的"美"，从而实现知识教学的有序性、整体性、完整性。

大贯通，即"弹钢琴"，把三年的教学计划当成一首完整的曲子来弹奏。在教学流程上，要求教师先整体"消化"知识，然后再重新编程。把"浓缩"的"营养"反馈给学生，也就是说教师要大把大把"吃草"，而挤给学生的一定是"营养丰富"含钙极高的"奶"。

大单元教学真正体现出高效、减负的特点，较为巧妙地处理好了主体与主导的辩证关系，既发挥了教师无可替代的主导作用，又突出了学生的主体地位，较好地规避了"任由学生自主"而导致的课堂无序、效益不好控制等现象。

## 教师资源如何整合

"大单元教学"首先要完成对教材的"个性化整合"。天卉中学依据"大单元教学"思想首先倡导学科教师提出自己对教材整合的思路,然后以学科为单位,对假期个人整合的材料进行"融合"、"归纳"各学科的整合路子,确定了学科的"结构单元"、知识的"系统单元"和授课的"模块单元"。

教材整合后是对教师资源的整合。对教师进行整合,以学科为单位,详细分析每个教师的性格特点、教学能力、长项与短项,本着"大服从,小结合"的原则,确立了"单元教学组"。这是一种全新的教学组织架构,教师不再是"单打独斗",每个教师的强项都找到了有效对接,"强强联合"成为现实,集体备课不再走形式,教师根据自己对本学科的掌握程度,可以自选"教学模块"。

天卉中学将八个班的课堂整合为两个部分,将老师按特长分配,分别由两个人共同研究一个专题,这样老师可以选择自己的特长进行专题研究,有利于课程的挖掘,两个内容同时进行。胡志民告诉笔者,每五天为一轮回,即一位老师在两个班上完五天的课后,再到另外两个班上同样的内容,在同一时间其余两位老师也可以互换,每个老师同时担任四个班的课,也就是说每个班有两个语文老师,一是语基老师,一是阅读与写作老师。天卉中学又把每两个班作为一个小单元,四个班就是一个中单元,整个年级的语文教学就是一个大单元。

"我们用一种结构的方式,彻底解放了教师,还给教师在教学活动中最大的自主权。'三型、六步、一论坛'模式解放了学生,'大单元教学'又解放了教师,实现了教师与学生的双高效。"胡志民说。

实行"大单元教学",教师可以省出一半的时间进行备课与研究,对某一专题进行深入具体的研究,同时,知识分块,任务分段,更有利于教学和掌握更专业的知识。

语文教师何有国是八年级的年级主任。他说,一门学科由不同的老师教,对学生来说也有了新鲜感,而节省下来的时间则可以用来拓展阅读。比如在平时的拓展提升课或单元论坛课上,他们会根据不同的授课模块的内容适时融入《三国演义》《水浒传》《鲁滨孙漂流记》和《读者》上的美文。

## 天卉课改的"十大疗效"

从有第一届毕业生以来,天卉中学每年的中考成绩都在全县蝉联第一。实行新的课堂教学改革以来,学生的优秀率直线上升,及格率一直保持在100%。这样的数据不仅为该校的教育实践提供了有力的验证,更为他们的改革提供了直接动力。

胡志民笑谈:过去孩子上课就盼下课,现在是害怕下课,因为自己还有很多东西没有和大家展示。老师过去是开口就上课,闭口就下课,几个班讲下来都是一个模式,现在,每一节课都充满了挑战,一扫以往的疲惫感,充满了创造的激情。

学生这样评价:这种新的课堂,让我感觉学习不再是一件苦差事了。过去怕上课,现在我怕下课。在这种课堂里,不但学到了知识,又锻炼了胆识和表达能力,现在只要放假一天,我就立刻想回学校。

"我也是一名教师,我把孩子送到天卉中学,感觉到孩子整个人的风貌都变了,以前胆小,不爱说话,现在,在多少人面前演讲都不怯场。自强、自立,懂得感恩,这是可以让孩子享用终身的财富。"同样身为教师的学生家长段老师这样讲述孩子在天卉的成长。

胡志民曾专门对改革的效果做了总结,总结出了"十大疗效"。

一是改变了师生的生命状态。改革极大地激发了教师的创造热情，使教师的生命状态由"麻木"转向"迸发"，乐教、研究、创新成了教师生活的主旋律。学生再也不是老师"牧羊鞭"下的"羔羊"，而是充满了"天性、灵性、野性"的天使，主宰课堂，演绎生活，实现了"人本"的大解放。

二是改变了教师和学生的学习状态。教师由过去的知识的传授者、德育的"布道者"，转为学习中的首席、学生的伙伴与朋友，成为课堂学习最好的引领者。学生由过去的被动学习者、知识的容器，转为学习的参与者、课堂的设计者，配合教师一同完成整个学习过程。

三是切除了教育的一大"毒瘤"——作业。传统课堂的作业是低效的产品，为了弥补教师课上对时间的浪费，作业则成了弥补浪费的产品，用剥夺学生自由发展的空间为这种行为"埋单"，让学生背负沉重的"十字架"，让家长延续对"教育无能"的缺憾。改革后的课堂则施行学习前置，巩固练习在课上当堂完成，对子互批、小组群批、教师面批，实现了知识巩固的最大化，根本无需作业。

四是真正落实了新课程改革的"三维目标"。传统课堂中知识的获得以教师的讲授为主要方式，一切活动以老师的意志为落脚点。而高效课堂却把"三维目标"的实现落到了实处，课堂上的展示环节，孩子们在知识的讲解中彰显能力并融进了真情实感、价值取向，是真实生命在课堂上的释放。

五是落实了"以人为本"的教育思想。传统课堂的操作基本上是工厂的操作方式，不管材料的异同，一律在一个"模式"下进行加工，不符合"模式"要求的成了废品，而高效课堂真正实现了"有教无类"的理念。在班级授课制的模式下，分组学习实现了"同组异质""邻近组合"的方式，让每一个学生都找到学习的起点，每一个孩子都能尝到成功的快乐，找到了适合孩子需要的学习本源，最大限度地实现了"以人为本"的教育思想。

六是找到了教育的"支点"——"尊重学生"。触及灵魂的教育，才是有效的教育。高效课堂砸掉了老师赖以布道的"神坛"，从学生的聚焦处，来到了学生中间，学生的提问、回答、质疑，不需要老师的允许，有想法就讲出来，如果没有教师对学生的尊重和爱这些都是无法实现的。

七是实现了课堂的"软着陆"——"安全"学习。课堂的"安全"与否，是学生能否全心学习的前提。老师的一声断喝，能使学生一堂课"胆战心惊"；教师一时的情绪，可能让孩子一天都惴惴不安；而高效课堂到处充满了和谐、友爱的气氛。学生对子间，兵教兵，兵强兵，师生间，老师用询问的和蔼的语气，与学生一起探讨知识的生成过程。学生回答，展示的对与否，老师都要让学生表达完毕，并给予提示性、友善性的点拨，让孩子在一种"安全"的环境下，放心学习。

八是改变了老师的"研究态"，实现了老师成长的"自主式提升"。传统课堂下的教研教改，是一种"学院式"的研究方式，老师承担一些假、大、空的科研课题，费了大量的时间，做的却是无用功。而高效课堂却是从课堂中存在的问题出发，"问题即课题"、"行动即研究"，把课堂当中存在的问题，当做课题，紧揪不放，"捻针尖"。教师在解决课堂问题的过程中真正实现了"自我提升"。

九是改变了传统的管理模式，使学校发展走上了"文化管理"。传统课堂造就的是金字塔式的管理，所有的管理几乎都是结果性的管理，一切均靠制度的"刚性"保障运行。而高效课堂从根本上就确立了"人本"管理的思想，生生关系、师生关系、管理与被管理的关系都是以"民主、尊重"为前提。这就要求，全体师生必须具有相同的价值取向，必须有一种对相应管理文化的认同，这就为"文化管理"奠定了坚实的基础。

十是实现了教育的"回归"，接近了教育的"本质"。传统课堂最大的弊端是"唯分数论"，价值取向直指各种考试，最终培养了一帮高分低能的"书呆子"或对课本极端"仇视"的"异类"。而高效课堂是从人的本质出发,以人的发展为终极目标,利用学生的"表现欲",让学生尝试成功的幸福感,激发学生的"内驱力",激活学生对学习的兴趣,让课堂呈现出"知识的超市,生命的狂欢",最大限度地接近教育的本质"一切为了人的发展"。

## 寻找天卉课改源动力

因为课改,天卉的课堂引发了核聚变,天卉的发展实现质的飞跃。一所民办学校何以在短短两年时间内赢得发展的奇迹,是什么支撑了天卉课改的整体繁荣,天卉并非课改的先行者,又是什么成就了他后来者居上的发展速度,天卉课改的原动力来自哪里?

### 动力一:校长的教育理想

对于一所民办学校而言,创办人胡志民无疑是这所学校的灵魂人物。这位曾做过10年教师的办学者,当初"弃教从商"是因为对学校教育的不满,而今又"弃商从教"则是为了重拾自己的教育理想,立志办一所理想的学校。

对于胡志民来说,出于对教育的追求而选择课改的动力远比其他利益的驱动更具穿透力和持久性。在天卉的一个多星期里,笔者目睹了这位视教育为生命的创业者的生活状态。

这是胡志民日常生活最典型的一天。早晨5:30分准时站在操场上,等待学生出操。早饭后处理学校日常事务,然后深入班级看课,中午在学校与老师们一起就餐,下午处理日常事务,晚上9:30以后下班回家。

7年来,胡志民的生活就是循着这样的节奏日复一日、年复一年循环往复。

在学校的教学楼的走廊上有一块展板,上面是天卉的学校宣言,宣言中这样写道：

> 我们正一起进行着一项艰苦而充满创造性的特殊工作，我们正生产着一种特殊且具有灵性的"产品"，这种产品有三大特性：第一，"自宣性"。产品本身会说话。我们工作的好坏，产品自身能宣传。第二，"一次性"。产品一经生产，一次成型不可回炉。第三，"定向性"。每一个产品都是家长向我们定做的，家长不满意我们无法转手。
>
> 是产品就要走向市场，而市场像一只无形的手，无时无刻不在排列着各家产品在市场上的位置。市场的法则是无情的，如果我们的产品得不到社会认可，得不到大家满意，那么他们就会行使选择的权力，抛弃我们。我们每一个员工都是在为"家长"、为"社会"打工。"受人之托，忠人之事"，我们必须从根本上保证"产品"的质量，最大限度地满足"家长"和"社会"的愿望，我们才有生存、发展、强大的可能。

胡志民是这样想的，也就这样表达自己的观点。在他看来，办教育首先要摒弃功利目的，要凭良知去办教育。他常常对教师们说的一句话是，学校是大家的学校，每一个人都是学校的主人，这也因此形成了一种愿景引领。胡志民在天卉提出了发动机文化：一个火车头马力再大，所带的车厢数是有限的，但是如果把每一节车厢都安装上一个发动机，就形成了一个动车组，它的速度就会风驰电掣。天卉中学倡导的发动机文化，是让每一个人、每个部门都成为发动机，那么天卉中学这列车一定会高速行驶在教育的前列。

胡志民一直认为，家族式管理是民办学校发展的致命伤。因此在天卉，胡志民不允许任何一个亲戚参与学校的工作，包括他的爱人也从来不插手学校任何事务。也正是因为如此,天卉的"发动机文化"真正得以有效落实,胡志民与所有教师一起形成了一个价值共同体。

了解了天卉教师集体的价值认同,也就不难理解天卉强调"责任观"的意义。天卉中学的责任观有这样一段文字描述:

> 一个负责任的人,就是一个对社会有用的人;一个有责任心的人,就是一个能委以重任的人;一个有责任能力的人,就是一个有担当的人;一个会负责任的人,就是一个能创造生活的人。生命因责任而高贵,工作因责任而精彩。每一个天卉人都要以对自己负责、对他人负责、对社会负责、对未来负责、对国家民族负责的精神,修身、治学、立世,肩负起自己的责任。

胡志民希望把学校办成一所负责任的学校,把教师锻造成一批负责任的教师,努力教出一批负责任的学生,让"责任"二字贯穿于学校工作的每一个环节,打造独特的"责任文化"。

"改革让我们体验到了什么叫痛并快乐着,而价值认同让每一位教师都感觉前途有奔头,工作有劲头,全校上下焕发出了一种全新的精神风貌。"胡志民说。

我们看到,在天卉,校长的思想有效地传递给每一位教师,校长的文化转化成为了团队的文化、学校的文化,每一位教师,甚至每一位学生都能融入校长所引领的学校文化中,他们中的每一个人都可能成为刷新学校文化的动力元素。

**动力二:管理凝聚人心**

天卉课改的成功很大程度上得益于学校不断创新的管理体系。校长胡志民说,天卉实行的是"361°"管理思想。这一提法有着他个性的解读。胡志民说,360°是一个闭合的圆,圆是中国的文化中一个重要元素,代表着"圆满"、"团圆"、"至善至美"。他的观点是,要敢于继续突破,增加这个1°,就时要倡导教师敢于打破固有的圆满,求得新的突破,否则容易把自己圈在一个圈子里,故步自封,流于平庸。

这一思想落实在教学管理上就是逐步趋于完善的"三横、六纵、一个圆"管理架构。学校按三个年级、六大学科、一个督察组设置管理机构,自成体系交互评价,构成一个相互咬合的管理体系。

所谓"三横",即七年级组、八年级组、九年级组每年级设一名年级主任。年级主任直接对校委会负责,有一定的财权和人权,对本年级各教学组进行横向管理,执行校委会制定和下达的管理指令,带领本年级教师完成周计划、月计划、年计划,负责每月对本年级教学组的排队,落实月奖惩,形成三条横向管理通道。

"六纵"是围绕语文、数学、英语、政史、物地生化、体音美综合实践六大学科,每学科设一学科主任,有一定的财权和人权,对跨年级、同学科的教师进行纵向管理,直接对校委会负责,制订本学科的教学、教研计划;执行校委会对教学的管理指令,带领本学科教师完成制订的周、月、年教学教研计划,随时深入各年级教研组,指导集体备课;负责每月对各年级教研组的排队,落实月奖惩,形成六条纵向管理通道。

"一个圆"则是学校设立的"督查组"对年级工作和学科工作进行闭合式督查。督查组也直接受校委会领导,是校委会行使学校管理权的"特使",为学校评价学科主任和年级主任提供依据,形成一个圆形的闭合管理通道。

2009年该校又增加了"一个支点"和"一个杠杆"。"一个支点"是强调校长作为学校的引领者、设计者,要成为学校管理的支点,对全校的管理系统起到一个整体支撑的作用,校长应该抓"大"放"小",要赋予每个管理者充分的权力和责任,真正做到"权力下放,责任上移"。"一杠杆"是指校委会作为学校管理的最高权力机构,是撬动整个管理圈的"杠杆"。每周一次雷打不动的班子会,是管理的"起点",也是管理的"终点"。班子会在"值班校长"的主持下,要真实客观地总结评价一周的工作,对没有完成的工作要说明理由及解决办法,对下周的工作在校委成员充分发表意见的前提下,列出纲目,交由下周"值班校长"细化,下周一公示。

"361°"管理思想落实在教学评价上是"三展、六评、一奖惩"。"三展":督查组、年级组、学科主任每天把检查结果在门厅公示板上公开展评,打出分数,列出课堂优缺点。"六评",即每天有六个层面检查直指课堂,校领导、督查组、年级主任、学科主任、教学组组长、班主任、每个检查人员要记录检查情况,做出各自的检查评判,形成一个高密度的评价网络。"一奖惩",则根据各层检查,每月一次综合考评,分年级学科两条线落实奖惩。

通过这样的管理,一个科学的、民主的、真正意义上的扁平化管理就形成了,在整个管理网络中,除校长外,都来自于基层教师,所以整个学校的决策依据更具科学性、民主性,管理措施、工作目标的制订也更具合理性和可控性。

这种最大限度的"扁平化"管理使指令以最快的速度到达基层,管理信号实现"衰减"的最小化,为课改向纵深发展提供了有力保障。

**动力三:教师重拾职业信仰**

天卉中学教师的整体专业素质并不是全县最好的,但天卉中学的教学质量却连年蝉联全县第一。胡志民给出的答案是,这是天卉教师团队合作所产生的力量。让胡志民最感欣慰的是,天卉7年的发展历练出了一支充满敬业、协作和创新精神的激情团队。他说,这是天卉最大的财富。

对于民办学校来说,教师频繁流动是其管理的一大硬伤。而天卉自办学以来,教师的流失率一直很低。无论是年轻的还是年老的,他们都在这里实现了自我的价值,赢得了职业的尊严。

天卉创办之初曾吸引了全县一大批公办学校的优秀教师，在天卉已经工作了6年的赵文广，可谓是天卉的元老了。他说，在天卉工作这么多年，最大的感受就是，在这里很舒心，无论是与学校领导还是同事之间，大家都很和睦。

来天卉之前，赵文广在公办学校就已经是很优秀的老师了，曾经荣获承德市十大青年教师提名奖。谈起当初选择天卉的初衷，他说，一方面天卉给出了比公办学校更高的待遇，另一方面也是最重要的一点就是天卉向社会放言，要办一所理想的学校，成就学生的同时成就教师。这一点深深吸引了他。

赵文广坦言：这些年来，总会有学校出高薪来挖我们的优秀老师，但是我们这些老师没有人选择离开的，因为大家在这里工作很愉快，天卉已经成了大家的精神家园。

"现在与以前公办学校的同事一起聊天，会发现我们的生活方式已经完全不同，生命状态也完全不同。他们追求的是在学校工作要多么悠闲，而我虽然工作量比他们大，但是很开心，因为我在工作中找到了自己乐趣。"赵文广说。

语文教研组组长冯玉杰曾在自己的日记里这样写道："想想自己初踏上天卉这方土地，是在五年前的一个明朗的夏日。因为仰慕这里的简单的人际关系，以及'先学做人，再做学问'的教学理念，于是经过近似于'过五关斩六将'的层层选拔，终于让刚刚毕业不久的我登上了这方教育的圣洁之地。"

一向被学生视为"知心姐姐"的刘悦也是天卉的元老了。她告诉笔者，她曾经在公办学校一度消极，随波逐流，到了天卉才真正发现了教育的美妙，体验到了教育的职业幸福。如今，每送走一届学生，她都会多收到很多学生的来信。她说："带给孩子一生最大影响的，不是你教了什么，而是你是怎样一个人，以及你是怎样对待他们的。"也许正是在这样的追求中，众多像刘悦这样的天卉老师才找到了职业的尊严和幸福。

天卉中学教师叶建军说:"以前做了那么多年的教师,只感觉苦,感觉累,从没感觉到当老师有什么幸福;到天卉工作以来,尤其是参与课改以来,我才知道什么是好老师,什么是教育,我从内心感受到了从教的快乐,也找到了一个教师的幸福和尊严。"

刘金铭老师向笔者介绍说,天卉教师有很强的合作精神,同事之间彼此非常和睦,亲如一家。"我们常常把平时一起就餐的餐桌当成了教研论坛,同事之间叫哥、叫姐的很多,这不是哥们习气,而是发自内心的一种自然表达。"刘金铭说。

也正因为教师们这样的幸福、和睦,天卉涌现出了一大批魅力教师图谱:风趣与幽默的"大嗓门"赵平、被学生唤做"老刘"的刘金铭、学生的"知心姐姐"刘悦、"老大风范"何有国等等。

天卉的教师在这里有尊严地工作、生活,这里不仅人际关系简单,而且教师在专业发展方面都找到了合适的定位与突破,这就使教师有了归属感,有了创新工作的积极性,这无疑是给学校发展安装了"动力引擎"。天卉这种以和谐、温馨为主题的"家文化"已成为其发展的特有基因,而这种"家文化"的形成无疑将保障天卉在未来的发展中走得更远。

**动力四:学生离开学校的怀念**

"掬天之甘露,育花之灵卉"。这是胡志民对校名天卉的诗意解读。胡志民希望从天卉走出的学子都很阳光,都很自信,都能走得更远。

胡志民告诉笔者,为了实现天卉的育人目标,天卉在不同的年级设置了不同的教育主题。在七年级以"习惯"教育为主线,侧重孩子行为基础的培养;八年级以"自律"教育为主线,侧重孩子人格基础的培养;九年级以"理想"教育为主线,侧重孩子精神基础的培养,从而努力培养学生的六种品质,即自信,而不自负;自尊,而不自傲;自立,而不自私;自知,而不自赏;自爱,而不自骄;自谦,而不自卑。

"走出家门一步,身负一家荣辱;走出校门一步,身负学校荣辱;走出国门一步,身负国家荣辱。"这是写在天卉中学校门的后墙上的文字。

这些直击人心灵深处的文字,并非写在墙上的装饰,早已融入学生的心灵成长历程。

天卉独特的育人文化给在这里学习的孩子打下了生命的底色。有学生考上了高中因为留恋在天卉的学习生活,专门选择复读就是为了在天卉多上了一年。有不少家长找到校长胡志民,希望学校尽快办高中,这样孩子可以继续在天卉就读。

毕业生李国庆在给母校的信中这样写道:"迈出高中的殿堂已有数月,可天卉的课堂仍历历在目,这才意识到天卉的三年不仅仅丰富了我的知识,更重要的是在实践中不断提升自己的能力。因为,在天卉的课堂上的每一次精彩展示,都为我们今后的生活奠定了基础。刚进入高中时,当自己在新同学面前侃侃而谈却没有一丝紧张,看着座下同学们敬佩的眼光,才切身感受到天卉的课改真的让我改变了许多,我变得更稳重、更大方,让交际变成小菜一碟,让自己的一生受益匪浅。

如今,自己所在的高中也进行着课堂改革,这一切对于天卉的学子都不再陌生,并光荣地充当着改革的先行者!每当自己在黑板前精彩的展示,心中便油然而生一种自豪感,我为自己是天卉的学子骄傲,为天卉的课改而自豪。是天卉'自主、求真'的课堂塑造了一个崭新的自我,为我创造了美好的明天。"

一位已经毕业的学生在百度贴吧里留言:老师们,现在离开你们了,才发现你们真的那么好,祝各位老师永远快乐、开心、幸福……

"我是天卉的第一届毕业生,我很想念我的老师,我的班主任,我是相当崇拜您,我在天卉时您给了我很大的帮助和支持,现在虽然我又多了很多班主任,但我还是觉得您是我生命中最好的老师。"

像这样的学生留言在百度贴吧里有很多,只要有学生怀念到哪一个老师的好,接下来就会有持续不断的跟帖。这就是天卉发展的又一动力——学生的认可。

## 手记：天卉课改为我们带来的启示

课程改革即将走过10年，在10年的节点上回顾过往，一个不断被追问的问题是，课改到底要改什么？基层的教育实践给出的答案显然是丰富的——改课程，改课堂，改管理，改班级，改教师。

位于河北围场的天卉中学，从2008年开始，以改课为切入点，重新整合教材，重塑管理文化，重构班级生态，改变了师生的生命状态，演绎了一条不断上升的发展路线图。

天卉的课改实践为我们带来哪些启示？也许这样的追问比其经验本身更有价值。

启示一：课改要先做减法，再做加法。先做减法就是要从课改这一项系统工程中理出迫切需要解决的主要矛盾。天卉人认为，这个主要矛盾就在课堂上，就是要以改课为切入点，系统破解课改难题。实际上，课改必须从改课上寻求突破，这是一个从实践中得出的重要判断。在学校内部，课堂是学校"安身立命"的基础，无论什么样的改革最终都需要落实到课堂上得以验证，课堂无疑是一个最大教育试验场，抓住了课堂无疑就抓住了课改的关键所在。再做加法就是要逐步关注全教育，从改造课堂出发，逐步改造课程，改造管理，进而改造文化。

启示二：重视教学模式的价值。模式首先是经过实践验证的科学的教学方法，模式就是生产力。对于大多数一线教师而言，模式的意义就在于，把复杂的教育简单做，简单的教育认真做，认真的教育重复性做，重复性的教育创造性做，也就是说，有了模式就要认真临帖，认真临帖的模式就要持续不断地实践，坚持实践就可能走向突破，最终生成具有个性的教学特色。天卉中学正是沿着这样一条路径不断走向突破的。

启示三：从"教教材"到"用教材教"是对教师课改智慧的重要考

量。从"教教材"转变为"用教材教",这一点现在已经成为课改共识。但是如何实现"用教材教",则是一大挑战。一直以来,教师只是国家课程的执行者,很少有人对其进行自我的加工或改造,国家课程在很多教师那里只是静态的、封闭的,在国家课程的校本化实施问题上,大多数老师处于集体失语状态。而天卉中学则立足于学生学习的现实需要,对教材进行了系统整合与再开发,他们依据教材的内涵进行删减增补,课程因此是动态的、发展的、开放的,实现了国家课程的校本化、师本化、生本化。

启示四:让学生的"学"和教师的"教"达到双高效。天卉的课堂教学改革解放了学生,让学生真正成了课堂的主人、学习的主人,让学生对学科思想、知识体系有了完整感知,这就激起了学生的学习兴趣,学生不觉得学习只是为了考试,而是想知道这个模块在学科中目前的位置,往下会怎么发展,可以说实现了学生学习的主动迁移,学生自主、合作、探究的层次提高了。而教材的整合则解放了教师,每个教师的特长得以充分彰显,课题研究有了具体的抓手。大单元教学模式巧妙地处理好了"主体与主导"的辩证关系,既发挥了教师无可替代的主导作用,又突出了学生学习的主体地位,实现了教师和学生的双高效,使教师的"教"和学生的"学"发挥到了最大值。

与众多师法杜郎口的学校一样,天卉的课堂发生了巨大变化,但不同的是,他从改课走向了课改。有人说,杜郎口让我们厘清了改课价值,而天卉的成功则抛出了基层学校如何从改课走向课改的成长命题。从这个层面讲,天卉的改革比杜郎口中学的教学模式的变革性更强,它从改课开始,触及到了对课程的整合与再开发,是一场真正意义上的"课程"改革。

# 不一样的课堂

样本学校：河北省兴隆县六道河中学

核心经验："四段七步三查"模式

位于河北省兴隆县大山深处的六道河中学的老师最近格外忙碌。这里的老师每天在教学之余，或自发地组织学习，或交流研讨，或在电脑前记录自己的反思。每天以研究的方式工作，以反思的方式学习，这样的工作状态不是出于行政命令，而是来自这个团队的一种内驱力的推动，他们的忙碌都共同指向一个目标，就是变革课堂，重新构建课堂上教与学、师与生的关系。六道河中学的课堂教学改革也正是这样渐渐步入深水区的。

这是一所典型的农村学校。离县城大概有十几公里。通往学校的路全是蜿蜒山路。学校很破旧，教室全是五六十年代建造的平房，而会议室则是由当年的部队营房改造的。学校颇为寒酸，一扇很普通的铁门、一处不规则的花圃、几株不知名的树木，但校内却显得整洁有度。

这又是一所颇有特色的学校。

随意走进这所学校的每一间教室，你的眼前都会猛然一亮。这里的课桌拼成田字形，教室四面有很多块大小不一的黑板。上课的时候，笔者观察到，每个班级被分成了6个学习小组，每个小组的同学们围桌而坐。课一开始，老师不是忙着登台讲课，而是先给学生发一份油墨印制的导学案。导学案在这所学校还有另外一个称谓叫"学习路线图"，它的主要功能是"导学"。校长贾利民说，像这样教师不讲以学生自主学习为主的课，导学案则显得相当重要，它就像婴儿习步的"学步车"一般。导学案的编制改变了常规的教学要求和备课流程。贾利民对笔者说，以前要求教师要认真备课、写教案，现在课改之后要求教师要认真设计导学案，编导学案和备课写教案完全不是一回事，写教案是"为了教的设计",而编导学案是"为了学的设计",以前上课是为了完成教学任务,现在上课是为了落实学习任务,导学案它不仅涵括了知识目标的学习,还承载着学习情感和学习能力的生成。这所学校的导学案看起来很是"复杂",包括学习目标、知识点分析、学习方法指导、学习过程、拓展应用等几大块内容。

贾利民介绍说,他们的课堂早已出离了传统课堂教学的式样,在形式和内涵上都有了很大的创新甚至是颠覆。这样的新课堂他们称之为"高效课堂"。贾利民还特别强调说,千万不要以为高效课堂就是单纯为了"高效"的课堂。他们追求的高效课堂其实是一个完整的教育概念,即围绕着三维目标,强调"四学"——学会、会学、乐学、创学,他说课堂实在不是为了考试而刻意去"高效",而是营造一个生态的育人"场"。他说课堂必须要"主动"、"生动"、"生长",按照这样的课堂观,他们把课堂分为三个基本流程:第一个环节是自学,即让学生围绕着导学案"独学、对学、群学",时间大致有 20 分钟;第二个环节是展示,即在小组长的带领下,每个组先开始组内讨论,时间大致有 5 分钟左右,然后把学习成果"展示"在属于自己的小黑板上;第三个环节叫"反馈",即教师依据学生在展示过程中暴露出来的"问题",有针对性地予以解决。

笔者看到,这所学校的课堂生动活泼,表面看起来似乎很乱,但却是乱中有序、动静相宜,学生始终都处在一种积极主动的状态中,绝少开小差、打瞌睡的,"课堂学习氛围好,学生学得好"。一位慕名前来参观的校长评价说:这才是我们想看到的"学生的课堂"。

## "老师讲得好,同学也学得好"

这所学校就是河北省兴隆县六道河中学。

2010年9月10日上午10时整，当第三节课上课铃声响起时，九年级（2）班的50名学生迎来了一位特殊的"同学"——温家宝总理。在第26个教师节到来之际，总理来到距离京郊100余公里的河北省兴隆县六道河中学，走进青年教师王海艳的课堂，与同学们一起上了一节课外阅读课，学习散文诗《珠穆朗玛》。

"珠穆朗玛，深海里站起来的女神，你屹立在世界高处，不是为了世界第一，只为缩短与太阳的距离。"青年作家宓月的这篇散文诗，赞美了珠穆朗玛的神圣与壮美。

新华社用这样的文字描绘了这节课："温总理挨着同学们坐下来，专注地听王海艳讲课，与同学们一起朗读，讨论，做笔记。课堂上时而静谧，时而欢笑，总理与老师、同学们融在了一起。"

课堂上学生的讨论展示很激烈，总理与老师、同学们融在了一起。新华社还记述了这样一个课堂展示中的细节：在其他组展示"运用第二人称的好处"时，总理所在小组的马骏同学站起来作了补充：用第二人称可以表现出的不是作者对珠穆朗玛精神的向往，而是一种追求。师生共同为这一精彩展示热烈鼓掌，总理脸上也绽放出了笑容。

45分钟的阅读课结束了。老师和同学们围在总理身边。总理对同学们说，这是一篇富有哲理的散文。它不仅指出了人的信念、追求和意志，还反映了人与自然的关系、民族团结，老师讲得好，同学们也学得好。

## "让总理听什么样的课"

"总理要来学校听课的消息，是提前一天得知的。"校长贾利民说，"当时，学校推进的高效课堂教学改革仅仅两个月，让总理看什么样的课堂心里还真拿不准。"

关于呈现什么样的课堂，在学校内部始终有两种不同的意见。一种意见认为，新的课堂教学模式尚不成熟，还是回到原来的课堂模式比较稳妥一些；而另一种意见则认为，总理那么关心教学改革，应该让他看一看"在改"的课堂。

校长贾利民觉得如果仅为了让总理看一看而改回去显然不妥，"或许正在进行的'课改课'还显得粗糙，但却是我们一直努力探索的新的课堂形态，它的特点就是突出学生学习的主体地位，放大学生的自主学习、合作学习和探究性学习，这样的改革是符合素质教育和新课改要求的，应该说方向是绝对正确的，但成功尚需要时间，我们只是迈出了最关键的第一步。尽管如此，我们认为仍然积累了一些改革的心得，也取得了可喜的变化，我们就是要让总理看到这样的课堂，我想这就算是我们普通的教育人对一向关心教育的温总理的一次汇报吧。"贾利民说。

就这样，温总理来到学校这一天，所有的课堂都和往常一样别无二致。正如贾校长所期盼的那样，总理在听课后，高兴地评价说："老师讲得好，同学们也学得好。"能让总理很满意，贾利民觉得特别开心，特别有意义，他更加坚定了课堂教学改革的信心。

## "课堂到底是谁的"

数个月前，六道河中学的课堂用校长贾利民的话说，还"病病怏怏"、问题成堆，他焦虑地说，"咱的课堂患了病了"。

他顾不得讲究措辞了，在一次全体教师大会上，他毫不掩饰，敞开肺腑这样"偏激"地说：课堂到底是谁的？都会说学生主体，可我们的课堂上教师仍占据着霸主地位，请问满堂灌的课堂有"学生主体"吗？没有学生主体的课堂才会导致这样的景象：教师在讲台上唇焦口燥，学生却并不领情，昏昏入睡者有之，开小差、玩手机者有之……

他接着说，没有学生主体，只有教师"独角戏"的课堂，怎么会有真正学习的发生？教师不厌其烦讲授的知识，要么是简单到人人都会，要么就艰涩到人人难懂。教师满脑袋全是"知识至上"，因而在课堂上忽视了对学生思考问题、分析问题的引导，一味省略掉学习经历，急于把结论给予学生，盲目地追赶教学进度和完成教学任务……他感慨道，这样的课堂教学不仅是低效的，甚至是无效的，长此以往当然会导致成绩下降和厌学现象。

"好的课堂不是老师讲什么，学生就听什么，老师讲多少，学生就学多少，应该是老师善于激发'学'的兴趣和热情，变'教'为点拨和指导，变'灌输'为启发和激励，变重视结果为更关注学习的过程，变接受为主动，变继承为生成，变苦学为乐学……"2010年7月份，在参加过《中国教师报》在安徽铜陵组织的"高效课堂校长公益培训工程"后，贾利民对课堂教学有了更清晰和深刻的认识——必须把课堂还给学生。

贾利民说，课改顶重要的当然是如何改，但前提仍然取决于教师的观念，考量教师有着怎样的教育观、教学观和学生观，而这样的"三观"正是高效课堂一直以来的教育追求。贾利民在自己的教学笔记中写道：我们探索的高效课堂是"人本主义"的回归，真正体现了对学生主体地位的尊重。离开了学生"学"这个主体，就放弃了教育最本质的东西，其他一切也根本不存在了。学是教学的灵魂，"教"必须基于"学"，必须服务于"学"，教学就是教给学生怎么学。贾利民说，扣紧了"学"，就揪住了课堂的"七寸"。他还认为，要想实现课堂教学的高效益，必须改变"教"与"学"的关系，因此，课堂要努力挣脱"教"的束缚，努力促使教师角色真正的转变，让"教"退化成学生的"辅助"手段和催化剂，让学生尽情发动每个人的"小马达"，进而飞速转动起来，把课堂真正变成"学的天堂"。

在六道河，贾利民说，我们是不主张教师讲的，而且观念转变之后的教师也不再像以前那样"一讲到底"，因为大家都清楚，课堂是学生的，而学习是"学生自己的事"，无论教师的知识素养多高，你不可能替代和包办学生的学！

## "观念一变一重天"

总理听的那堂课任课教师叫王海艳，年轻漂亮的王老师学历不高，几年前她还仅是一名幼儿园教师，现在她已经成长为初中毕业班的顶梁柱了。"以前可不是这样的，以前学校也曾经课改过，但那时仅仅是'改方法'，"王老师深有感触地说，"如果教师观念不改，而把课改定位在改方法上，无异于是给马车换发动机。"

和王老师有同样感触的陈金平老师说：以前在学校的要求下，我们尝试过好多种形式的课堂改革，每次都是开始轰轰烈烈，后来却无声无息，最受折腾的还是我们这些老师，我们就像古代战场上擂鼓助威的小喽啰，主将打得起劲我们就呐喊震天，主将一旦没了力气，我们就得偃旗息鼓，收兵保身，还得在硝烟渐退之时打扫残骸满地的战场。我们经常被"赶鸭子上架"地被动参与改革。但是这一次，老师们不仅清醒地认识到了改革的方向与价值，更掌握了落实新课堂理念的具体方法和路径。

赵春秀老师对教师角色有很深的体验，她对笔者说："现在，我们是引导者、服务者，学生才是真正的课堂主体。我们的工作就是引导学生在课堂中体验快乐，主动获取知识。"

解决了观念问题，六道河的课改日新月异。他们总结出了自己的"四段七步三查"模式。所谓四段：一是情境构建，激活课堂；二是互动探索，学习新知；三是成果展示，动态生成；四是达标测评，拓展升华。所谓"七步"：预习检测、告知目标、独立自学、对学群学、班组展示、达标测评、归纳提升。所谓"三查"：一查学生独学；二查组内小展示；

三查导学案和达标测评。

贾利民说，模式可不是模式化，而是对"教"和"学"行为的规范。在这套模式中，贾利民说，贯穿着一条主线——唤醒学生的主体意识，落实学生的主体地位。"我们就是要借助这套模式，变注入式为启发式，变学生被动听课为主动参与，变单纯知识传授为三维并重"。

王海艳老师结合自己的语文教学实践说，这套模式的显著功用是摒弃了四个无效，即无效的提问、无效的讲解、无效的讨论（互动）、无效的训练。同时，强化教师"课堂教学重在教授方法，教给学生方法是第一位"的意识，形成以教材知识为例子，以方式方法为核心，以变式训练为主线的教学理念，使整个教学过程中教师以问题为主导，不断创设问题情境，放手让学生去体悟和验证，总结方法、形成经验，促进思维能力的提高。王海艳老师至今还沉浸在总理听课的幸福中。

## 把考试还给学生

"总理给我们学校课改注入了无穷的动力。"贾利民很动情地说，自总理走后，六道河的课改驶入了快车道，步入了深水区。

贾利民说，围绕高效课堂建设，现在课堂诊断与研讨基本成了学校教研的主要活动形式。学校每月组织一次分学科组的同课异质研讨课，而对常态课的评价实施"无缝隙"管理，堂堂有监督、课课有反馈，贾利民说，现在六道河基本没有"漏网课"。

副校长陈连华说，学校建立了以学评教、以学定教、以学促教的课堂教学即时性评价体系，他们成立了"课堂质检部"，规定领导必须把根扎进课堂里，尤其是校长，要亲临前线，把精力放在课堂和抓教学质量上，校长每天要依据课堂教学情况召开"业务调度会"。他们提出领导要"各司其职"，明确岗位职责，要求班主任每周听评课在5人次以上，对本班存在的问题进行即时性研讨，尤其是小组建设、学困生的转化是班级工作的重点；年级主任每周在本年级听课7节以上，他们还强化"问题反馈机制"，要求年级主任要把课堂情况及时反馈给班主任、学科主任，力争"问题不过夜"；业务校长和质检部成员，每天听评课在5人次以上，利用每日的空余时间，及时反馈教师课堂情况。

他们还在考试环节上，"把考试放手给学生"，成立了"学生命题中心"。每班成立数学、英语命题小组，小组按成绩划分，即每组的1号为一个组，2号为另一个组……依次排列一直到6号组，1号组学生命"拔高题"，2号组学生出"改编题"，5、6号组学生出"课本和导学案原题"。"有的学科甚至连导学案都是学生自己编的。"陈连华说。

## 教师强则教育强

教师强则教育强。

教育的希望在教师。"农村学校的师资水平不高，校长必须研究教师的专业发展问题。"贾利民说，围绕发展教师这一中心，六道河中学开设了"六中讲坛"，他们改变以前"校长讲、教师记"的传统会议和培训形式，让老师们主动成为论坛的主角。

论坛形式多样、主题开放，或关于师德，或关于教学，或关于生活、阅读，贾利民说这是"把发展还给教师"。王海艳老师说，有时候我们就围绕一个教育教学中的问题展开，大家各抒己见，人人"亮剑"，有时候还真争吵得面红耳赤、不亦乐乎。

小课题研究是六道河中学教师专业成长的重要途径。赵春秀老师说，刚课改时，班级小组化建设问题就一直困扰着她，假如班里的学生整体基础都不太好怎么分组？她带着这个困惑，和几个同事发动学生一起进行小课题研究，结果问题迎刃而解。赵老师说，越是学困生多，越需要研究"利用学生",唯有孩子们自己才可以找到打开心灵的密码,她说这样的小课题研究让自己受益匪浅。

教学反思同样是六道河中学教师成长的重要法宝,王海燕老师思考的则是学生评价方式的问题。"现在学生都动起来了,能积极参与讨论学习了,但无论是自主学习还是合作学习还存在一些'假学'现象。自主学习不充分,合作可能就会打折扣,同样展示环节也不会有期望的精彩。我想探索一种新的评价方式,更大地激发学生合作与展示的积极性,让他们的激情能够持续保持,这是目前比较需要迫切解决的问题。"现在,王海艳老师已经把小课题与教学反思结合起来研究了,她说这样的研究方式让自己生成了不少的体会。

王海栓老师也在反思中收获了成长,他说:"反思不仅仅指那些写在纸上的文字,与同事间的课改交流是更高层次的反思与提升。我习惯把平时课堂上出现的,自己解决不了的问题随时记录、整理,一有时间就与同事探讨、交流,真正达到了资源共享,共同进步。"

"农村教育的确存在着亟待解决的一系列问题,但我们只有不推诿、不等待、不抱怨、不折腾,按照人的成长规律去践行,教育才能有所希望。"贾利民说,教育的问题唯有通过改革才能得以解决,课改难免会出现问题,但不课改只能是"死路一条"!"校长应该把课改当成信仰。"

# 传统课堂的现代救赎

样本学校：江西省抚州市金溪二中
核心经验："315"自主探究课堂

- 像每一位投身课改的教育者一样，江西省抚州市金溪二中的教育者一直在寻找学校发展的突围之路，他们试图通过课改找到一个准确的出口。
- "课改不是方法的改良，不是技术的革新，而是一场教学观念的革命，一场学习方式的变革。"
- "倡导教学模式不是简单化地进行一刀切，不是在搞教育的学术霸权，而是为了规范教学流程，让教师的教和学生的学进入一个有序的轨道。"
- 课改，不在于"知"，而在于"行"。这是金溪二中人的课改箴言。

像每一位投身课改的教育者一样，江西省抚州市金溪二中的教育者一直在寻找学校发展的突围之路，他们试图通过课改找到一个准确的出口。直到 2009 年，金溪二中与素有"课改策源地"之称的杜郎口中学走到一起，一场以课堂教学为核心的改革工程在金溪二中正式开启。短短半年时间，由"课变"引发的系列效应，让金溪二中的教育者在探求课堂之道的旅程中收获了太多意想不到的感动与欣慰：先后有来自兄弟学校的 500 多人次慕名到该校考察学习，分管教育的副县长专门批示要组织专家系统研究金溪二中的课改经验。

## 我们的课堂怎么了

金溪二中改革的出口锁定在课堂。校长邓阳辉一直强调这样一个观点：教改的重点在于对课程的改革，而课程改革的重点在于对课堂的改革。对于一线教师而言，问题才是出发的起点。按照邓阳辉的话说，金溪二中的突出问题就表现在课堂上。对于课堂教学存在的种种问题，邓阳辉将其称之为"课堂并发症"。他曾对此进行了全面的诊断式研究。课堂的病征外显为，老师苦教、学生苦学、家长苦陪。看一看我们的课堂，有多少老师带着"耳麦""扩音器"在自我陶醉地宣讲，有多少学生在台下昏昏欲睡，下课铃声成了叫醒学生睡梦的闹钟，有多少学生是在充当陪读的角色，在苦学中迷失了自我，丢失了信心，没有了兴趣。"这样的课堂教师身心疲惫，学生'弹尽粮绝'，然而，就是这样的课堂每天都在重复上演着，年复一年，乐此不疲。"邓阳辉说。

最让邓阳辉感到不解和忧虑的是，就连一些所谓的尖子生考试结束后也会出现"撕书、烧书"的行为。为什么会这样呢？为什么我们的老师费尽辛苦学生却不好好学呢？我们的课堂怎么了，我们的教育怎么了？他一直在追问自己。

需要深刻反思的不仅仅是这些外显的现象，更重要的是，需要检索出这些现象背后根深蒂固的"问题观念"。邓阳辉的分析是，我们的课堂过于追求"知识"，这是传统课堂的根本缺陷。过于强调知识本位，势必就会弱化学生的精神成长，正如过于强调"教"势必会弱化学生"学"一样。课堂上，我们听到的只是教师和少数学生的声音，教师过于注重自己教学行为的演示，并逐步形成对课堂的主导控制，于是学生成了"配角"和"观众"；课堂上，老师只是在一味地"灌输""填鸭"，"教学"只剩下"教"，而没有了学生的"学"，学生成了知识的"容器"，成了没有自我的"学奴"。

不进行课堂教学改革，学校就没有未来！因为学校的产品是课堂，有什么样的"观念"便有什么样的课堂，有什么样的课堂便有什么样的质量的教育。要创办真正优质的教育，扎实推进素质教育，那就需要保证我们的"每一堂课"必须过关，唯有变"劣质课"为符合产品"质量标准"的优质课，才能打破制约教育发展的"瓶颈"，唯有打造真正高效的课堂才能真正把学生从应试教育的"苦海"里解救出来。从这个意义上说，素质教育的突破口就在"课堂"上！

在系统学习了杜郎口的课堂教学模式后，2009年6月，金溪二中14名教师在校长邓阳辉的带领下，来到有"江南杜郎口"美誉的江西九江宁达中学学习考察。这是一个学习杜郎口经验成就学校发展的成功典范。在这里，他们又一次经历了一场前所未有的"头脑风暴"和"精神洗礼"，找到了课改如何"临帖—入帖—破帖"的路径。

"只要方向没有问题，先做起来再说"。自此，邓阳辉和他的团队选择了一项构建高效课堂的旅程，掀起了一场以课堂教学改革为核心的课改风暴。一时间，课堂成了金溪二中一个占据绝对优势的显性话题。

## 设定"教与学"的路线图

高效课堂是一种基于学生与学生之间、学生与教师之间、学生与教材之间的"对话课堂"，倡导学生与文本对话，与他人对话，与自己对话。高效课堂是一个注重学生精神成长和情感收获的教育，以课标和教材为依据，以学生为主体，以教师点拨为主线，以培养学生的创新精神和实践能力为根本宗旨。

人本主义心理学家罗杰斯说："没有人能教会任何人任何东西。"学生学会任何东西，最终都要通过自己的内化。从这个意义来说，人的知识的获得不是靠教而是依靠学，学习的最后过程是学生而不是老师完成的。

在邓阳辉看来，教育即解放，解放"教"与"学"的生产力。学生学习的过程就是让学生自主探究、体验、发现和感悟的过程。为此，他们确立了"以人为本，关注所有学生，促进积极参与，注重集体合作，满足不同需求，回归教育本位"的课改理念。金溪二中对课堂的诗意描述是，课堂应该是"知识的超市、生命的狂欢地、智慧的启迪场"。课堂教学应变教师的"教"为学生的"学",变教材为学材,变教案为学案,变教学目标为学习目标。

带着这样的理念与标准重新审视课堂。他们开始重建教学——教学是教师与学生的对话而不是教师对学生的单向灌输;他们开始重建学习——学习是主动的意义建构而不是被动的接受过程。

学会、会学、乐学、创学,这是金溪二中构建高效课堂的路线图。学校所构建的"315自主探究课堂"教学模式在时间划分体现为:30分钟(自主独学、合作深究、展示提升)＋10分钟(穿插讲授、点拨)＋5分钟(目标回顾、成果检测)。其具体课堂教学流程为:自主独学——合作探究——展示提升——达标检测。

金溪二中的课堂教学模式充分利用学习小组撬动了自主学习与合作学习的支点,而黑板的最大限度的使用则为学生学习效果的反馈提供了展示的平台。在金溪二中的每一教室前后侧面共设四块黑板,保证每个小组有一块展示板,每个学生可根据学习需要,自行准备一块小黑板。教室外墙设黑板供学生展示学习成果。这一课堂教学模式,为实现学生的主体参与,体现生生互动和师生互动,关注学生的兴趣、动机、情感和态度,突出思维开发和能力培养找到了一条有效的路径。

新的教学模式对教师的教学和学生的学习都有明确而具体的要求。这些要求在金溪二中都以歌诀的形式在校园里传播,每一位师生的都熟稔于心。

关于教师——

课改理念天天学,自身素质日日长。

集体备课精且细,315课堂牢牢记。

和谐课堂激智慧,人人参与无盲区。

及时点拨启思维,不断生成展个性。

关注全体不落生，高效课堂挖潜能。

师生共谱生命曲，教育本质是育人。

关于学生——

我的课堂我做主，生命狂欢守秩序。

自主探究多合作，听说读写争参与。

质疑互动人人辩，紧扣目标不偏离。

预习展示皆精彩，你争我抢乐开怀。

检测巩固查漏缺，时时评价勤反思。

良好习惯育个性，和谐课堂趋完美。

导学案是"315自主探究课堂"的重要学习工具。邓阳辉对导学案的解读是，导学案是对教材的"翻译"和"二度开发"，是为了让学生更容易掌握教材而产生的辅助工具。由于教材过于精练、严谨，学生无法读懂理解，所以需经老师"翻译"和"二度开发"形成的导学案来学习。但导学案绝对不能替代教材，学习中要植根教材，利用导学案的辅助功能，帮助解决学习中的困难，拿到导学案，明确学习目标后，要先回到课本，把课本内容提纲挈领地复制到大脑，形成问题，然后再循着导学案指示的方法搭建的"梯子"努力独学。

## 师生角色实现华丽转身

"315自主探究课堂"教学模式实施仅仅半年，金溪二中昔日的课堂病症已不见踪影。学生每天都在以自己的方式言说、展示着自己的收获。今天的课堂，教师正由权威向"非权威"转变，由指导者向促进者转变，由导师向学友转变，由灵魂工程师向精神教练转变。教师成了组织者、引导者、策划者、评价者、追问者、合作者，而学生则是探究者、创造者、体验者、表达者、成功者。

　　金溪县政府教育督导室陈文良老师在考察了金溪二中的课堂教学后撰文评价道:"教育思想的大解放引领着课堂教学的大开放——以人为本,生为主体,师为主导;教学行为的大颠覆彰显着学习方式的大变革——自主探究,互动生成,求同存异。"

　　这是一堂数学展示课,内容是回顾与思考科学记数法、统计图的选择。课堂上一组一专题,一题一点评,合作探究,井井有条,展示有环节,检测有作业,没有老师,课堂呈现出兵教兵、兵带兵的和谐局面……据了解,这个班曾因数学老师外出一周,而让学生自己主持课堂。一周后老师回来一检测,居然平均分为84分。

　　在学习《散步》一文时,有学生在课堂上即兴吟出一副"母爱多多多不为多,父爱少少少不为少"的对联,有学生含着泪花写下了这样的文字:"母亲,是你给了我最美的光阴,还有那一生也无法偿还的恩情,缅怀你的梦,我懂得了亲情,懂得了珍惜。"这是一个从未离开母亲的山村小女孩表述的对母亲的挚爱。这样的课堂,常常让前来听课的领导与同行啧啧称赞,感动不已。

　　一位老教研员听完一堂随堂课后感慨道:这样的课堂,学生还会打瞌睡吗?节节课这样上,三年后,学生还有什么不能?比起传统课堂,学生收获的不仅仅是分数,更多的是综合能力得到了很大的提高。

　　"实践证明,只要我们充分信任学生,敢于放手让学生自主学习、自我展示,学生就可能创造意想不到的奇迹。"邓阳辉说,"这样的课堂教学改革一旦推行,推动者不再是校长和教师,而是学生。"

　　听一听来自学生的心声。有学生说:"我们喜爱这样的课堂,我们拥有了发言权。在这里,象征老师'独权'的讲台没有了,教室的黑板不再全属于老师了,四面黑板是我们施展才华的最佳舞台,我们成了学习的主人,我们成了自己的老师。""我发现我变了,不再把自己的想法埋藏在心里，也会表达自己对问题的看法了。""我从一个默默无闻的人变成一位小老师，从一个从不发言的人变成可以站起来纠正别人错误的人。你还教会了我许多，让我懂得什么叫做互帮、互助。"……每每读到这样的心声，金溪二中的教育者都激动不已。

让金溪二中的教育者更加坚定课改信念的还有来自家长的高度认同与评价。一位学生家长说："原来我的孙子不爱学习，在家从来不看书，现在变了，在家会看书了，会写作业了，嘴也变甜了。"

如今，在金溪二中，一个教学相长的磁场正在逐步形成，一种开放、和谐的高效课堂文化正在彰显着特有的魅力。

## 课堂之外的探索

金溪二中的改革赢在课堂，但并没有止于课堂。在课堂之外，他们引领师生走向了更广阔的空间。

金溪二中从高效课堂倡导的核心理念出发重新构建了以"开放"为特征的校园文化系统。从改革动议到阶段性的突破，一路走来的邓阳辉对校园文化有了新的认识和理解。"校园文化是以学生为主题的文化，要让学生说话，要说学生的话，校园文化是为学生服务的，不是为学校或外来参观者服务的。"邓阳辉说。

金溪二中的校园文化是一种以"阳光、开放、向善和向上"为主题的文化。为了让每一面墙壁会说话，让教学楼的每一个走廊都成为"文化长廊"，学校在师生中广泛征集格言。走在校园里和教室里，你常常会不经意间看到富有哲理和启迪意义的格言。比如，在教室里有"欣赏学生，赞美学生，帮助学生，你才会精神愉快"等教师寄语和"我努力、我快乐、我成功"等学生心语。比如，"老师的微笑是最动人的语言。今天给了学生一个微笑，明天会收获学生的信心与进步。""教育不是人和物的关系,是人和人的关系,是心灵与心灵的关系。""帮助学生在尊严中发展,激发学生在发展中求真。"

学校还倡导各班级充分发挥主观能动性,鼓励和引导学生参与班级文化建设,让教室成为学生表现自我、优化个性的场所。在邓阳辉看来,校园文化环境是对学生进行德育、智育、体育和美育的最大课堂。对校园文化的重新设计旨在让学生在充满爱的书香校园中明德启智,做最快乐的中学生。

邓阳辉认为,教材是文本与生活的总和,一定程度上说,生活即课程。为践行陶行知先生把学生培养成具有"农夫的身手"和"科学的头脑"的理念,为学生全面发展和终身发展服务,金溪二中近年来做了一系列实践与探索。上个学期,学校与浙江省茶科研究所和南昌大学生命科学院合作,分别建立了龙井茶和黄栀子种植两个劳动实践教育基地。以劳动基地为载体,可以开展学生勤工俭学和劳动实践活动,定期组织学生到劳动基地接受劳动实践教育,实现"以劳养德"的"六个一"目标,即培养一种习惯(劳动习惯)、一种能力(动手能力)、一种方法(科学观察分析问题的方法)、一种感情(热爱劳动)、一种精神(勤俭节约和艰苦奋斗的精神)、一种责任(关心国家、集体和他人的责任)。

在金溪二中的校园里,邓阳辉不忙的时候常常会拿着相机,到各个教室捕捉风景,他常常会把一些老师正在忘情投入教学的场景拍摄下来,留下那幸福的瞬间。这不是嗜好,而是一种情结。"作为校长,我要思考如何给师生减压,引导他们将生活的指针拨向幸福。"邓阳辉一直追求这样的办学理想。为此,在教师中倡导健康生活理念,开展阳光体育运动,组织教师参加拓展训练,成了金溪二中一道独特的风景。

课堂之外的探索让金溪二中积淀了可能走得更远的学校文化。邓阳辉说:"当一所学校有先进文化领航,有高效管理护航,那么,高的教学质量就是这所学校的副产品了。"

## 课改是一项旅程

课改是一项旅程。课改的意义不在于结果，而在于过程。邓阳辉说："我们无法预知课改的最终结果，但在课改过程中，我们着力培养学生的自主学习能力和合作交流能力，这必将为学生未来的发展积淀一生受用的财富。"

在金溪二中，课改之初，并不是所有的教师都支持课改，不少教师担心改革可能引发阵痛，担心课堂的进度，担心教学质量的下降，因此提出了种种质疑。对此，邓阳辉曾经作出了积极而坚定的回应：我们的课改理念是追求全面发展，改变过去只追求分数作为唯一的评价标准，让全体学生得到学习发展的机会，以人为本，关爱生命，让学生在我们的学校、我们的课堂里学会学习、学会求知、学会生存、学会做人，从而乐学。分数只是其中一项显性素质，课改与考试分数不是对立的，分数只是新课堂的副产品。

每一位课改实践者都可能经历"迷惘—彷徨—抉择—困惑—坚持"这样的过程。邓阳辉介绍说，课改初期他在巡课中发现，一些教师依然存在侵占学生空间的现象，总觉得学生讲得不透、不到位，随意叫停学生的问题。"出现这样的问题，症结在于老师依然没有转变自己的角色，依然不相信我们的学生，不敢放手让学生自主学习、合作展示。"

即便在当下的课堂教学中依然存在不少问题有待进一步完善。比如，语文课堂如何保"鲜"、保"温"、保"质"；比如，教鞭、聚焦处避开、学生纠缠无意义的问题、预习时的放羊、精英式展示、虚假展示、反馈空泛等现象。

"课改不是方法的改良，不是技术的革新，而是一场教学观念的革命，一场学习方式的变革。""倡导教学模式不是简单化地进行一刀切，不是在搞教育的学术霸权,而是为了规范教学流程,让教师的教和学生的学进入一个有序的轨道。"直到今天,邓阳辉还会在不同的会议上强调这样的观点,他希望每一位教师都能从思想上真正认同这样的理念。

　　课改,不在于"知",而在于"行"。这是金溪二中人的课改箴言。邓阳辉说,一路走来,我们始终是在行动中求证理念、求证经验、求证价值,只有行走在路上,我们的课改理想才有意义。这也许是金溪二中课改实践带给我们最大的启示。

# 探寻课堂之道

样本学校：河南省尉氏县剑桥外国语学校
核心经验："导学法"实践

- "成功教学模式的共同点是激发学生质疑，培植学生的思考力。"
- "课堂的起点不是老师的教，而是学生的学。"
- 导是为学服务的，是从属于学的。导的出发点和归宿是学的最优化，脱离学的导是毫无意义的。

在尉氏县剑桥外国语学校不大的校园里，矗立着一尊孔子塑像，这是依照董事长姜军伟的设想在建校之初竖起的一道文化景观。孔子乃万圣师表，又是中国私学第一人。姜军伟这位虽不懂教育，但有着特殊教育情结的办学人，希望办一所真正体现尊师重教、造福乡邻的优质学校。孔子塑像，无疑寄予了他的一种信念和梦想。

与他一起实践这一理想的是 72 岁的老校长张铭钦。这位在新郑市被誉为课堂教学改革专家的老校长，曾经缔造了新郑市实验中学和新郑市苑陵中学两所地方名校。三年前，姜军伟"三顾茅庐"，力邀张铭钦主持剑桥外国语学校。于是，一所致力于课堂教学改革的民办学校开始走进越来越多人的视野。

三年前，张铭钦刚来到剑桥外国语学校时，这里生源严重不足，教学成绩全县平平；三年后，到此求学的学生络绎不绝，甚至不断有学生在学期中要求转入该校，教学成绩位列全县同类学校第一。

支撑这所学校课堂教学改革的是一项名叫"导学法"的教学实验。

## 重塑"教"与"学"的关系

张铭钦提出的导学法教学主张，建立在对以"教"为中心的传统课堂教学深刻批判的基础之上。

从上个世纪 80 年代开始，曾经两度接手薄弱学校的张铭钦，逐步将学校变革的核心锁定于课堂。对于课堂教学改革，他总是说：不破则不立，不止则不行，不塞则不流。

在广泛调研和深入分析的基础上，他发现，传统教学的基本教法是教师通过"讲"向学生转述知识，通过"讲"来控制课堂，通过"讲"来构建以"教"为中心的课堂。而转述知识传达的往往只是事物"是什么"的结论性内容，很大程度上忽略了"为什么"这一知识形成的过程。这种"知其然而不知其所以然"的囫囵吞枣式的教与学，是对学生创造性思维的最大破坏。

转述知识在客观上迫使学生被动听和记，容易产生精神疲劳。这种教学只能顾及学生的同一性，而忽视学生的个体差异性。事实上，任何学生的知识基础、学力水平、兴趣、行为、态度及价值观等都存在着较大差异。讲听式教学由于不顾这种差异而总是采用司空见惯的节节重复的教学形式，久而久之，多数学生容易产生厌烦心理，而持被动、消极的态度。这种被动消极将带来无效劳动的不断叠加，造成时间的极大浪费。

张铭钦应邀到一些学校指导课堂教学时，他总会引导一线教师首先对传统课堂的弊端有清醒的认识。在他看来，教学方法的变革首先源自观念的转变。

"我们的教学过于放大了学生的共性，忽视了学生个体之间的差异。而实际上，人的差异性远远大于人的共性。从另一个层面来说，同一性的讲授针对性不强,只可能解决一般性的问题。"张铭钦说。

为了探索新的课堂教学方法,他系统研究了美国认知心理学家布鲁纳、德国教育家第斯多惠等人的教育主张和思想,以及国内著名专家魏书生、钱梦龙等人的教学法。"成功教学模式的共同点是激发学生质疑,培植学生的思考力。"张铭钦说,"课堂的起点不是老师的教,而是学生的学。"

为此,他提出要把课堂还给学生,把问题还给学生,把思考还给学生,把"以教为中心"转移到"以学为中心",把教师的"教"转移到"导"上。于是,他开始尝试构建活动的、合作的、反思的课堂。导学法就是这样被提出,并不断丰富和发展的。

导学法的基本形态是教师导学,学生自学。导学法认为,导是为学服务的,是从属于学的。导的出发点和归宿是学的最优化,脱离学的导是毫无意义的。如果缺乏学生的学,导便可能沦为一种表演;反之,如果没有教师课前的导学设计,没有教师的组织引导,学生的学就可能处于无序的状态。

按照张铭钦的解释,导有五种功能,即领导、引导、诱导、指导、辅导,学有三种形式,即独学、对学、群学。

导学法强调,学生是主体,教师是主导,训练是主线。导与学之间联结的媒介是训练,旨在催生真正意义上的"教师式学生和学生式教师"。

## 语文教学的导学法路径

导学法环环相扣的三个环节是预习—研讨—检测,具体运用的步骤为四步:整体感知—重点研讨—强化训练—迁移延伸。

导学法的重要载体是小黑板。在剑桥外国语学校的课堂上,人们通常会看到黑板上悬挂着一个小黑板，上面写满了文字，这是课堂发展的主线——导学案。导学法中的"三环四步"都以导学案中设计的练习题层层递进。练习题分为铺垫性训练、探究性训练、反馈矫正性训练和成果巩固性训练。

在语文教学中，所谓整体感知，就是让学生经历完整的文本认知过程，通过自学对教材初步了解后，让学生复述文章大意。所谓重点研讨，就是学会长文短教，敢于对教材的内容进行大胆取舍。一些课文篇幅过长，如果寻求对文本解析的面面俱到，必然会顾此失彼。因此，要有所重，必有所删。在设计片段赏析时，就需要抓住重点，把"听、说、读、写"贯穿其中，确保课堂的高质、高效。

迁移延伸在语文教学中体现为每一课所设计的五分钟练笔，即让学生用所学到的优美词句或修辞手法写片段或短文。这样的训练把新知识从原知识结构中提取出来，在新的环境中加以应用，形成新的知识结构。学生对新知意义的认识升华了，能够在更广阔的范围加以解读和运用，这就是迁移延伸。

六年级语文教师毛兰在教授《老人与海鸥》这一课时，生成过这样的精彩。班上的一位学生在当堂练笔中写道："父亲，您可知道我十分想您，您在那里还好吗？您数十年如一日，不舍得为自己多花一分钱，可对我们却毫不吝啬，您把所有的爱都无私地给了我们，我们不会忘记，千言万语汇成一句话：父恩如山，终生感念！"这样的精彩练笔常常让许多语文教师激动不已。

教语文出身的张铭钦一直努力破解语文教学中的难题。他认为，语文，即语言文字。语文学科的基础性，要求必须关注学生的阅读、表达与写作。语文教师要以自身的素养与魅力诠释语文，要让学生从老师的身上感受到真实的语文、美的语文。文以载道，但"道"不是贴标签，是内化。情感、态度与价值观的培养，不是用表演和说教来完成的，而是身教,是潜移默化,"无言之教,乃为至教"。

在导学过程中,张铭钦把教师的语言放在重要的地位。他说,语文教师说话要保持语法时值停顿和节奏,不但顿号、逗号、句号的语法时值停顿要区分明显,尤其是中间没有标点的长句子更要按语法的意思单位有所顿节,让学生对整体意思听得清晰明白。

在一篇文章中,张铭钦这样论述语言美的重要性:"抑扬顿挫是教师语言的节奏美,诙谐幽默是教师语言的机智美,声情并茂是教师语言的情感美,逻辑严密是教师语言的理性美,启迪心灵是教师的道德美。语气平和说明了教师的稳重,语气温和表现了教师的耐心,语气坚定反映了教师的信念,语句连贯表明了教师对内容的熟练,语句清晰反映出教师对内容把握得准确,语句完整体现了教师思维的严密,语句优美彰显出教师扎实的功力。"

## 课堂管理的 N 个细节

导学法的成功不仅仅在于教学流程本身的革新,关键在于背后的理念引导与课堂管理。

导学法的课堂管理体现在很多细节。比如,学生的发言与展示,着重让后进学生来展示,在展示中既可以增强其信心,也可以暴露学生学习过程中存在的问题,以便于教师及时调整教学。

仅学生发言,导学法的课堂管理就有 8 种方法供教师借鉴。一是开火车式发言,即按纵向或横向顺序轮流发言,让每一个学生都有参与研讨和展示的机会。多在"一题多解"的训练题中使用。

二是一人作答时出现的精彩答案,由全体学生共同复述。这既体现了精彩共享的原则,也起到了及时巩固的作用,强化记忆。多用于分题回答后的综合结论的训练。

三是一人综合发言,得出正确结论,多人发言解读。在研讨过程中,往往遇到递进推理的训练,显示为第一个结论是第二个结论的理论基础,这个结论需要及时的多侧面的验证与解读,这就需要由多个学生做具体的解读性的发言。

四是一人发言引起争议,多人辩论发言。在研讨过程中,往往会遇到对个别训练题认识上存在差异,这些差异有可能是误识或歧解所致,也有可能是认知思路的殊途同归,还有可能是对新知细枝末节的认识产生了分歧,这就必然引发争辩,引起热烈的横向交流,把学生的情绪推向高潮,这将是最佳的学习状态。

五是同桌交流,合作探究,点将典型发言。在研讨过程中,教师为了提升学生的思维水平,设计少量的有一定思维容量的训练题,可能学生个体一下子不能作答,教师可有意识地让学生同桌两人在思考的基础上进行交流,但不能耗费较多的时间。在两人合作探究得出结论的基础上,教师点三个能代表下、中、上水平的学生作典型发言,最终让全班学生都得到逐步升华的结论。

六是四人小组讨论交流,合作探究,小组代表发言。这是在遇到思维难度较大的内容时采取的研讨方式。在小组讨论时,教师可"巡听、巡视、巡交流",在合作探究有了共识后,教师可根据在"巡视、巡听、巡参与"中掌握的情况,指定意见相左的两组代表发言,以引起更多争论,通过争论最终达成共识,但如果多组意见基本一致,就让一位最能代表全班共识的代表发言即可。

七是全班书面做题,几位个体板演,多人评价发言。研讨过程中,有一定数量的书面训练,选择这种方式的优越性在于能让全班学生都得到参与的机会。台下的学生做一组题,台上的板演学生每人做一题。待大家都完成做题时,可让板演学生用他依据的理论讲解做题思路,台下学生进行评价,台上台下互动,构成了探究的互动局面。

八是巩固成果，防止遗忘，全班朗读背诵成果。在研讨得出正确结论后，特别是有关概念、原理、法则、公式等必须牢记的知识，必须组织全体学生加以重复性朗读，达到熟读成诵。

学生发言的方法只是导学法课堂管理细节的一个缩影。像这样的细节还有很多，比如，导学法的课堂不追求学生发言的热闹，而注重追求引导学生用心相互倾听。只有在用心相互倾听的基础上，学生才能通过发言让各种思考和情感相互交流。导学法的课堂同样禁止使用"是不是""对不对""好不好"等无任何有效信息和研讨意义的发问。

这些要求、方法让导学法在剑桥外国语学校逐步生根、发芽，催生了一批青年教师的迅速成长。教导主任敬娜说，现在教师的"教"有章可循了，小黑板上的习题成了教师"教"与学生"学"的媒介，教学更轻松了。二年级语文教师何栓杰以前教学时语速比较快，如今，语言美已经成为她的课堂亮点。

让张铭钦深感欣慰的是，课堂教学改革带来的不仅仅是教学质量的整体提升，更有学校知名度的逐步提升。近一年来，先后有河南省内外各地的学校来此交流学习，该校一些优秀教师也应邀到外地做课。

## 手记：课堂兴，则学校兴

尉氏县剑桥外国语学校是一所创办刚刚三年的民办学校，无既定的文化积淀，无优秀生源，无有经验的优秀教师。这样一所"三无"学校，以课堂教学改革为引擎，带动了整个学校的发展：后进生得到了大面积的转化，找到了学习的兴趣和信心；青年教师实现了专业成长，找到了职业的成就感和幸福感。

学校变革必然要以课堂教学改革为归宿。因为，几乎所有的教育问题都能从课堂上找到症结，几乎所有的学校变革都要回归到课堂上得以验证。

剑桥外国语学校的成功在于，改革直接锁定了课堂，而撬动课堂教学改革的工具是经过20多年实践检验的相对成熟的"导学法"。她的改革没有走任何弯路，又有导学法创始人的贴身指导，很快便打破了传统课堂的空间格局，重新构建了"教"与"学"的关系，营建了一种对话、展示、开放的生态型课堂文化。

痴迷于课堂教学研究的张铭钦对现代校长职责和身份的认识，似乎也高度浓缩于课堂教学。他认为，学校发展的核心竞争力在于课堂教学的变革，校长的责任就是要破解课堂教学难题。

在剑桥外国语学校，经营课堂，打造新型课堂文化，是张铭钦的第一要务，而泡课堂成了他最大的嗜好。三年来，张铭钦的主要任务就是随堂听课、现场评课。课堂教学改革成就了这所学校，破解了这所民办学校教师专业素养薄弱的瓶颈，形成了新的造血机制。

实际上，导学法的"导"是为问题产生而"导"，为智慧生长而"导"，以小黑板为载体的导学案不仅为教师的"导"和学生的"学"提供了环境支持，还有效破解了纸质导学案的印刷成本高的难题。导学法中"练"是媒介，是桥梁。在张铭钦看来，知识只有在不断的运用中，在不断的解决问题过程中，才能逐步生成智慧，逐步转化为能力。

导学法使师生关系发生了重大变化，这种变化不仅仅是导与学的变化，更来自于师生之间的和谐对话；导学法使课堂结构发生了重大变化，这种变化不仅仅是教学内容的设计、教学时间的再分配，更是教学重心和教学难点的重新界定。

导学法的教学流程很清晰，但她不仅仅是一种流程、技术，更是一种理念、思想、境界和智慧，是具有普适价值的课堂教学文化。流程、方法、模式是"术"，而课堂文化是"道"，是对流程与资源的整合与优化。导学法追寻的正是这种课堂之道、课堂正道。

所谓正道，就是要不断矫正自己的改革路径。我们当下的教育改革中存在极端走向：倡导还课堂于学生，就过于夸大学生的学，限制教师讲，甚至不讲；需要合作学习、探究学习，就极力追求热闹的课堂，似乎不热闹就不符合课改理念；强调语文教学的人文性，就抛开语文教学的工具性……

理想的课堂需要"动""静"结合，需要张弛有度，需要合理分配时间。课堂的本质是打开学生的心门，追求学生的深度思考，是用问题和交流去启发智慧。张铭钦主持的剑桥外国语学校的课堂教学改革无疑朝着这个方向进行了有价值的探索。

课堂兴，则学校兴。透过剑桥外国语学校，也许每一所薄弱学校、每一所面临困境的民办学校都能找到改革的入口和信心。

# 三生课堂

> 样本学校：北京市昌平区长陵中学
> 核心价值：构筑"三生"课堂

- "三生"课堂的诞生标志着学校新课堂建设的系统升级，完成了课堂教学从形式到思想、从流程到评价的整体嬗变。
- "规律让学生自己去发现，方法让学生去总结，思路让学生自己去探索，问题让学生去解决"。
- 黑板是学生用来表达自己学习成果的平台，是建立自我反馈和知识训练及巩固的阵地，是产生自信，增强学习能力的"神板"，增加一块黑板就增加了一个学生展示自我的平台。

当学生人数超过 30 人的时候，教师的注意中心就从对个体的关注转为对班级的控制，教师关注的更多将是集体人而非个体人。三年前，位于北京市昌平区的长陵中学开始以小班化的小组合作学习课题研究为切入点系统推进课改。如今，每班人数都在 25 人以下的长陵中学，其小组合作学习实现了小组成员和同伴的协同发展，每个小组通过"组内合作"、"组间竞争"成了没有围墙的微型班级，个体差异得到了充分尊重，师生与生生之间实现了多向交流。

因为与以往的课堂形态完全不同，校长李雪涛把这样探索实践称为新课堂建设。在经过了近三年的探索实践，长陵中学又总结提出了以"生活、生命、生态"为关键词的"三生"课堂。"三生"课堂的诞生标志着学校新课堂建设的系统升级，完成了课堂教学从形式到思想、从流程到评价的整体嬗变。

与课堂变化相呼应的是，长陵中学正着力探索构建与新课堂相匹配的学校校园文化和管理文化，从而进一步提升学校的软实力。

李雪涛说："处在同质化社会的今天，没有创新就不可能具有'先进性'；不课改，我们的教育就没有明天。"李雪涛和他的团队就是这样一直行走在课改的路上，孜孜以求地经营着他的课堂乌托邦。

## 课堂是一个"动"词

长陵中学所建设的新课堂，其中一个重要特点就是要让学生动起来，即身动、心动、神动，师生"动"、生生"动"、小组"动"，形成一个"动态的、动感的、生动的"课堂。

围绕"动"，学校千方百计地彰显学生学习的"主权"。李雪涛说，课改的精髓体现在最大限度地把课堂还给学生。他主张，能让学生学会的课才是好课，一切以学生的"学"来评价教师的"教"，即以学评教，少教多学，先学后交，课堂必须体现出"知识的超市，智能的多元，生命的狂欢"。

在长陵中学的新课堂建设资料中有这样一段描述——

> 学生：由接受知识的容器变为有自主人格的人，由对考试的准备变为对人生的理解，由对知识的背记变为规律的总结，由内向羞涩变为勇敢大方，由自私变为公益。
> 
> 教师：由主演变为导演，由经验变为科研，由现成变为生成，由师长变为学长，由控制变为开放。
> 
> 课堂：由"一言堂"变"百家鸣"，由过度关注结果性知识变为过程性体验探究，变标准答案为多元思维，听说读写深化为演、唱、画、作，被动接受变为超市自选。

"把课堂话语权还给学生，让学生在课堂上敢说、会说，充分展示。"李雪涛说。在长陵中学的课堂上，学生可以随意走动，到黑板上写、画、作、练，可以下位到另一个同学或老师那里请教；随时可以看见学生站立激烈讨论的场面，"小先生"手持教鞭在本组黑板前认真讲解，有讲解题思路的，有归纳重点的，有点评纠错的，其他的学生自觉地围拢在黑板前，有的学生坐着听，有的学生蹲着听，有的学生站着听；同学们有创作，有发明，可以到教室的中心"小广场"的聚焦处演讲，发表意见，课堂上学生无拘无束。

## "三生"课堂是什么

基于小班化小组合作学习的探索，2010年4月，学校的课堂教学又有了新的发展，提出构建生活化、生命化、生态化的"三生"课堂。

李雪涛说，"三生"课堂是为师生发展而教，为师生发展而学，以创新教师"教"和学生"学"的方式，促进学生养成可持续发展的生活、学习和工作的习惯，培养学生张扬的个性、开放的思想、创新的品质。

生活化，即让课堂教学走向生活，教材是生活的总和，要让教材、教学与生活相对接，让书本知识与生活世界对接，与学生经验世界和成长需要对接，充分诠释教育即生活，构建一个回归本真的生活化的课堂。

生命化，即从生命发展的高度来立意课堂教学，课堂教学以如何丰富和发展人的生命为起点，努力增强学习过程的生命内涵，追求开放的生命状态。不仅要促进学生知识的提升，更要关注学生的精神成长、生命成长，构建一个体现生命价值，实现生命意义的生命课堂。

生态化，即营造绿色的、环保的教学生态，要把学生看做生物来呵护，呵护其自由呼吸，自由生长。生态的，即自然的、和谐的，师生关系和谐，教与学和谐，学科之间和谐，课内与课外和谐，教学目标、内容与方法、手段和谐，教育与教学和谐，师生会在和谐中自然生长。

"三生"课堂是在批判传统"知识课堂"的基础上提出来的。在"三生课堂"观指导下,长陵中学的课堂教学逐渐呈现这样一些变化。在长陵中学的课堂上,每天都呈现着或平实或诗意的"教"与"学"的生活:初一学生方芳英语课上会摸着陈老师的大肚子夸他"宝贝"多,另一位学生敢用难题"难倒"数学老师……教学内容、教学组织、教学方法、习题题材均靠拢生活。必要的时候,他们还能就近取材,将课堂搬进桃林,在桃花盛放的美景中诵读美文。

有时候,学校的课堂也会延伸到校外,共同去"寻觅春天的足迹"。于是,学生王天宇和宋妍联想起《红楼梦》中的黛玉葬花和《桃花源记》中的世外桃源,徐蕊则感受到了"吹面不寒杨柳风",看到了"万条垂下绿丝绦"……更有学生体味了范道明所说的"歌者的愉悦,诗人的浪漫",以及校长李雪涛眼中绿色的学习生态,自在的生命成长!而那些在学习活动中表现优秀的小组,还能获得游学奖励,走进世界公园过了一把"环游世界"的瘾,"长了知识、开了眼界",也坚定了"继续奋斗,努力学习"的决心。

课堂上,同样有自信的生命成长。"规律让学生自己去发现,方法让学生去总结,思路让学生自己去探索,问题让学生去解决",学生们有创作、有发明,更有心灵相约、情感奔放——生命便在这样的自主中自信,自信中成长。

课堂上,也呈现着绿色的生态:随时可以看见学生站立激烈讨论的场面,"小先生"手持教鞭在本组黑板前认真讲解,其他的学生自觉围拢在黑板前……讲、析、问、辩、演、唱、画、作,没有教师的强制、没有清规戒律,有的是自在的展示,和谐的学习,学生的个性得到了充分的张扬。

## 放大"黑板"的功能

黑板多,是长陵中学的一大显著特点。这里的教室既有前黑板、后黑板，还有左黑板、右黑板和教室门口的瓷砖黑板。更为引人注意的是，长陵中学教学楼外还有整齐排列的黑板长廊，这是专供学生们互相出题、互为评判的一方独特的学习园地，被誉为"第二课堂"黑板。

走进长陵中学，你会发现教室的四面都有黑板，每个学生都有属于自己的板块，教室门口贴有白色瓷砖的墙壁用彩色画笔写满了学生研究性学习的成果。

与教学楼内的黑板相比，校园甬道左侧的教学楼前一排长约36米由12张黑板拼成的"长廊"更为壮观，黑板上的内容密密麻麻。近处观察，每张黑板用彩色胶带平均分为8纵列，每列首行清晰标有学生姓名、日期，下面工整地写着"so that"、"begin with"等英语词组，词组右侧是用不同色粉笔标出的相应中文翻译，最后是对作业完成质量的红色评语。一纵列面积虽不大，却得到了充分利用，内容着实丰富，色彩堪称绚丽。

"校园内摆上黑板，学生在上面答题是我校自上学期末开展的一种新的学习模式。"学校刘海英老师介绍说，"初中三个年级的教学楼前分别摆放一排黑板，每班三块黑板，4至6人为一组，每人拥有自己的一列答题区。"她说："学生们利用课间出题目，小组内互换作答，最后互相修改评判，老师进行最终审阅。每天一科，一直坚持了近一个学期。"

在校长李雪涛看来，黑板是学生用来表达自己学习成果的平台，是建立自我反馈和知识训练及巩固的阵地，是产生自信，增强学习能力的"神板"，增加一块黑板就增加了一个学生展示自我的平台。

"不能把教室内外的黑板等同于学生的练习簿，它有三个作用。"李雪涛介绍说，"第一，通过黑板上的展示，学生基本上能够当堂完成作业，经过教师和学生的相互批改，做到了学习的及时反馈、知识的及时强化和巩固；第二，学生把自己的所见、所思、所想写到黑板上，起到了同学之间相互交流的作用，因而也就拓宽了学生彼此的知识面；第三给学生提供了一个锻炼写字的机会。通过在黑板上书写，提高了学生的硬笔书法水平，有效地解决了人们普遍担心的计算机时代学生不会写汉字的问题。"

## 校长的管理智慧

长陵中学的管理渗透着管理者的教育智慧。学校不同年级学生的校服是不同的颜色，在校园里，三种不同颜色的校服不仅构成了一种流动的风景，更为管理带来了便利。

课堂暴晒，是长陵中学在构建"三生"课堂的一项措施，是指课堂上尽可能让学生的困惑、问题暴露出来，充分暴晒后合作解决，让教师充分暴晒自己的导学思想。对于教师来说，暴晒的常规课堂可能是粗糙的，但肯定是真实的。对课堂教学的评价，长陵中学设置了一个底线，那就是，不是学生是否学会，而是关注学生的学习状态，是否主动参与了学习。

在推进课改过程中，李雪涛提出了"加减乘除"战略："加法"即不断强化课改意识，加强学习和钻研；"减法"，即减去"旧模式"的影响，减去自己的惰性；"乘法"，即尽快掌握新模式，成倍提高课堂效率；"除法"，即除去自己的私心杂念和影响健康的言行。

李雪涛希望把校园创建成一个"磁场"——师生互动的场、教学相长的场、生命成长的场。他倡导教师自我反思，让反思成为教师的一种生活习惯，在他看来，过于忙碌则可能滋生一种"病毒"，会使人们慵懒、麻木、平庸和琐碎，陷入简单的重复性工作。

管理从某一角度上就是把制度内化成文化的过程，形成"磁场"，使其中的人或进入的人逐渐被"磁化"。有了这样的环境，学校的任何事情都容易解决。如：绩效工资、职称评定等工作，没必要把它当重点工作来不断强化，要"润物细无声"解决。北京教育学院季苹教授了解到这所学校的管理经验时评价说，这恰恰体现了文化建设的特点。文化的特性之一是"弥漫性"，在不知不觉中将人们"熏陶"和"吸引"过来，确实是"润物细无声"。

"干工作需要胆识，先有胆后有识，还是先识后胆，顺序不同，策略、方法就不同。我们学校小组合作课堂模式、家长会模式、平台展示模式等等，也在不断探索之中，但是任何模式都要有文化与之适应。"李雪涛说。

长陵中学管理的一大特点是体现自主，教师自主、学生自主。学校为老师学生搭建了18个展示平台，使每个人都能在课改的道路上展示自我的才华与智慧，即教学反思平台、班级诊断平台、评估系统平台、校长信箱平台、电子屏幕宣传平台、网络平台、第二课堂平台、部门公示栏平台、小组总结平台、学生个体展示平台、学管会平台、广播平台、听课反馈平台、教师论坛平台、报刊平台、年级展示平台、评价表平台、风采平台。

与还课堂于学生一样，长陵中学在管理上也突出一个"还"字——把班级还给学生，把校园还给学生。把班级还给学生，即班级就是个小社会，通过"实行民主管理、建设团队"这一基本方法和要求，让学生做班级管理的主人，培养学生的管理能力、与人交往能力和社会责任意识。

把校园还给学生，即在教学楼附近搭建"第二课堂"展示平台。学生不但可以在教室里上课，还可以在校园中上课。在校园中自由地呼吸、高声地朗诵、畅快地书写、激发潜力、唤起灵感，难道不是一种享受与陶醉吗？

为了真正落实学生是学校的主人、课堂的主人这一理念，他带领他的团队探索出学生自主管理体系，包括学生小组内的自我管理、班级自治管理、学生年级自治管理、学校自治管理和家校自治管理。

# 第三辑 品牌生长

　　未来学校的竞争是品牌与品牌的较量，没有品牌就可能失去发展的空间。品牌是一个不断生长的过程，品牌需要定位、需要经营，需要教育者营造必要的"乌托邦"，需要经营者对教育保持足够的敬畏、对理想保持特有的执著。战略与细节、故事与感动是支撑学校品牌力的重要元素。当战略转化为细节，细节体现为故事，故事彰显为感动，学校的品牌定位便实现了软着陆，学校的品牌价值便实现了文化升级。

# 11 中国的帕夫雷什中学

样本学校：河南开封市求实中学
核心经验：践行苏霍姆林斯基教育思想

17年前，张建平创办了开封市"文革"后的第一所民办学校。为探索符合中国国情和教育规律的教改之路，她的足迹遍布全国十几个省市，撰写了数以万计的调查报告；她力主学校教育应还原到自然状态，实施快乐教育和人性化管理，每年组织学生骑车远足、百公里拉练，这些让很多校长感到战战兢兢的活动，她却每年都坚持去做；她每天坚持写博客日记，与师生一起见证每一天的进步；她实施的"吃大锅饭"的薪酬制度，被专家称为市场经济环境中学校管理的"世外桃源"，求实中学也因此被媒体誉为"中国的帕夫雷什中学"。近年来，到该校参观学习的学校络绎不绝，"求实现象"正在受到越来越多人的关注。

求实中学奉行"无为而治"的管理哲学。这里没有太多的量化考核，没有流于形式的评比和检查，这里更像是教育上的"世外桃源"。动态的教师评价机制让求实中学人性化管理的魅力彰显到了极致。

求实中学倡导人际关系简单化，互助合作已经成为求实教师团队的主流精神。求实中学的每一个学生都可以直接与校长对话，参与学校的各项管理。就是在这样和谐的管理文化中，求实中学一步步走向了成功。

## 无为而治与有为、有位

在开封市求实中学教师的眼中，求实中学对他们最大的吸引力就在于自我价值的实现，而这种价值的实现源自于求实中学崇尚的"无为而治"。求实中学在管理上奉行无为而治，追求管理的简单化和效率化。作为校长，张建平充分尊重、信任与关心教师的生活、工作和专业成长。与很多学校不同的是，求实中学没有考勤制度。在张建平看来，她始终相信教师是不会无故迟到或早退的。实践证明，求实中学从来没有出现过教师因迟到、早退贻误工作的现象。相反,学校每天都得用按时拉闸限电的办法督促教师离校。求实中学从来不检查教师的教案,从来不要求教师"工工整整"地写教案。但是,与求实中学的教师交流时你会发现,他们的备课非常认真,而且主要是备"学生"——这一班学生学习这一课时会产生哪些问题?那一班学生呢?备"学生"是一种走进学生心灵的功夫,这个功夫不是教学参考书上可以提供的。求实中学对教师没有太多的规章制度,但有一项制度却非常严格,即读书制度。求实中学要求每位教师在教师阅览室内每周读4个小时的教育理论书,并要求教师每周做1000字的读书笔记,这是晋升工资的必要条件。所以,求实中学的教师阅览室里放着每位教师的读书档案。

让很多到过求实中学的人感到最不可思议的是,求实中学教师的工资、奖金吃"大锅饭"。求实中学曾向全体教师作过调查:工资、奖金应不应该拉开档次?多数教师的回答是否定的。原因是,拉开档次的依据一定是"业绩",那样,便会迫使一些有着丰富经验的教师在集体备课时"留一手",这是对集体协作精神的冲击;另外,抢业绩也会让教师拼命地挤占学生的时间,加重学生负担。求实中学教师的工资在整个开封市处于上游,教师们在调查意见中一致反映,留住教师的一是事业,二是感情,三是环境,最后才是报酬和待遇。因此,求实中学一直坚持工资、奖金吃大锅饭。也许有人会对此提出质疑,但是如果你了解了求实中学的整个情况后便会发现,求实中学这种管理背后积淀的是一种独特的文化。求实中学为每一位工作满1年的教师买了4个险种:医疗保险、失业保险、养老保险和人身意外伤害保险。"今年,学校又按教龄的不同给教师办了重大疾病保险——这是基于我对教师生命和健康的人性化考虑做出的决策。"张建平说。就是在这样的工作环境中,被很多人认为是"奇怪现象"的管理正在和谐演绎,每一位有理想、有激情的教师都在各自的工作岗位上实现了自我个性的张扬。张建平认为,这些都是对学校采取人性化管理的结果。这种寓"有为"于"无为"之中的管理，才是真正意义上的最有效的"管理"。

## 博客日记与教师评价

张建平在自己的博客上曾写下了这样一段文字——

每学期一次的教师教学过程评比工作结束了，面对交上来的一堆堆表格和冰冷的数字，我又一次一筹莫展了。平心而论，每次评比总会伤害一些教师。我一直感到于心不忍。而且，这次的分数很接近，仅96分的就有30多人。如果按照惯例，把分数按名次排列用表格的形式发给教师，既省事，又一目了然。但是，我决定，不发表格了，改由我写信，以书信的形式与教师交流想法，并且把分数合成等级实行模糊评价。我们经常感叹学生对分数如此重视，而我们的教师又何尝不是这样呢？与其让教师因为自己没有达到99分、100分耿耿于怀，不如实行模糊的等级评价，让教师减少一点压力。于是，我对全校的133位教师实行了等级评比。多年来，我养成了一种习惯，无论什么制度到了我手中，都要经常变。变的目的很简单，就是越来越人性化，越来越符合人的心理需求。各种分数和名次，这对学生来说是厌恶的、冰冷的、毫无感情色彩的，即使是优秀学生，也不会很喜欢。如何用好考试分数，表面上似乎是我们教学工作以外的事情，但是，它可能比教学更重要。一个温馨的提示、一个公正的评价、一段激励人心的话语……让冰冷的数字充满了热情。分数后面还需要我们做太多太多的工作。

作为校长,张建平一直在思考学校评价制度的科学性。求实中学这种"无为而治"的最大保障是什么?张建平的理解是,关键是学校对教师的评价体系是否公平、公正、合情合理,让教师感到公平、公正、合情合理了,他们就会心情舒畅、自觉自愿地投入工作。求实中学对教师的评价不是校长一个人说了算,而是完全公开、透明的。在求实中学的教师评价体系中,教学过程、教学效果、学生问卷评价、教师博客日记各占1/4的比例。几年来,求实中学的教师对评价的结果是心悦诚服的。每学期,求实中学的每位教师都会拿到一张非常人性化的考核表。首先,教师进行自我评价。然后,通过综合来自学生、集体评议等方面的意见,教师可以了解到自己在全体教师中所处的位置。但是,每个教师所处的位置,只有这个教师自己知道。考核的目的是激励教师不断努力,而不是伤害教师的自尊和人格。教师拿到自己的评价反馈表后,有不同意见的,可以进行申辩。当然,连续排名最后的教师将会被"淘汰"。因此,求实中学的教师工作都很卖力,他们非常珍惜这份工作。张建平认为,"得民心者得天下",管理者要充分考虑最广大的"民心"。"我深知人心凝聚的重要,而人心是要用人心来换取的。我完全是用自己对教师的爱护、信任和尊重,换来了教师对学生的爱护、理解,对教育事业的忠诚、热爱。"她说,"校长对教师的管理,应该是一种柔性管理,把诚信和关爱都融入到温暖的情感之中。教师变学生的'要你学'为'我要学',那么,校长也要变教师的'你必须努力干'为'我要努力干'。"

## 校长信箱与三千多名助手

求实中学的每个分校都有一个校长信箱,校长每天会收到许多来信。这些来信,校长将亲自阅读,信中反映的问题,校长也将亲自处理,并于当天反馈给当事人。求实中学的校长信箱让很多学生找到了自信。

求实中学的校长信箱原来挂在学校办公室门口的墙上。张建平告诉笔者：以前，学生来信往往要过 24 小时后才能到我手中，有的学生对信箱的保密性也持怀疑态度，所以来信写得很模糊。后来，我在全校的学生大会上对学生说，我办公室的窗户就是校长信箱，大家有什么建议、意见都可以通过信件和我直接交流。自那以后，张建平办公室的窗户外常常有一群孩子，他们叽叽喳喳地议论着什么，然后小手推开窗户，一封封信飘入屋中。学生的每一封来信都写得极为诚恳，其中有建议、有意见、有呼吁……每一封信都代表了一颗透明水晶般的心：老师为什么不通过了解就向家长告状，我们很不接受；被罩质量太差，一洗就罩不进被子了；该冬游了，我们想步行去朱仙镇（隶属开封县）；寝室里经常丢东西，很影响求实中学的形象；我们想组建社团，但老师不支持……接到这些信件后，张建平都会以最快的速度解决信中提出的问题，一般在 24 小时内就能给予落实，并向全校学生解释。于是，校长信箱和校长办公室成了师生心理沟通的渠道。张建平始终认为，校长要能俯下身子与教师、学生沟通，掌握他们的心理动向，他们也愿意把心里话向你倾诉，并把他们看到的学校管理中的问题，经常向你谈谈，这可以说是投入最少的成本，得到最多的好处。

"我一个校长纵使有千般武艺，也只长了一双眼睛、一双腿，而 3700 多个学生每天看到的信息比我看到的多得多，这些信息会给学校管理带来许多科学性与可行性。可以这么说，我有 3700 多个工作助手啊。"张建平说。

## 解放学生与求实"红灯"

求实中学的人性化管理更表现在对学生的高度负责和无限关爱上。张建平经常说："我看不得学生受一点委屈。"十几年来，她始终恪守这样一种理念——关心孩子的健康甚于关心孩子的分数。

求实中学每学期都要对学生进行一次问卷调查，其中"睡眠时间"和"作业负担"是问卷调查中对班主任考核的重要指标。因此，求实中学的教师从不敢闯"睡眠时间不足"和"作业负担超标"的红灯！这是求实中学最为严厉的"一票否决"制度。用来管理教师的还有一项特别严格的制度，就是对学生的作业量进行绝对控制，从而保证学生每天8.5～9个小时的睡眠时间。这是求实中学的又一个"红灯"。张建平有和学生聊天的习惯，这一习惯已经保持了10年。一次，在和学生聊天时，她发现有教师违规多布置作业，立即着手调查，落实后，亲自写通报在全校进行批评。在张建平看来，能否精选作业、减轻学生负担是检验一个教师是否优秀、是否真爱学生的试金石。

求实中学设置的这些"红灯"，实际上是对教师教学过程的评价，是在为学生"松绑"。"我认为，只要教学过程科学，教学效果肯定优秀。我们老师的教学过程全部公开，而对教学效果则相对保密。因为只有这样才能避免老师将教学效果的压力转嫁给学生，才有可能还学生一个天真快乐的童年。"张建平告诉笔者。每个月，张建平都要召开学生座谈会，她询问学生最多的就是能否按时吃早餐，早餐里有没有牛奶、鸡蛋……河南的冬天天短且冷，偶尔迟到的学生会把"因为吃早餐误了时间"当成最正当、最理直气壮的理由，教师绝对不会认为这个理由"荒唐可笑"。因为校长在公开场合说过，"冬天，学生宁可迟到几分钟，也要吃好早餐"。学校的现实情况是：多年来，求实中学的学生并没有因为校长说了"宁可迟到几分钟，也要吃好早餐"，而使迟到现象严重。人性化管理的最大受益者是学生和家长。为了减少教学过程中的师生矛盾，以及教师与家长的矛盾，校长热线电话24小时开通，并把处理结果以最快的速度反馈给家长。

家长会上，张建平公开反对家长为孩子请家教，也坚决反对家长逼着孩子上各种各样的培训班,而是提醒家长要充分关注孩子的身体和心理健康。每到寒暑假,求实中学的班主任总要给学生一些特别的惊喜。有的教师领着学生拿着帐篷、背着行囊去远足,或者到野外聚会、游玩;有的教师放弃休息时间,进行家访。求实中学的学生不怕教师家访,因为他们知道来家访的教师不是来"告状"的,而是和他们聊天、下棋、玩耍的。据了解,去年暑假,初三年级的班主任的家访率在80%以上。

## 手记：求实管理的"阳春白雪"

河南，开封，求实中学。

这样三个具有地理意义的名词联系在一起，代表了特殊的含义。作为成长于本土的民办学校，求实中学的教育理念与教育实践的标本价值，远远超出了开封，超出了河南，正如洋思之于江苏、杜郎口之于山东一样，求实已经成为河南教育版图上的一个重要地标。

从新闻职业视角来看，求实具有新闻价值的东西太多了。而让记者最先捕捉到的便是求实的人性化管理和管理过程中出现的"怪现象"。这种人性化不是概念层面的标榜，而是融于制度、融于文化、融于学校生活的一种理念与实践。

文化是一种内在的教育力量。一所学校的文化是学校生存发展的灵魂。借鉴企业文化的定义，我们可以这样说，"学校文化是一个学校机构的行为规范和共同的价值观念，是一个学校共有的哲学观、信仰、期望和态度"。求实的管理同样是一种文化，这种管理文化是柔性的。也正是这种柔性的管理文化，把教师参与决策的现代思想与传统文化相结合，创造了管理的成功，创造了求实的成功。可以说，文化力正在成为影响求实发展的核心因素之一。

很多人惊羡于求实中学管理的独特魅力，感到不可思议，但是回到了自己学校，才发现这种管理并不能很快地在自己学校实施。与洋思中学和杜朗口中学明显不同的是，求实的管理是不可复制的，不是拿过来就可以借鉴和使用的。或者，我们可以这样说，求实的管理是一种"阳春白雪"的管理，它融于张建平的教育智慧中，建立在一定的文化基础上，是在长期潜移默化的过程中形成的。也正如张建平在一篇随笔中所写的："我们的人性化管理是别人无法拿走的，它里面有许多精神因素和人文底蕴。如果不讲自己学校的人文氛围，一味去追求'大锅饭'工资、奖金，一味去追求合作教研，那么，在管理过程中肯定会遇到许多无法解决的难题。"

一流学校用环境教育学生，二流学校用制度约束学生，三流学校用武力压制学生。在张建平看来，学校应该充满和谐、温馨的文化氛围，创建有新意的学校文化，比上几节优质课、比提高升学率难得多。

管理寓于细节，细节更显文化与情怀。求实中学的管理中有很多值得细细品味的案例。在一个个案例中，求实中学的文化实现了一种和谐，实际上，和谐才是学校管理的最高境界。因此，作为一个样本，求实中学的管理文化值得解读。

# 12

# 领跑者的教育远景

> 样本学校：江苏翔宇教育集团
> 
> 核心经验：文化治校

- 教育不能光追求给学生"满分"，还要让学生"满意"，使学生"满足"。
- 他要求学校中层干部做"法家"，落实"制度第一"的管理理念；要求副校级干部做"儒家"，协调好学校人际关系，处理好学校各种矛盾；而他自己，则做"道家"，掌握大方向，把握大原则，放眼光，拿策略。
- "翔宇人不随地吐痰！"卢志文曾在集团师生员工中掷地有声地宣称了他的教育理想。

2001年,一所创办不到两年的初中——江苏淮安外国语学校,神话般地上演了一场"蛇吞象"的改革:一口气兼并宝应三所最好的公办学校,组建了民办江苏翔宇教育集团。这一"吃螃蟹"的举动,在教育界内部和淮宝两地社会引起了强烈的震动。

5年后,翔宇的理念又走向了湖北监利。2005年8月12日,江苏翔宇教育集团与监利县人民政府签署《合作办学协议》,总投资2.2亿元的翔宇教育集团监利项目正式启动。

今天,翔宇和翔宇教育理念正在更广泛的范围里被人们所认识和关注。翔宇由小变大,由弱变强,已经成为全国民办教育中的一面旗帜。

## 翔宇理念

作为翔宇教育集团的总校长,卢志文一直呼吁教育的多元化和服务意识,倡导创办老百姓上得起的优质民办学校,树起了民办教育的公益化旗帜。他提出,教育不能光追求给学生"满分",还要让学生"满意",

使学生"满足"。"我希望翔宇能够成为全国一流的民办学校。"卢志文说,"我之所以倾注如此多的精力,是因为心中存有一个教育理想,那就是探索一种适应中国国情的现代教育管理制度。"

翔宇教育集团成立后,卢志文从更新观念着眼、科学管理着手、提高质量着力,迅速建立了学校秩序。集团先后出台了《翔宇精神》《翔宇教育集团办学理念》《翔宇教育集团员工宣言》和《翔宇教育集团学生宣言》等校园文化建设材料,用以规范集团各级领导的教育行政行为,统一集团教职员工的教育思想,定位集团的品牌形象。

翔宇本着"一以贯之,长期坚持,点滴积累,厚积薄发"的原则,从教育观念层面入手,提出了集团"十条办学理念"。其中,育人目标为"德智双全,文理兼通,学创俱能,身心两健"。卢志文说,当代教育家斯霞老师有关于"三品"的名句,即:智育不好是次品,德育不好是危险品,身体不好是废品。他认为,还应该增加一句"心理不健康是易碎品"。"德智双全""身心两健"就是要让学生既"成人"又"成才",这是办学最基本的目标。"文理兼通""学创俱能"就是要将人文精神和科学精神进行整合,培养"善学习""能创造"的高素质人才。

翔宇人坚信"万事德为首",他们始终认为"品德高于能力,性格大于才干",因此,在翔宇"德才兼备"永远是他们选拔和任用人才的不二标准。

翔宇倡导的育人途径是:以严格的要求规范学生,以优良的校风影响学生,以高尚的师德感染学生,以优美的环境陶冶学生,以崇高的典范激励学生,以扎实的课程发展学生,以丰富的活动提高学生,以现代的观念武装学生。

卢志文认为,青少年有很强的"向师性"和"偶像情结",让歌星、影星占据孩子的心灵,还是用伟人的精神去感染他们,是摆在我们教育工作者面前的一个课题。在学生中,翔宇提出"以恩来精神作典范,为中华崛起而读书"的口号，并以此为校训，让学生寻恩来足迹、读恩来传记、讲恩来故事、学恩来言行；对于教职员工，我们要求大家"向周恩来那样学习、工作和生活"，做"大写"的人。

翔宇教育集团教风建设目标是：乐于奉献，敏于学习，勤于思考，勇于实践，善于总结。"学习、思考、实践"是人生进步的"三部曲"，乐于奉献是前提，善于总结可以更快地提高，而当前敏于学习最重要。卢志文说，"给学生一杯水，教师要有一桶水"，我们要经常引导老师们对此进行反思。第一，我们有没有"一桶水"？几年前、十几年前甚至几十年前的"一桶水"，经过这么长时间不断地倒给学生，加之"跑冒滴漏"，到底还剩多少？第二，科学、文化飞速发展的今天，仅有"一桶水"够不够？第三，即便有了"一桶水"，那已有的"一桶水"水质如何？是优质矿泉水还是普通自来水？是活水还是死水？第四，有了"一桶水"是否一定能倒满学生的"一杯水"？我们有没有卖油翁的本领？不掌握教育科学即便有"一缸水"也不一定能倒满学生的那"一杯"；第五，同样倒给学生"一杯水"，我们所付出的劳动、所花费的时间一样吗？这里有没有效率的问题？我们是"高投入低产出"，还是"低投入高产出"？第六，学生的那"一杯水"一定得由教师"倒"吗？教师是教学生学会"取水"还是教学生等着"倒水"？我们的学生有"汲水"的本领吗？告诫教师，作为一名"灵魂的工程师"要不断充实丰富自己，不断研究探索，才能适应时代的需要。

"我想今后无论发生什么变化，翔宇所制定的十条办学理念将会是我一直坚守着的思想底线。"卢志文说。

## 翔宇管理

翔宇的管理充盈着卢志文的智慧，卢志文的智慧更在他的管理中。

他要求学校中层干部做"法家",落实"制度第一"的管理理念;要求副校级干部做"儒家",协调好学校人际关系,处理好学校各种矛盾;而他自己,则做"道家",掌握大方向,把握大原则,放眼光,拿策略。这样,不仅校长解脱了,大家的积极性也提高了。

翔宇实行董事会领导下的校长负责制。集团所属学校的校长为董事会成员,集团学校建立健全了行政和党群组织,管理步入了规范、科学和高效的轨道。

翔宇推行了备课和作业制度的改革,教学向轻负担、高质量的目标迈进,社会反响良好。尤其是翔宇的"庄重承诺"——"视质量如生命,视家长为上帝,视学生若亲子"和"三条高压线"——"不接受家长宴请,不收受家长礼物,不利用家长办事",在翔宇学校管理实践中的有力推行,赢得了家长和社会的广泛赞誉。

全新的机制有效地激发了各类人员的积极性,集团所属学校的各项工作都取得了前所未有的好成绩。来翔宇教育集团参观调研的专家学者、政府官员和教育同行,看着学校一流的硬件,了解到翔宇较高的福利待遇和较低的收费标准,也往往会在心中聚起疑团:既然民办学校靠市场生存,投资人不是慈善家,"现代学校的硬件设施"需要高投入,"示范学校的教育质量"需要高成本,那么"平民接受的收费标准"如何能够落实?学校生存和发展的经济基础在哪里?

卢志文以翔宇教育集团宝应县中学为例给了我们一个答案:

1. 精简机构,降低成本。定岗核编,克服"人浮于事"。转制前有3个年级、24个班级,转制后有3个年级、60个班级,学校规模扩大了,校级干部的人数不升反降,财务、保安等岗位编制不变,教辅岗位也不再是一些"高工资、高职称、老资格"的教师"赋闲"的出处。此外,事业发展的规模效应,也使相关运营成本降低。

2. 拒绝"条子生",堵漏出效益。"条子生"本质上是"权钱交易"

的产物。能搞到"条子"的，也都是付得起费的。真正穷得连孩子的学费都付不起的老百姓，又能从哪里弄到"条子"？除了给特困家庭的孩子免费外，翔宇教育集团没有给任何一个"条子生"免费。此举既可纯洁政风，也有利于促进社会公平。然而，在公办学校，校长拒绝"条子生"是非常困难的。校长自己的命运本来就掌握在别人手里，总得有所顾忌，再说，反正不是自家的钱，乐得送人情。人们容易看到公办名校校长风光的一面——大笔一挥，免收"条子生"成千上万元的赞助费。然而，人们往往看不到公办名校校长无奈的另一面——哪路神仙都得罪不起，不得不玩起"走钢丝式的平衡游戏"。

  3. 转换办事模式，减少浪费出效益。按照弗里德曼的花钱办事模式分类，民办学校是在"用自己的钱给自己办事"。"既讲节约又讲效果"成了办一切事情的最高准则，资金利用率大为提高。卢志文1983年参加工作，1994年起担任一所省级重点中学的副校长，1999年离开公办学校到民办学校任职。亲历两种体制下学校花钱办事的具体过程，他感触很深。有人讲："中国教育是最穷的，也是浪费最严重的。"大到建筑工程发包，小至办公用品采购，不同体制下的花钱方式相差惊人。学校要发给教师一本记事簿，教务处提出申请，校长审批后，由总务处采购，总务处派人到商场文具柜台购买，12.5元/本，开票报销。这在公办学校是正常的办事程序，没有人有错误。但在翔宇这里则不行。采购人员会到小商品批发市场看货比价，再摸到生产厂家的信息，与厂家直接洽谈供货，同类商品如"备课笔记""会议录"等一并签约，增加采购量有利压价。在这里，一模一样的记事簿，每本只需2.3元。

  就是这样的管理，让翔宇赢得了尊重，赢得了效益，赢得了社会的认可。

## 翔宇文化

翔宇独特的文化已成为一种值得关注和研究的现象。在翔宇，有很多让人看似不可思议的事情，流传很多精彩的故事。这些很大程度上已积淀为翔宇的文化。

"文化，在制度管不着的地方起作用。"这是卢志文曾专门撰文阐述过的一个观点。他说，文化会把团队精神渗透到管理者意想不到的每一个细节中。制度是刚性的，是有边界的，大多做"负面清单"，往往规定哪些不能做；而文化是柔性的，是无边界的，大多做"正面清单"，常常倡导哪些应该做。

在翔宇曾经有这样一个真实的案例。学校开学第一天，校园里有很多三轮车横冲直撞，校园秩序非常混乱。学校便宣布了一项规定：三轮车不得进校园。校园因此整洁宁静了许多。

第二天下午上课前，则出现了令人尴尬的一幕：一位母亲送自己的儿子上学，那孩子腿上打着石膏。保安拦下了他们的三轮车，说什么也不让进。那位母亲非常愤怒，便和保安争吵起来。看到这一幕，卢志文赶紧走过去，未及开口，保安先说了："是学校规定的，三轮车不能进校园。"卢志文对保安说："三轮车不得进校园，这个规定没有错，你严格执行这个规定也是应该的。不过，你别忘了学校《员工宣言》第一条是怎么说的。"保安立即领悟，他让另一位同伴在门口继续值勤，自己背着那孩子往教室里走去。

学校《员工宣言》第一条内容有这样一句话："创造一切给学校增加美誉度的机会。"员工培训时，卢志文对这句话有过比较深入的解读：首先，我们都要努力给学校增加"美誉度"，而不是"丑誉度"；其次，有给学校增加美誉度的机会，一定要学会把握；第三，没有机会，要创造机会给学校增加美誉度；第四，创造机会是一种能力，需要不断学习和提升。

自那天开始，保安每天都负责把那孩子从校门口背到教室，整整三个月。家长把感谢信一直贴到大街上。卢志文说，制度把三轮车拦在校门外，而文化把孩子送到温暖的教室。

"翔宇人不随地吐痰！"卢志文曾在集团师生员工中掷地有声地宣称了他的教育理想。这似乎有点"小题大做"，但卢志文清醒地认识到，让学生做到不随地吐痰容易，让教职员工做到不随地吐痰困难；让大部分翔宇人做到不随地吐痰容易，让所有的翔宇人都做到不随地吐痰困难；让翔宇人在校园里做到不随地吐痰容易，让翔宇人在社会上做到不随地吐痰困难；让翔宇人在一段时间做到不随地吐痰容易，让翔宇人在任何时候做到不随地吐痰困难。他说，我们有鲜明的办学特色：体制创新、文化管理、人本理念、环境育人……我们有严明的职业规范：不接受家长宴请、不收受家长礼物、不利用家长办事……我们更要有值得自豪的"小节"：所有翔宇人在任何地方永远不随地吐痰。

卢志文曾计划建立随地吐痰者档案，长期陈列随地吐痰者名单。但是档案还没有建成，情况就有了变化：校园内已基本看不到有人吐的痰，原来的痰迹，也有人自发地把它清洗一净。

每一位加盟翔宇的老师，领到的第一件办公用品是一台笔记本电脑。每一年翔宇都有一批老师享受为期两周的境外修学旅行福利，所有费用均由集团负担。"教孩子三年，要为孩子想三十年。我们为信息时代培养人才，老师的眼界和见识怎能局限于书本和校园？"这是总校长卢志文一直坚持的观点。

翔宇对教职员工的人性化关怀有很多"温暖的故事"。一名教师从外地学校调进翔宇，人事关系还没有建成，就发现患了胃癌。翔宇完全可以因此放弃进人的计划，但学校却在一个星期内让这位老师在上海最好的肿瘤医院接受了成功的手术,并且在教工会上宣布这名教师为集团第一位终身员工,数万元手术费由学校承担。同样被翔宇人广为传颂的还有,一名花工工作勤恳,兢兢业业,学校把他推上了"翔宇讲坛",号召全体教师员工向他学习,认真做好每一件事。学校还永久性地为这位花工每月涨一百元工资。后来还把他的妻子请到学校工作。

在翔宇校园里,孩子们总会热情得体地向客人打招呼。卢志文告诉笔者,这不仅仅是讲礼貌的问题。一个能热情得体地跟别人打招呼的人,一定是一个心态"阳光"的人,他们在尊重别人的过程中赢得别人的尊重,他们善于沟通,易于赢得合作,这样的人即便遭遇挫折也断不会去寻短见。

翔宇文化是智慧的,是具有独特个性的,翔宇文化已成为翔宇在发展过程中的核心竞争力。

## 翔宇课变

"总得有人去擦擦星星",变革不能"等靠要"。翔宇曾经在教育体制改革上做过"先驱",所幸没有成为"先烈"。翔宇教育的二次改革,锁定课堂。其实,翔宇变革课堂的努力从来没有停止过,只是,这一回,步伐更大,更加坚实。2010年,在《翔宇课变宣言》的开头,卢志文写下了这样一段文字:

> 教育是担负着无限责任的社会原点。任何问题的出现都可以追溯到教育,同时也都容易归咎于教育。课堂则是矛盾纠葛的教育节点,所有教育的问题都能够从课堂中找到原因,也都可以经由课堂来解决。

为此，翔宇人开始广泛学习、全面吸收，从新教育的理想课堂到以杜郎口为核心的高效课堂，再到各地课堂教学改革的一些典型实践样本，都成了翔宇人此次课变的重要思想营养。借助这些"营养"，翔宇的办学者希望建构翔宇课堂新的看点、亮点和特点，从而打造出具有核心竞争力的"理想课堂"。

理想课堂首先是"追求着理想"的课堂，同时更是"呈现着理想"的课堂，但绝不是"已经理想"的理性化课堂。它的前提是高效，高效课堂的"效"，首先是"效果"，其次是"效率"，根本上指的是"效益"。

翔宇将理想课堂的基本模式定为"六环节大课堂"：一是目标解读，引导学生解读目标；二是小组讨论，引导学生组内与组外交流，开展小组内外兼修式学习；三是分组展示（静态展示），引导学生上黑板展示本组的研究成果；四是互动质疑（动态展示），引导学生进行质疑、补充和评价等自我完善式学习；五是达标测试，引导学生进行课堂内容的总结反馈，达成自我消化式的学习；六是循环预习，分发下一节课的导学案，进入循环学习阶段。

理想课堂关注"四个度"，即目标精准度、精力流失度、时间利用度、效果达成度。"理想课堂的高效益应该建筑在先进的教育理念支持上，应该建筑在科学的课堂结构上，应该建筑在有效的课堂组织形式上，而不是仅仅依赖教师的个体主观素质的高低。"卢志文如是说。

从理想课堂出发，翔宇还建立了一套课堂"监测"指标，更多地关注学生的学，而不是教师的教，更多地关注学生的参与度、精力投放度，而不是老师自身表演的精彩度和流程设计的严谨度。

常务副校长潘文新介绍，翔宇的理想课堂要过"三大关"，即质量关、课改关、管理关：一切在新的课堂模式下产生的质量才是学校认可的质量，课改不成功也不是课改本身的问题，而是执行不彻底、不到位；同时像追究教学"事故"一样追究课改不到位！

翔宇还把教师的角色定位于做好"第三者"。学生"第一",课程"第二",教师"第三"。因为教师是引导者、策划者、参与者、追问者、合作者。教师退隐到"幕后",制造需要,把握状态,注意分寸,拿捏火候。规律让学生自己去发现,方法让学生自己去总结,思路让学生自己去探索,问题让学生自己去解决,甚至学法、内容、进度都让学生自己去选择。

课改不仅发展了学生,也重新发现了教师,并从多方位促进着教师的迅速成长和提升。课堂上的教师由主演变导演,由经验变科研,由现成变生成,由师长变学长,由教师变"学师"。学生则变"要我学、教我学"为"我要学、我能学",变"教室"为"学室"、"讲堂"为"学堂",学生学习由"供应式"向"超市式"转变,教师教学由"注入式"向"发动式"转变,课堂内容由"纯知识型"向"能力、情感、价值观"转变,课堂开始成为"知识的超市,生命的狂欢"。

## 对话卢志文

**褚清源**:翔宇的办学宗旨是"培育走向世界的现代中国人"。怎样理解这一办学宗旨?

**卢志文**:"培育走向世界的现代中国人"是我给集团定下的办学宗旨,这个教育理想也不可谓不崇高。对于"走向世界的现代中国人",我曾经做过非常详细的阐释:"走向世界的现代中国人",首先是"人"——"和谐的人""大写的人""脱离了低级趣味的人""能幸福地度过自己一生的人""有益于他人,有益于社会的人";其次是堂堂正正的"中国人",接受中华民族优秀传统美德的熏陶,有一颗"中国心";第三是"现代"人,要"善学习""会创造""能合作",德智双全、身心两健;第四能"走向世界",要能和国外的同龄人共处、合作、竞争。

**褚清源：**您一直倡导，现代校长要向企业家学管理。那么，您认为，企业管理中的做法，有哪些可以在教育领域里借鉴？

**卢志文：**一提到校长向企业家学管理，很多人可能会立即表示反对，认为"学校不同于工厂""教师不是工人""学生不是机器""教育的过程不是加工零件的过程"。这些话本身没有错，问题是我们混淆了"教育"与"学校"的概念，学校组织如何高效运作，最大限度地实现教育目标，这是管理问题，和企业管理应该是相通的。

"学习"的本质并不是全盘接受，机械照搬，而是取其精华，消化吸收，借鉴启发，为我所用。换句话说，提出向企业家学管理，本身就已经包含了"不机械照搬"的含义。

我们需要学习的并不仅仅是企业管理中的一些具体做法，而更多的应该从企业管理的理论、观念、思路、原则、方法中获得有价值的启发。校长向企业家学管理，是一种"取法乎上"的学习行为，也是学校自身生存与发展的需要。

学校向企业学管理，实现教育管理与企业管理的有机整合，建立起与现代企业制度相适应的现代学校制度，将是必然的选择。我们甚至可以这样认为："现代学校管理"就等于"教育管理"加"企业管理"。

管理的核心是提高效率。现代学校管理中面临的各种问题，如办学定位、战略规划、精细管理、校际竞争、品牌经营、执行力、绩效考评、制度建设、员工忠诚、授权与激励等等，都可以在企业里找到满意的答案。

**褚清源：**您一直倡导教育服务这一理念，您认为目前"老师服务意识淡薄""学校服务质量不高"的主要原因是什么？

**卢志文：**我认为主要原因是"上帝的地位被虚化"了。教育的产品是服务，享受这个服务的是学生。"教育服务"由谁埋单？显然，购买教育服务的是家长和政府。

义务教育阶段，教育服务由政府购买，实际上政府购买就是纳税人购买，广义上说，也是家长购买。非义务教育，我国实行缴费上学，部分、大部分甚至全部教育成本由家长承担，教育服务的购买者是家长。

无论是谁购买教育服务，享受教育服务的都是学生。实际上学校是受国家和家长的委托，给学生施加教育影响的机构。任何服务领域，视"埋单者"为上帝，天经地义。可是，现实中家长的上帝地位远没有获得应有的尊重。家长请教师吃饭，家长给教师送礼，家长给教师办事，这不仅是普遍的，而且也被人们认为是应该的。年轻的班主任可以像训斥孩子那样数落家长，许多家长甚至不愿意到学校参加家长会。

顾客是"上帝"，有顾客请营业员吃饭的吗？教育上却很盛行。这说明了什么？从表面上看，这说明教育供求矛盾突出，教师服务意识淡薄，但实际上说明了教育"服务关系没有建立"，"上帝"的地位被虚化。作为教师，工资是财政给的，我又没端你家长的饭碗，我为什么要给你服务？服务不服务，服务好不好，跟我自己的切身利益没有关系。所以，家长要通过"请客""送礼"来换取教师的"优质服务"。

**褚清源：** 翔宇作为民办教育的改革先锋，做出了很多探索性的尝试。对于民办教育未来的发展空间，您是怎样看的？

**卢志文：** 我想更多地谈谈基础教育阶段的民办学校。基础教育阶段的民办学校鱼龙混杂，缺少规范，如为少数人服务的贵族学校、公办学校变相收费的"假"民办、条件简陋师资凑合的"混"民办等等。我认为，基础教育阶段的民办学校发展秩序亟待规范。

公办学校变相收费的"假民办"是制约民办学校发展的最大障碍。这种"假公济私"的所谓民办学校虽然可以为公办学校增加资金来源，但就整个教育事业的长远发展来说，弊多利少。"假民办"产权关系不明，公私界限不分，体制运营混乱，导致了无序竞争和不平等竞争，也挤掉了那些真正意义上的民办学校的生存空间，挫伤了投资者积极性。

**褚清源**：您曾提出，经济欠发达地区的教育应该"抓小放大"。这一提法应该怎样理解？

**卢志文**：我这样理解经济欠发达地区县级教育的"抓小放大"：在县一级，我国基础教育最核心的问题是"均衡化"发展的问题。教育内部的"马太效应"本已非常突出，加上行政人为因素的进一步强化，校际之间的差距有如天壤。最需要我们关心的倒不是那一两所窗口学校，而是面广量大的薄弱学校，改造薄弱学校最能让老百姓得益。事实上，那些资源丰厚、浪费惊人的窗口学校，本身就已经具备了面向市场独立生存的能力，但他们不用这些资源到市场上去奋争，反而用这些资源和资本去和薄弱学校争那点本来就很有限的资金和特殊政策，弄得薄弱学校更加薄弱。优势学校如同"国企"，越是政策倾斜、资金扶持越是不愿走向市场。学校自身也埋怨行政干预过多，没有活力。

让这些优势学校进入市场，省下人头费、事业费改造薄弱公办学校，调整学校布局。优势学校自身也有了活力，可以获得进一步发展，薄弱学校得以改造，切实提高义务教育水平。没有钱的老百姓，子女就读问题也能解决得较好，先富裕起来的人也可以享受更好的优质的教育，只是要多付点钱。这笔钱给了教育，实际上最终是让没有钱的老百姓得益，"劫"富济贫，和谐发展，各得其所。

我认为经济欠发达地区县级教育"抓小放大"是一个不错的发展战略。

## 手记：翔宇变革为我们带来什么

翔宇的经典理念和故事有很多，而笔者的记录和描述无疑是挂一漏万。翔宇更多的精彩与智慧有待我们进一步挖掘和研究。

翔宇缔造的公办名校转制的成功实践表明，在教育发展的问题上，无论是姓"公"还是姓"私"，关键是看有没有从根本上推动教育事业的发展，符不符合大多数老百姓的根本利益，"发展是硬道理"这把标尺，量出了翔宇在教育转制过程中做出的有价值的种种探索和成功经验。

今天，翔宇正在监利进行着一场新的改革。监利教育在经历过挫折之后，人们似乎以更苛刻、质疑和更谨慎的眼光看待翔宇教育改革的每一个举动和细节，有一部分人不敢和不愿再对监利抱有信心。在这样一个特殊的时刻，一向步调谨慎的翔宇教育集团却选择监利作为复制江苏宝应名校转制模式的首选之地，这让许多人心存疑惑。

面对质疑，江苏翔宇教育集团的总校长卢志文在接受采访时这样回答："监利的几次尝试虽然并未成功，但我们很佩服监利人改革的勇气和决心。而且，我们相信，在经历了改革的坎坷和阵痛之后，接下来的监利人对改革会更审慎更开放，也更有经验和耐心。"

翔宇就是在这样的背景下一步步推进改革的。面临教育的转型，我们在想：翔宇为我们带来什么？翔宇的改革模式是否具有标本意义？这些都需要作为一种特殊的现象加以解读。

浙江大学民办教育研究中心主任吴华教授在实地考察了翔宇在宝应的转制实践后，发表了自己的看法。他认为，随着翔宇教育集团的成功实践和骄人业绩，最初很多人对公办名校转制时的种种疑虑和担心基本都打消了，而由此揭示的政策和理论价值，也超出了宝应的具体实践，对于我们打破传统观念的思想禁锢，通过制度创新加快中国教育发展提供了新的可能性。

# 13

# 非主流学校的主流教育探索

样本学校：河南商丘兴华学校

核心经验：成功教学法

这是一所非主流学校，但她进行主流教育探索的执著与智慧赢得了质量的提升和家长的尊重。说她是非主流学校，是因为她是一所民办学校，相对于处于主流地位的公办学校而言，民办学校尚未纳入政府的财政支持范畴，属于体制外的非主流教育板块；说她进行主流教育探索，是因为这里的校长和教师与每一位有责任感的教育人一样，始终前瞻性地站在教育变革的最前沿，关注学生的快乐学习与终身发展，追求每一位学生的进步与成功，这样的教育实践无疑是主流的，是有变革价值的。

商丘兴华学校倡导的核心理念被标榜在教学楼最醒目的位置——红色背景下的金色大字："要爱你的妈妈"，下有注释："爱妈妈的孩子才会有爱心、责任心，才会珍惜时光……"

每一位走进兴华学校的人，看到这样的文字常常会驻足思考，细细品味。也许，这样的理念标榜说明不了什么。让我们来看一下这所创办仅仅9年的民办学校所创造的办学业绩：连续四年该校毕业生蝉联全市中招省级示范性高中上线率、升学率第一，连续三年摘走了全市中招语文、数学、物理、化学单科成绩第一的桂冠……

然而，在兴华人看来，教学成绩和高升学率并不意味着建设理想学校目标的达成。兴华人追求的教育理想是：营造一个理想的教育"场"，让每一位老师在这里都赢得职业的尊严和幸福感，让每一个学生学会生存、学会生活，让每一个学生都能在力所能及的进步中体验到学习的快乐、成功的快乐。

## 首席定位策略：要做就做到最好

商丘兴华学校实际上是商丘科技职业学院的附属中学。依托高校的资源优势，该校在创办之初便确立了明晰的战略定位：创办豫东地区第一所高品位的特色民校。按照董事长丁华的办学初衷：商丘的基础教育缺乏优质的、具有鲜明特色的学校，我们要办一所质量高、有特色、服务好、重信誉的现代化的寄宿制民办学校。而我们优秀的人力资源和民办学校与生俱来的灵活机制应该能够成就这样一所学校。

在这样的背景下，一所全寄宿的民办中小学成立了。"那么，我们到底要秉承什么样的办学理念，我们要培养什么样学生？"这些问题摆在了兴华创业者的面前。

在该校网站的首页上有这样一段文字：我们期待着有一天，商丘兴华学校能够成为中国的菲利普斯中学、伊斯公学、帕夫雷什中学；我们期待有一天，这里能走出中国政治、经济、军事、文化、艺术各界的精英人物，世界百强企业的 CEO，诺贝尔奖获得者，甚至走出中国未来的国家领导人……

这样的理想无疑是远大的，是富有责任感的。与该校的校训——"自强不息、厚德天下"一样让人心生敬意。关于这一校训，校长史国永有这样一段解释：我们的校训取自梁启超先生名句"天行健，君子以自强不息；地势坤，君子以厚德载物"。清华大学也一直以"自强不息、厚德载物"作为校训。我们希望兴华学校也要像清华大学一样，以振兴中华为己任，培养具有精英意识的人才，修身、立德、报效国家，恩泽天下。

兴华学校随后一系列教育实践的核心价值就基于这样的理想。"品牌建设是学校战略发展的核心，因此，我们致力于创特色教育，全力打造令人信服和信赖的办学优势,以独具魅力的品牌个性赢得尊重。"史国永说,"我们力争在学校迎来10周年校庆的时候,使兴华的品牌价值和影响力真正凸显出来。"为此,该校全面启动"成功教育"这一系统工程。

成功教育基于教师,是促使每一位教师在自己的专业领域实现专业成长,使每一位教师都获得优质的生活条件和生活质量。常务副校长王心峰认为,管理文化的核心价值在于,关注教师的专业成长和职业幸福。因此,我们不断看到,每逢教师生日,学校会主动送上鲜花和生日蛋糕;不断看到,该校的教师频繁在省市优质课比赛中拿得奖项,一些被邀请参加全国成功教育研讨会公开课。对此,一位青年教师的激情表达是,在兴华这一平台,我们体验到了创新的快乐,体验到了师者的职业尊严和幸福感。

成功教育基于学生则是:

——每个学生都会成功。成功对于不同的人,在不同的形式下,可以有不同的标准来衡量,关键是要勇于超过自我,勉励学生学会欣赏自己的点滴进步。

——没有人会随随便便成功。激励学生用自己求真务实的努力来改变自己。

——成功的路就在脚下。让学生立足当下,从小事做起、从自我做起。

在此基础上,该校把养成教育、综合能力培养和多元智能开发有机结合,通过第二课堂来培养学生的特长。在全员接受特长教育的基础上,学校对有一定潜力的特长生强化培训,挖掘其潜能。近几年,尤其是针对一些有一定绘画特长的学生,单独组建的美术专业特长班取得了可喜的成绩,已累计有90余毕业生被西安美术学院、四川美术学院、鲁迅美术学院等美院附中录取。因为输送的学生素质较高,这些美院还先后授予该校为生源基地。

在刚刚结束的一次家长会上,一位永城的家长说:"孩子送到兴华,我们很放心,他们让孩子在快乐中学到了知识,在学习中领悟了成功和人生的真谛。"

## 基于快乐学习的成功教学实践

让教师幸福,让学生快乐。正是这样的教育普适观,让兴华学校鼎力革新课堂教学模式,尤其是成功教学法的引入,有效解决课堂教学中的低效问题,实现了老师教得成功、学生学得成功的双赢。

兴华的课堂紧紧围绕向课堂40分钟要效益。教室真正回归为"学室",教材则回归到了"学材",学生真正成了学习的主宰者,没有额外的作业,彻底消除了不及格现象,学生在这里体验到了学习的成功和快乐。笔者注意到了一组数字,通过半年的跟踪调查,学生的语文平均分由上学期的87.97分提高到本学期的92.57分;数学由84.65分提高到了92.04分;英语平均分由82.35分提高到了91.65分。

走进兴华学校的课堂,会让你有一个全新的感觉,所有的老师和学生都是那么阳光,那么富有朝气。他们全然没有老师的严肃、刻板,学生的死气沉沉,取而代之的则是"教和学的互动"。老师更注重引导和点拨,侧重了环节设计的趣味性和启发性。原来满堂灌、没有悬念的课堂,现在变得简约而充满灵性。中华成功教育研究会会长李诚忠教授先后两次到该校考察指导,不禁发出了"不看兴华课堂,不知成功教育的希望"的感慨。

成功教学法程序是:1. 先学后量:学生先自学,学不会请教老师,老师则收集学生学不会的信息,这叫"量材"。2. 量而后教:量其自学,知其所需,教其所需。实际就是"因材施教",教育的成功在于因材施教,因材施教的前提是知材,知材的条件是量材。3. 教而后练:运用所学解决问题，巩固新知温习已知。4. 当堂作业：当堂独立完成作业，当天批改作业，做错的当天改正，没做完的当天做完，日结周清月检查。

王心峰介绍说，成功教学法的一个关键环节是，教师要通过集体备课精心设计好每一节课的"成功教学案"。兴华的课堂 40 分钟划分为四大模块：自学调查、课堂导学、自我检测、课堂作业。尤其是在自学调查环节，教师要准确地出示自学提纲，指导学生自学，让学生很快地通过"引桥"走上自学的"快车道"。在让学生自学的过程中，要指明哪道题是自学、互学，还是小组合作学。教师可在这个时间内给"走错"或"迷路"的学生说几句悄悄话，给他们"指南针"，并通过行间巡视、质疑问难，个别询问、板演、提问、讨论等形式进行调查，最大限度地暴露学生自学中的疑难问题，并认真分析，把主要的倾向性的新问题进行梳理、归类，为导学做好准备。

成功教学法的引入正在刷新着兴华人的教育观念、教学方法和学习方式。"学，就要保证及时达到会的程度。不能保证当天学会，一些学生就可能掉队，久而久之就能失去学习的兴趣和信心。"王心峰说。

关于成功教学法，他们并没有停留在简单的"拿来主义"层面。从技术层面的模仿，到适合兴华校情的探索总结，半年多来，他们走出了一条属于自己的教学之路。

兴华的课堂不是简单复制成功教学模式，而是将专业主义与人本管理思想一起植入了兴华的教学管理体系。兴华的每一位教师员工都有一种责任意识，这种责任意识是对学校、对同事、对学生，也是对自己的负责，是一种勇于创新的责任自觉。李诚忠的评价是：兴华成功教学实践的最大价值在于创新，他们没有简单地复制。

## 营造育人的文化场

建设理想学校，是兴华在建校之初便确立的办学目标。围绕学校的核心理念,这一目标在校园文化层面体现得淋漓尽致。"我们努力营造适合'种子'发芽的人文环境,让学校和班级成为影响学生成长的文化场。"史国永说。

与很多学校不同,兴华学校的校园环境让人耳目一新。走进校园,目及之处是悬挂有明白卡的各种花草树木:如香樟树、雪松、塔松、刺柏、腊梅、海棠、琵琶、葡萄、榕树、杏树、樱桃、玉兰、竹子、百日红、月季等。这些由生物老师和学生共同制作的"明白卡"上写着每一种树木的名字、原产地、科属和生长习性。

通往教学楼的一条路名曰"名师大道"。之所以叫名师大道,是因为大道两侧悬挂有40多位学校名师的照片、简历和教育格言。在这里,名师成了学生追捧的明星和偶像。

教学楼走廊里的文化氛围的营造更是别具匠心。依据不同年级分别布置了英语、艺术、科技、企业家、科学家文化、文学家、政治家、艺术家文化长廊。"英语文化长廊"布置内容为剑桥少儿英语三级水平的所有单词和短句。小学部自一年级起,就把剑桥少儿英语教材作为英语必修教材纳入正常教学,学生能不能顺利升入高一级年级,要看能不能顺利过关"英语文化长廊"。"艺术文化长廊"悬挂的是学校在美术、书法、摄影、舞蹈、音乐、形体等艺术方面取得的成绩和作品等。"科技文化长廊"布置的是学校在科技发明和科技活动方面取得的成绩、活动照片和中外知名的科技图片等。著名企业家、科学家、文学家、政治家、艺术家文化长廊是基于学校全面开展成功教育推出的一项重要文化举措,原则是布置现当代知名的大家和学者,如李嘉诚、比尔·盖茨、张瑞敏、杨振宁、李政道、袁隆平、鲁迅、巴金、余秋雨、金庸、华盛顿、毛泽东、毕加索、徐悲鸿、张艺谋、成龙等。

进入初中部教学楼1~4楼楼梯一侧墙壁上,清华大学、北京大学、耶鲁大学、牛津大学等48所中外知名大学的校门照片是一道独特的风景线。励志名言如:"不比阔气比志气,不比聪明比勤奋,不比起点比进步""人格自尊、行为自律、学习自主、生活自立""三天改变态度、三月改变成绩、三年改变人生"等。

兴华的班级更是一个富有激情和人文韵味的文化场。每个教室门口都有一个班主任温馨提示板,板面上有班主任的照片和班主任的一句贴心的话。每个班级都有学生自己提出的班训,如"追求卓越、舍我其谁""笃志博学、开拓创新""我能行、我成功、我快乐"等。每一个教室里都有班级全体师生的全家福照片和班级图书角。每个班都养有花或者鱼,既培养了同学们的爱心意识又美化了班级,外面三九寒天,教室内仍然四季如春、生机盎然。

小学部教室的一个细节创意更彰显了管理者的人性化智慧。为了避免学生玩耍时碰伤,每个班级在墙壁下端都张贴了彩色泡沫壁砖,这样既安全又美观。

进入兴华学校的学生公寓,你第一眼会看到一个信息发布栏,每天发布如天气预报、健康常识、生日祝贺语等。而学生宿舍的文化可谓各具特色。兴华的学生宿舍都有一个个性的名字。新生入住宿舍后,往往要在全体宿舍成员中公开征集宿舍名,如"快乐老家""月亮湾""坤英斋""温馨苑"等。每个宿舍都有宿舍成员自己制定的文明公约。与此同时,每个宿舍都有学生的自留地,让学生自己装饰自己的空间。一些学生从家里带来的全家福照片,一些学生则带来了心爱的玩具。

最能体现兴华学生文化的是"相约周末"文娱大餐。这是一个学生自发策划组织的寓教于乐、张扬学生风采的娱乐活动。早在2003年3月就已启动,至今已从这里相继走出了全国推新人大赛少儿声乐组的优秀奖、河南省《周日擂台》通俗唱法组的三连冠、河南电视台《武林风》散打组的冠军、河南省拉丁舞比赛的季军、商丘市青年歌手大奖赛的冠军、亚军等。

## 对话王心峰

我们将兴华学校定义为一所"课改名校"。如果是在三年前,兴华在当地还属于非主流学校的话,那么,今天,因"改"成名、因"课"成名的兴华已经从人们视野的边缘走到了中心。自 2008 年以来,河南省民办中小学特色办学现场会、全国民办中小学课堂教学改革交流研讨会和中华成功教育研究会 2009 学术年会,先后在该校召开。三次会议让兴华学校这所以课堂教学改革为核心经验的民办学校走出了河南,走向了全国。学校也因此先后赢得了中国优秀民办中小学、改革开放 30 年河南省民办教育品牌学校、河南省民办基础教育课堂教学特色学校、河南教育变革榜样学校等诸多荣誉。兴华学校的成功再一次印证了谁敢于变革课堂,谁就能够率先撬动整个课改。

**褚清源**:一直以来,民办基础教育发展的环境都不太乐观,有不少学校因政策冲击萎缩,因经营不善被迫出局,而兴华今天的成功可谓是有目共睹,您认为,决定兴华成功的最核心的是什么?

**王心峰**:兴华今天的发展还谈不上成功。但是,兴华能够赢得今天的发展,我觉得很重要的一点是,一种敢于改革、勇于行动的精神。实际上,民办教育发展 30 年来,能够生存下来的,并不是那些最强的,也不是那些最聪明的,而是,那些能对变化作出快速反应的。有一句话说:一流的学校,创造变化;二流的学校,适应变化;三流的学校,被动变化;四流的学校,顽固不化。我不能说兴华创造了什么变化,至少可以说,兴华敏感地意识到了课改的机遇与形势,并作出了快速反应。

**褚清源**:兴华是以课堂教学改革的成功带动了学校发展的成功。作为一所民办学校,迫切需要解决的问题会有很多,何以紧紧锁定课堂改革呢?

**王心峰：** 从改革的宏观层面分析，真正的课程诞生在课堂，没有课堂教学改革的真正突破，就不可能有课程改革的深入与突破。课程改革最终只有有效落实在课堂上，才有意义。就微观的具体实践而言，一线教师首先要解决的是教学方法问题。因为过于看重分数而缺少精神成长的课堂已经成为一种教育公害。直到今天，依然有很多课堂以讲演为主要教学方式，有太多的教师习惯于课堂45分钟滔滔不绝的满堂灌，这样的课堂是学生被动的学，而不是主动学会，忽略了学生的主体地位，忽视了学生成长的需求。

实际上，看一所学校好不好，重要的是要看他的课堂，看师生的精神面貌；评价学校的质量，也不能单纯看分数，要看他的分数是通过什么样的方式得来的，要看学生是否产生了学习的兴趣，是否真正学会了自主学习。这样的认识，成为我校课堂教学改革的原动力。

**褚清源：** 兴华探索的"成功教学法"已经形成一个相对完整的体系，"成功教学法"的课堂原理是什么？

**王心峰：** 要使学生成为课堂的主人，就必须改变原有的课堂教学模式，打破常规，充分相信学生，把课堂还给学生，把学习的权力还给学生，让课堂真正能够给学生在学习活动中带来多种体验和场景，朝着有助于提高课堂生活质量的方向发展。"成功教学法"就是在这样的认识基础上提出的。"成功教学法"以学生学为中心，学生在老师的指导下掌握方法，感悟道理，学习知识，提高能力，在解决问题的过程中开发智能，体验成功。

**褚清源：** "成功教学法"教学流程是怎样的？

**王心峰：** 一种教育思想要以一定的教学方法来实现，一种教学方法要以一定的教学方式来体现，一定的教学方式要以一定的教学流程来固化。新课改的关键是变以"教"为中心为以"学"为中心。中心变了，上课的流程也要变，新课改要想成功，就要让老师掌握新课改的教学流程，不给老师一个可操作的流程，教学就可能陷入无序的状态。

兴华课堂教学流程：自学—量学—助学—用学—测学—思学（学后反思）。这样的教学流程，我们经过几年的实践证明是效果明显的，学生喜欢的。"成功教学法"教学是以成功教学案为载体，以成功教学案引导、教师指导为主导，学生自主学习为主体，师生共同探究、交流展示，合作完成教学任务的一种教学模式。学生根据教师设计的教学案，首先进行预习，认真阅读教材，了解教材内容；然后，根据成功教学案要求及设置的问题，探究学习内容，交流、展示学习成果；最后，学生根据成功教学案上提供的检测题，巩固所学知识，当堂过关。学习过程中，学生可提出自己的观点或见解，师生、生生共同研究学习。

**褚清源**：我了解到，"成功教学法"注重对学生问题意识的培养，这方面是怎么实施的？

**王心峰**：问是知之始，课堂之道在于"问"，在于以"问"导学。为了培养学生的问题意识，激发其敢于提问、善于提问、乐于提问的精神，在教学中，我们倡导一种"问题研究"的方式，即上课时通过学生讨论来进行"问题研究"。原则上，设计的"问题"难度要适合学生的认知特点，问题尽量要具体，如果是大问题要转化成小问题，较难的问题要加以分解、分析，这样学生能够顺利开展研究。问题的难度最好能达到"跳起来，能摘到果子"的效果。

**褚清源**：常言道，"三分教学，七分管理。"课堂教学的成功，不仅仅在于教师观念的更新，教学流程的改进，更在于实施过程中的管理。那么，兴华学校探索出了什么样的教学管理经验？

**王心峰**："成功教学法"把课堂教学由优秀教师个人表演的艺术变成了普通教师可以掌握的操作规程，把少数名师的本领变成了全体教师的教学规范，明显地缩小了教师之间的差距。这在很大程度上，为教师的共同发展与教学管理奠定了良好的基础。

在教学管理方面,首先是集体备课的改革。过去学校也要求集体备课,但是集体备课往往流于形式,因为老师们都怕别人超过自己,而不肯把自己的高招说出来,于是班与班之间的差距较大。现在则不同了,成功教学案要平行班级共同使用,共同研制成功教学案把同进度的教师结成了利益共同体,老师们不再隐藏个人的观点和绝技,合作的精神与效果显著提高,集体备课的效果也更明显了。集体备课的程序是:一人主备——形成个案,集体研讨——形成共案,个性创新——形成特案,课后反思——形成心案。

另一个管理方面的探索是,创建了新型的教研制度。兴华学校强调校本研究,实际上就是在教师中形成教育、教学、研究、学习合一的专业生活方式。当教师以这样的态度和方式工作时,他的工作是专业化的,教师总是在以这样的态度和方式工作着,他就是在经历一种新的教师专业生活方式。这种新的生活方式是教师专业持续不断发展的内在机制和根本途径。与此同时,成功教学法要求老师当天批阅学生的作业并反馈给学生,要求学生没做完的要做完,做得不正确的要改正,没做好的要做好。通过这种教学案落实的成功教学法从整体上提高了教学的质量和程度,落实和实现了新课改的目标。

## 手记：兴华教育实践成功的支点

转型是学校变革的基本走向。管理需要转型、教改需要转型、文化同样需要转型。兴华学校的教育实践无疑是当下教育转型阶段学校变革的生动案例。

兴华学校是一所民办学校、一所非主流学校。定义为非主流学校并非刻意将民办学校边缘化，而是源于民办学校在整个教育体系中的地位。其实，从事主流教育实践的民办学校有很多，他们行走在教改的前沿，从不敢懈怠。因为落后不仅仅意味着挨打，更可能被迫出局。

因此，兴华学校抓住了首席定位策略，即追求学校成为本地区教育行业中领导者的市场定位。兴华要做豫东基础教育改革的先锋和领跑者。

有了这样清晰的定位，行动就有了方向，有了目标。兴华崇尚成功，因此，人才培养的目标很高，要培养经济、文化、政治等各个领域的精英人物；因此，校园文化的营造融入了很浓的成功文化元素；因此，课堂上合理引入和有效嫁接了成功教学法，让师生在自主的"教"与"学"中分享成功。

我习惯于追问一所成功学校的核心价值。那么，兴华学校的核心价值在哪里？兴华教育实践成功的支点在哪里？中华成功教育研究会会长李诚忠的评价可谓切中了核心：创新是兴华学校成功教学法的最高价值。

这样的价值体现在以下几点：

一、兴华学校的育人观念孕育了成功的希望，不仅以优生为荣，更以把后进生变成优生为荣。兴华的成功教育体系点燃并放大了每一位学生的信心和亮点。

二、"失败永远有理由，成功永远有方法。"兴华学校教师的教法都有自己独特和成功之处，让"教无定法，学无止境"得到最好的诠释。

三、"在竞争中合作，在合作中竞争"，兴华学校的师生使这一观念达到了极至，无论是同年级、同学科的老师集体备课，还是同年级、同班级学生的学习，都能看到互助互学的亮丽风景线。

四、向有限的40分钟要质量。由于课堂上学生能够当堂完成学习任务，课下学生都很轻松，这样，为丰富多彩的第二课堂创造了条件，学生没有什么顾虑的参与到课外活动中去，又使他们在活动中获取更多的知识。

五、他们没有把"教"和"学"孤立分开，而是把教、学、做融为一个整体。教，不以讲到为止；学，不以知道为满足；变讲到为止为会学、学会为止。

兴华学校的教育实践给我们时下的基础教育改革带来了一些思考和启发：在轰轰烈烈的教改实践中我们的学校品牌价值是否清晰？中小学如何构建自己的教育特色？如何从课堂上寻求教育变革的突破口？

我们不能说兴华学校已经成为一所理想的学校，实际上，抵达这一理想还有一段距离要走，但兴华学校围绕学生的自学和成功体验，彰显出了鲜明的"成长性"，而这种成长性与变革意识、与创新精神紧密相连。从素质教育的行动求证和教育终极目标的视角加以审视，兴华的探索无疑是值得关注和深入研究的。

# 14

# 东西方文化的现代课程解构

样本学校：河南少年先锋学校

核心经验：构建大才教育课程体系

- 先锋具有这样的特质：她勇于创新，但不偏执，坚守理想，且一以贯之；她根植人类优秀传统文化，构建了以东西方经典诵读教育为核心的全新课程体系；她通过语言、思维、体智、情趣的一系列教育，全面开发并提升学生的学习力。
- 先锋学校的教育创新实践，已不仅仅是学校特色建设的努力，更是一种为中国基础教育革新作出探索的责任担当。
- 先锋学校的教育创新实践，让人们重新认识了民办教育存在的价值。

在千校一面的特色学校中，河南少年先锋学校这所特立独行的学校，让人眼前一亮。也许拿任何一个学校来想象先锋，都可能犯经验主义错误。

先锋学校具有这样的特质：她勇于创新，但不偏执，坚守理想，且一以贯之；她根植人类优秀传统文化，构建了以东西方经典诵读教育为核心的全新课程体系；她通过语言、思维、体智、情趣的一系列教育，全面开发并提升学生的学习力。

先锋学校还有被很多人视为另类的教育行为：每学期开学伊始，学校领导都要站在校门口集体以鞠躬礼迎接学生，那深深一躬，躬出了尊严，躬出了高贵，躬出了和谐；每天晨读的琅琅书声中的"之乎者也"，似乎与朝着现代化方向发展的学校不相协调。但这样的另类姿态，丝毫没有影响他们在传统文化与现代教育、素质教育与应试教育之间的和谐行走。早在7年前，美国政府儿童心理研究室主任、教育学博士玛格丽特考察了先锋学校后曾发出感叹：真正的素质教育在中国。

## 传统教育需要被再发现

在河南省会郑州，先锋学校的诞生和发展具有标志意义。13 年前，与她同时期出现的贵族学校有十余所。13 年后，经过重新洗牌的郑州民办基础教育，已经没有了往日的繁荣，众多民办学校受教育储备金制度的冲击纷纷被迫出局，唯独先锋学校一步步滚动发展，日益壮大。

有人说，先锋学校的成功得益于一批有志于教育事业的求道者，得益于他们对教育理想和教育现实的求证。当记者与先锋学校督教任晓林进行了多次促膝长谈后，其何以成功的答案越来越清晰了。

作为先锋学校的创办人，任晓林痛斥现代教育的失道现象。他认为，中国的教育多年来形成了以应试教育为主导的学校教育体系，这种教育从教学的角度很好地解决了知识性的传授与学习，但学生在道德品质方面存在缺憾。与此同时，当下偏重知识学习的教育让学校越来越封闭，教育功能也相对单一，教育开始变得功利与短视。

"当人们照本宣科，借用同样的方法，按照同一目标培养孩子时，所谓的教育便是扼杀天才。"在《先锋宣言》里，任晓林写道，"教人先教己，没有有问题的学生，只有有问题的教育。"

在对教育的认识上，先锋人达成了高度共识：教育不是贩卖知识，而是一种人格教育，它是一种对心灵的"终极关怀"，而现有的课程体系、教育理念与方法，解决不了当下的教育困境，教育在当下需要被再发现，需要从传统文化与现代教育的结合中寻找出口。早在办学之初，先锋学校就曾向学生家长广为宣传这样一项科学研究成果：儿童的后天智力和性格在 0 岁到 3 岁完成 60%，3 岁到 6 岁完成 80%，到 13 岁左右，大脑发育及性格内化敏感期就结束了。经典诵读这种简易的教学方式可以融文化认知、道德品质养成、思想精神发育、全脑智慧开发为一体，提升学生的综合学习力。先锋人将诵读视为一种学习方式，更视为一种教育方式。他们认为，13岁前集中大量的中西经典诵读，并配合以中国传统的体智修炼，可以有效促进大脑神经元之间的快速链接，形成全脑发育网络。

"经典诵读教育模式就是把复杂的教育简单化。"任晓林在与业界人士交流时常常强调这一观点。这种教育的直接结果可以让学生轻易突破现代的应试教育。与此同时，经典的思想积淀和心性教育又可以促进生命智慧的生发和性格的完善，共同促进综合素质和学习力的提升，从根本上解决孩子青春期初高中阶段表现出来的厌学、学困、网瘾、逆反等不良行为。先锋学校将这样的教育培养方式定义为"大才教育"。大才教育体系强调学校教育、家庭教育、社会教育的综合作用，教师和父母不再是单纯的知识传授和道德说教的角色，而是一个精神上的传道者、道德上的力行者、行为上的演示者、素质上的表率者，这样教育的根基才会更牢，同时反过来也会促进家庭、社会的和谐与进步。

## 为孩子提供适合发展的课程

先锋学校自成立之日起便在业界创造了众多第一：全国首家把中西圣贤经典诵读纳入学校常规课程；引入世界最前沿的丹麦课堂机器人项目，并将此定为全体学生的选修课程；将欧洲心理和潜能评估开发理念、软件引入学校，并以学生"心理、潜能测评"基础作为因材施教的依据；将奥尔夫音乐教育体系搬入课堂；采纳中国传统身心同修的科学观念，将少林武术、太极、瑜伽等纳入体育普修课程；成立国内第一家"国学启蒙馆"；引入前沿优因数学课程，并拥有数项独立开发带有知识产权性质的课程体系和教学模式……

从幼稚园到初中，先锋学校的学生，每天都有40分钟到1个小时不等的中英文诵读时间，中国传统经典如《大学》《论语》《弟子规》等，西方经典如莎士比亚作品、《伊索寓言》等分别进入各年级常规课堂。这样的系统诵读，可以使4岁到6岁的儿童，两年里诵读和记忆中国经典2万字以上，英语经典8000单词以上。

每天1节英语课，每周1次课间"疯狂英语"活动，每周2小时英语俱乐部活动，先锋学校轻松和谐的美式课堂深受学生欢迎。正是这些独具特色的英语课使先锋学校的英语普及程度远远超过2010年全国小学英语普及标准。

在处理常规教材的学习与诵读的关系上，先锋学校已经探索出了一套有效的方法。先锋学校的语文和英语两门学科，每学期只利用1/3的课时来学习常规教材，剩下2/3的时间用来进行经典诵读。这样的时间安排丝毫没有影响学生的考试成绩。

由先锋学校自编的教材，字号要比常用的教材字号大很多倍，这样便于阅读，也更有利于保护孩子的视力。从最初使用社会通行读本发展到诵读自己编注的读本，先锋学校经历了漫长的实验过程。

先锋学校的数学教学引进了容纳中西数学优秀数理基因的优因数学，以易驭难，使现行的数学教育提前三至四年。

2003年，先锋学校把奥尔夫音乐教育体系搬入课堂，当时这在河南省尚属首例。这一体系选择游戏作为授课的主要手段，将知识与训练编设在游戏中，能使学生视野开阔，学习兴趣倍增。

先锋学校的学生人手一份《知行合一手册》，要求每个学生都要明白"修身齐家治国平天下"的道理，每班以导师为主、专职教育助理协助，培养孩子从自己身边事做起，从小处着手，学会感恩师长、诚实守信、踏实做学问的做人之道。

## 先锋教育的校外延伸

2007年7月9日,先锋学校30名8岁到14岁的孩子从郑州出发,历经10天,徒步300千米到达老子故里——周口市鹿邑县。这是先锋学校组织的暑期"小脚行天下"活动。谈起活动策划的初衷,任晓林说,十几年前,由中日儿童共同参加的一个夏令营引发了关于"中日儿童的较量"的讨论,结论是中国孩子不是日本孩子的对手,尤其是在自理、毅力、环保等素养方面差别很大。

这件事对任晓林的触动很大:"我们的孩子,我们的民族文化的软实力是什么?它有没有根基?我们的祖先和先哲是否已经给我们点亮了一盏灯?"在任晓林看来,中国孩子最大的敌人和对手不是日本孩子也不是美国孩子,而是自己。"小脚行天下"活动,让孩子们住帐篷,自己做饭,锻炼了坚强的意志和独立生活的能力,而参观沿途的名胜古迹,了解中原历史文化,则会让孩子们的爱国热情得以激发。

10天300千米的"文化苦旅",让孩子们感悟到了很多。13岁的韩莎莎在日记中写道:这是一次历练心灵的文化苦旅。7月10日:到达开封,我们连吃奶的劲儿都用完了,到饭店看着一桌丰盛的饭菜,我直流口水,迫不及待地吃了起来。7月14日:……雨越下越大,我的鞋和裤子全湿了,整个身体都潮潮的,特难受,这是我第一次顶着风、冒着雨,在望不到尽头的马路上疯一般狂走。这就是人生,不能退缩,要勇往直前……

先锋学校每年暑期的主题夏令营,都以全新的教育视角和独特的教育行为演绎素质教育的标志性探索,体现了先锋学校把教育融入社会的广度认知。像"小脚行天下"这样的活动在先锋学校有很多。如,"挑战极限""少儿原始森林探险""少儿网络生存训练",通过这一系列生存教育活动，让层层保护下的孩子独立面对困难，学会生存、学会求知、学会相处；"当一天报童，送母亲一个惊喜"活动，让孩子懂得感恩，懂得回报；"怀念私塾，走近圣贤"活动，向社会倡导经典教育；"牵手少林，传承民族元典文化"，弘扬中国传统武术，把体、智修炼融合为一；"点击农村""走进太行"等活动，让城乡孩子互助互动，丰富生活体验，体验自然界的雄浑、博大，增强学生的环保意识。这些活动已成为先锋学校独特的文化现象。

任晓林说："现代家长给孩子更多物质关怀的同时，不自觉地使孩子的很多能力退化了，而教育不能成为隔绝学生与社会的围墙。先锋学校的孩子不仅能在课堂上获得知识、能力，更有机会参与专家综合设计的、模拟未来社会及生活的各种教育实践活动，获得真正的素养。"这正是先锋学校举办一系列素质教育活动的初衷。

先锋学校的第二课堂项目有50多种，涵盖了美术、舞蹈、体育、音乐、科普等。每学期每个学生可以报两项专长课，每周参加两次专长培训。这是很多学校所做不到的。

## 先锋还在路上

也许有人会提出质疑，先锋学校开发了这么多的学习和活动内容，会不会加重学生的负担，会不会影响学生的学习成绩，这种教育实践能否与社会学校的"应试"充分对接。对于减负问题，先锋学校有自己的加减法则。先锋人认为，作业负担确实要减下来，但关键是课堂效率要提高。

办学十余年来，先锋学校的教学成绩受到了教育行政部门和社会的一致认可。一项统计数字显示，每年先锋学校有60%的学生能升入省市示范性高中。

先锋学校的教育实践不仅促进了学生的发展，对家长的影响也很大。有一批家长是先锋学校教育理念的铁杆追随者。副校长侯超说，全校有1/3的家长与学生一起同步参与经典诵读。

先锋学校的教师团队没有停留在专业技能成长层面，更重要的是心灵的成长。在先锋学校的教师培训会上，督教任晓林常常会告诫全体老师要反思这样的内容：新的一年里，你是否已经走进了孩子的心灵，触摸到了隐藏在心底里最柔软的部分？你和你的孩子共同经营着怎样的课堂，又有何种精彩的生成？在课堂上，你和孩子以何种方式进行着心灵的接触和灵魂的对话？你是否已经成为影响你学生的重要的人？你是否用自己的行为捍卫了生命的尊严，保卫了孩子的童年，保护了孩子的好奇心和求知欲？你是否更加关注了孩子的生存状态和情绪体验？

先锋学校为每一位教师的成长提供足够的空间。无论是五一、十一长假或是暑假，学习都是老师们最主要的"休闲"生活。在先锋学校工作6年以上的教师，均可申请3~6个月甚至一年的封闭式学习，或叫学术休假。任晓林认为，这种时间相对集中的学习方式更有利于教师的专业成长。

在先锋学校已经工作了10年的白雪，刚刚结束自己半年的学术休假。谈到学校、谈到督教她心怀感激。如今已成长为学校学术骨干的她正在对传统文化进行系统研究，为先锋学校的再出发积蓄智慧。

先锋人关注国内国际教改经验和教育理论的发展趋势，关注教育学及其相关科学的发展动态，始终站在学术发展的前沿。2004年，先锋学校设立了先锋教育学术中心，这一机构的设立营造了浓厚的学术研究氛围。

十余年来，先锋学校不仅收获了学生的成长、家长的认同和社会的认可，更推进了先锋人办学理想的实现。先锋学校先后成立了"国学馆"和"中和书院"，进一步面向社会推广"国学"。2006年，开始了以中原炎黄文化为核心的教育研究机构——黄帝文化研究院的筹备工作。同年6月，与刚刚恢复的郑州文庙达成协议，建立先锋学校郑州文庙国学教育基地，在全国率先恢复两千多年来前庙后学的传统教育模式。2007年9月，首届中国传统文化教育师资班在文庙开办，面向全国招收有志于中国传统文化承传的初、高中毕业生，为社会培养传统文化教育师资。2008年8月，师资班搬迁至郑州黄河游览区桃花峪三皇文化苑，成立大同文化师资修学中心。

"先锋还在路上。"已经积累了11年办学文化的先锋人常常用这句话警醒自己。而在先锋建校10周年时督教任晓林提出的"先锋十年，高度为零，从新开始"让我们又一次领略了先锋重新出发的理想与价值。

## 手记：从先锋实践看教育变革

跟踪了解先锋学校 3 年有余，但始终不敢轻易动笔，总担心自己有限的视角和拙劣的文字无法准确记录或描述其改革轨迹。因为，先锋学校的教育创新实践让我们对传统文化的现实价值有了新的认识，给了我们重新审视已经推行了 8 年的新课程改革的勇气。

先锋学校的教育创新实践，改写了应试教育下学校教育的行走方式。

当众多学校的学生家长还在校外寻找特长教育时，先锋学校已经引入了 50 余项特长培训；当减负行动使学生负担越减越重时，先锋学校早已开始通过开发学生的学习力，激发学生学习兴趣与动力来提高学习效率，从根本上破解减负难题。

在花样翻新的教改现象中，先锋人始终保持清醒的认识和独立思考的姿态，从不跟风，从不盲目崇拜，对教育现象、教育规律都有自己的解读。这样的精神难能可贵。

督教任晓林是一位孜孜不倦的教育创新者和探索者。他将自己定位为新儒学实践者，他从国内外的文化遗产中，觅得了从国学经典诵读到西方经典诵读再到优因数学、音乐、健身等第一手资料，并进行了新的解读，为先锋大才教育体系的构建奠定了理论基础。先锋教育的主要特征是，从课程设计到校园文化、班级文化、校外教育，逐渐营造了一种适宜学生发展的教育生态系统，培养了学生阳光、向善、自信、智慧的特质，这是学生未来走向成功的精神之本。

先锋学校的教育创新实践，给了我们再认识中国文化和现代教育的启示。

创新，总是显得有些另类和特立独行。但如果仅仅是为制造"卖点"，吸引人眼球的话，这样的教育创新是走不远的。先锋学校的教育创新曾引起媒体争相报道，其中不乏冷嘲热讽，甚至掀起了是先锋还是复古的讨论。但是，今天看来，先锋学校的种种创新举措所带来的深刻启示，在经过时间的沉淀后显得更加明晰。11年来，这么多学生家长将自己的孩子托付给先锋学校，相信不是一个草率的选择。

先锋学校的教育创新实践，已不仅仅是学校特色建设的努力，更是一种为中国基础教育革新作出探索的责任担当。这种创新为我们提供了一种有价值的学校教育改革样本，让我们在教育改革的迷失中，看到了多元教改的行走方式，看到了教育走出同质化竞争困境的希望。在我们改革传统教育方式、重建教育秩序的同时，也许我们该回过头来，从传统经典文化中寻找出口，对传统教育进行新的解读。我们期待在未来教育改革框架中，应该提供传统文化与体制内教育完美融合的制度空间。

先锋学校的教育创新实践，让人们重新认识了民办教育存在的价值。

先锋学校是一所民办学校。她一方面在努力应对着政策变化的冲击，另一方面在鼎力革新，寻求教育理想的达成和学校的可持续发展。先锋学校的教育实践证明了民办教育存在的价值——民办教育不只是政府公共财政投入不足和教育资源不够的"拾遗补缺"，更应该是可提供多元选择的优质教育的一种形态。

我一直期待在民办教育群体中出现这样一所学校：学校硬件高端，理念新颖，办学者注重公益价值，多一点理想主义，少一些功利色彩；多一点文化气息，少一点匠人之累。这应该是一种理想的民办教育形态，我想先锋学校应该符合这样的标准。先锋学校有一个秉承教育理想和朴素教育情怀的领军人物，有一支有思想的教师团队，他们在执著践行着自己的教育理想。先锋人视教育为自己的一种生活方式，努力追寻一种幸福完整的教育生活。我坚信，在对中国传统教育的再寻找过程中，任晓林和他的先锋学校不会是独行者。

# 15

## 新博攻略：学校软实力的成长

> 样本学校：河南辉县市新博学校
> 核心经验：从爱出发的教育实践

- 这是一所乡村学校试水教改的典型样本。对于正在寻求突破的薄弱学校而言，新博学校是一个值得借鉴和参照的范本。
- "学校的教育模式没有最好，只有最合适，关键就是要创造适合学生发展的环境。"任建贵说。
- 缺乏服务精神的教育不是真正的教育；假种子害农民一季，假教育坑孩子一生。

# 上

新博学校"火"了。

正如"杜郎口旋风"一样,新博学校也正在全市范围内掀起一股旋风,每天来这里参观学习的兄弟学校络绎不绝。

在河南的教育版图上,辉县是一个极具地域文化精神的区域,务实和执著精神使这里走出了众多典型经验和改革人物。无论是德育模式探索、拍石头现象还是赵彬渊等改革型校长,都让媒体和社会一次次把关注的目光投向了这里。但与之前的学校改革相比,新博学校的改革走得更远。

2007年是辉县市教育改革的一个重要年份,这一年,该市全面启动了教育教学改革,依托这一改革,辉县市教育正在经历一场前所未有的本土教育品牌培育。一批标杆学校被发现并推介出来,而新博是其中最耀眼的一个。

市教育局先后编发了4期专题简报介绍新博学校的经验,并且局长牛松民亲自带领全市300多名校长、老师在该校召开了学习现场会。以这样的方式来推介一所学校,这在近年来辉县教育上是不多见的。

## 提供最具服务精神的教育

教育，即服务。新博学校校长任建贵一直极力倡导这一理念。他认为，学校存在的第一要义就是为学生提供优质教育服务。关于教育服务的理念，任建贵有这样一段经典描述：学校教育提供的产品是服务而不是学生，学校教育强调服务精神不是标榜而是一种态度。缺乏服务精神的教育不是真正的教育；假种子害农民一季，假教育坑孩子一生。

新博学校的办学理念是，创建适合学生全面发展的学校。这一理念决定了新博的首要精神，就是要提供好各方面的服务，创造适合学生学习和成长的环境。

与任校长一起交流，听他谈得最多的就是服务。他常说："民办学校的生存之道，不在于一味追求利益的最大化，而在于为学生提供怎样的服务，必须时刻想着如何取信于民。"在管理中，服务精神也更是贯穿于学校工作的方方面面。

让我们来看看新博学校服务精神在学生餐厅是如何淋漓尽致体现的。与很多学校餐厅排着长长的队伍打饭的场景不同，新博学校的学生吃饭时不用排队，却井然有序，每个班级都有相对固定的就餐区域，生活老师会给学生一一把饭菜分好；每个班级就餐区域都明确标注有文明就餐提示语和班级学生饮食习惯。这里有三（1）班学生饮食习惯的情况：学生人数42人，不吃辣的学生15人，不吃腥的学生2人。这样厨师在做饭时就能做到心中有数。更让人感动的是，对于班上偏食的学生，班主任老师常常会和他们一起吃饭，引导他们纠正偏食的习惯。"我们的教育太缺乏服务精神了。"任建贵说，"学校教育引入服务精神就是要建设一种新型的现代学校文化。学校内部行政人事、财务、后勤等部门都要为教学第一线提供服务。学校不仅要关注到学生发展的种种需要，更要满足作为外部消费者同时也是办学经费和其他资源供应者的家长、政府和社会的需要。"

新博学校每年都要组织学生外出郊游和专题校外采风活动,每年一度的"寻找春天""寻找秋天"活动深受学生欢迎,这些让很多校长都不敢触动的高压线,新博学校每年都坚持做。任建贵认为,教育就是服务,服务必须满足学生的精神需要,让孩子体验到学习的快乐。

为使学校的教育教学和管理服务让更多的家长满意,学校专门成立了由40名家长组成的家长委员会,这一组织在学校拥有相当大的权力,可以直接参与学校的管理,家长委员会成员还定期到学校检查伙食、卫生、安全等工作,每学期学校大型考试都邀请家长巡视监考。

## 新博人的魅力修炼法则

关于卓越领导和优秀教师魅力品质的描述,不同的学校有不同的版本。新博人同样有着自己独特的修炼法则。

新博的教师有九项修炼法则:1. 做有学习精神的读书人。2. 要有反思意识、质疑精神和社会责任。3. 坚持教改实践,形成自己的教学特色。4. 有大爱之心,保护学生的自尊心。5. 坚持写作,这是教书匠与教育家的分野。6. 要有演讲口才,但不空洞说教。7. 注重细节,教师的言行是学生阅读的教材。8. 拥有热情,全身心投入工作。9. 调整好心态,做快乐的教师。

依据这九项法则,在新博学校每一位教师身上你都能找到优秀教师所具有的魅力品质。语文教师魏慧琴酷爱读书,读书已不仅仅是她实现专业成长的行走方式,更是她生活和生命中的重要部分。两年多来,她读了《爱心与教育》《于丹〈论语〉心得》《管建刚再致教师九条建议》等20多部专著,每天坚持撰写教学反思。走进她的课堂,时而领略古典文学的风采，时而感受现代文学的魅力，时而走近中国文学巨匠的身边，时而神交海外哲人的魂。她厚重的文化底蕴、娴熟的教学艺术风格深深吸引着每一位学生，成为她的"铁杆粉丝"。在她的带动下，她所带的班级也形成了浓厚的读书氛围。她在全体教师会上关于自己对读书的精辟见解与剖析，让众多教师从此钟爱读书并读之有道、读有所获，她身边的一大批同事也因此逐渐成为学习型教师。

九年级教师郭乃利，这位原本可以进入到一流公办学校任教的青年教师，2003年在全市招教考试中取得了第一名，但他最终还是选择留在了新博。他说，选择新博是他一生的幸运，在新博他收获了做教师的最大快乐和幸福。

新博学校关注每一位教师的专业成长。为给教师专业成长提供良好的条件，该校在订阅大量教育报刊的同时，还鼓励教师订阅自己喜欢的报刊，学校专门规定，凡是购买教育书刊的教师，学校一律承担20%的费用。

每周六晚上，学生就寝后，新博学校的大会议室里，教师们会准时聚在一起。这是新博学校每周一次雷打不动的"铁杆例会"。这里没有学校领导滔滔不绝的说教，老师们可以自由交流畅谈。

新博人提出，学习是自我超越的唯一途径，教师要"自己研究，研究自己"，不断自我完善。新博教师有三个成功公式：基本功＋爱心＋奉献精神＝成功，学习＋反思＝成功，成功等于每天进步1％。学校要求教师每月写20页的读书笔记，并定期不定期为教师印发学习活页，向教师推荐优秀文章和作品。新博的每一位教师都有一个自己的成长袋，这里面记录着每一位教师点点滴滴的成长。

新博学校的领导要具有这样20条修养：1. 凝聚产生力量。2. 德者，事业之基础。3. 君子之修养者，内正其身，外正其容。4. 名利淡如水，事业重如山。5. 态度决定一切，细节决定成败。6. 其身正，不令而行；其身不正，虽令不从。7. 己所不欲，勿施于人。8. 任其劳，任其怨，任其难，任其害，此为管理者。9. 管理要管人，管人要管心，管心要关心，关心要真心。10. 处世三大要素：有方法会做，有爱心肯做，有胆量敢做。11. 处世为证之道：虚心体察，客观衡量，坚决处理。12. "正直、真诚、善良"为做人六字准则。13. 生气不如忍耐，忍耐不如原谅。14. 以怨道处人，以忠道自处，以公道处世。15. 言必行，行必果。16. 变不可能为可能，变可能为成功。17. 日省其身，有则改之，无则加勉。18. 学习，永无止境。19. 金杯银杯，不如师生口碑。20. 校兴我荣，校衰我耻。

新博学校的领导和老师就是这样一步步走向优秀和卓越的。

## 新博教师的"非常爱心"

爱是什么？

建校伊始，新博人就一直在追问。如今，新博人在实践中找到了对爱的最好注脚。在他们看来，爱的本质是尊重，爱的注解是奉献，有了爱，便有了一切。

在新博学校发放的教师学习活页上有这样一段文字：在学校当了若干年的教师之后，我得到了一个令人惶恐的结论——教学的成功与失败，"我"是决定性因素。我个人采用的方式和每天的情绪是造成学习气氛和情绪的主因。身为教师，我具有极大的力量，能够让孩子们活得愉快或悲惨；我可以是制造痛苦的工具，也可能是启发灵感的媒介；我能让学生丢脸，也能让他们开心，能伤人也能救人。

这是美国著名的教育心理学家吉诺特博士说过的一段话。新博学校有一份名叫《新博人》的校报。在学校的校报上，小学一年级语文老师郝世明写的一篇题为《从改变自己开始改变学生》的短文，文章中他反思了自己心情不好可能传递给学生不好的情绪。这番感触正蕴涵着一位优秀教师高尚的人格和道德力量。

在新博校园内，教师是第一家长。新博的老师也是这样抱着一颗负责任的心来关心关注学生发展的。任建贵讲述了他在查看学生宿舍时曾经看到过的一幕：晚上 9 点多了，班主任申卫星老师在给一名学生小心翼翼地按摩。原来他所在的班上一名学生在打球时不小心扭伤腰部，申老师每天晚上坚持给学生擦拭红花油并按摩，这样坚持了半个多月。

这样的事情还有很多。任建贵说，每一位新博教师身上都有很多值得分享的感人经历和爱生故事。暑假，去凤泉区张颖雪同学家家访的老师们都忘不了那一幕：一进门，小颖雪就拉着班主任的手，话还没说出口，泪就先出眶，口口声声说在家可想老师了，于是师生相拥而泣，直到老师要离开，小颖雪都不肯松手，感动得在场的家长和老师个个热泪盈眶。

初三学生翟某，由于肠胃不好，其母亲不得不住在学生为其熬药。学校不仅免费为其母提供必要的食宿条件，任校长还特意安排厨师随时为其调整膳食。在学生和家长的精心呵护下，翟某顺利考上了辉县市一中。

在新博学校有这样一个特殊的学生群体，尽管身体残疾，他们却很"健康"地成长，幸福地生活，与正常的孩子共同学习和进步。五年级的学生张某是一个眼睛残疾，性格孤僻、暴躁，爱打架骂人，不好相处的学生；二年级的学生郭某，先天性残疾，左手没有手掌，右手食指、中指、无名指残缺；三年级学生李某，自幼背部突，身体罗锅状，行动极为不变等等。这些学生大多是从外校慕名转到新博的。他们在原来的学校经常会有意无意受到歧视或嘲笑，但在新博他们在老师和同学那里得到了鼓励和信心，彻底消除了埋在心底的自卑。一位残疾学生家长在给任校长的来信中说，孩子能在新博学校读书，是他一生中最大的幸运。

# 下

这是一所乡村学校试水教改的典型样本。对于正在寻求突破的薄弱学校而言，新博学校是一个值得借鉴和参照的范本。面对生源素质薄弱的状况，该校全方位进行"转差"教育，致力于打造以养成教育为核心的班级文化、餐厅文化和寝室文化。在这里，很多人们熟视无睹的教育观念，被重新得到了诠释和注解；在这里，独特的校园文化、杜郎口的课堂效应和榜样教育，让尊重学生的新博人同样在学生家长和社会上赢得了尊重。

辉县市教育局曾在新博学校举办过一次全市中小学校园文化建设暨课堂教学改革现场会。会议原定160人参加，而实际参会人员近300人。在这次会议上，时任教育局局长牛松民说，新博的成功之处主要体现一个思想，调动两个积极性，弘扬一种精神。学习新博学校通过学校管理和文化建设，为教师成长、学生发展创造良好环境，充任调动教师教书育人、学生自主学习的积极性；学习新博学校人人思改革，搞改革，宣传改革，形成比学赶超的浓厚氛围和和谐共进的团队精神。

牛松民的这一概括，让我们看到了新博学校软实力的核心价值。有人说,新博的改革与实践在辉县市教育改革进程中将留下不同凡响的足迹。这一点将在效仿和放大"新博经验"的兄弟学校那里所佐证。

## 转差培优与有效课堂

在 2007 年的中招考试中,新博学校张静文同学在全市取得了第一名的好成绩,而王潇同学语文学科赢得了众多评卷老师的好评,以满分的成绩震动了全市。其实新博学校的生源素质并不容乐观。任建贵曾经把学校的生源状况归结为这样几种类型:升学型、留守型(家长外出务工或无时间管理)、单亲型、弱智型、网络痴迷型、公办学校抛弃型等等。

面对这样的生源状况,学校到底该建立什么样的质量观,该坚持什么样的教育理念?任建贵在一次会议上提出,新博学校要坚持育人第一,教书第二;成长第一,成才第二的原则。因为成长比成才更重要,育人比教书更重要。

"学生没有缺点,只有特点,如果引导不当,特点就会转化为缺点。"任建贵说,"衡量学生进步的标准有四个方面:一是身体素质;二是学习成绩;三是特长培养;四是行为习惯。"

就是在这样的理念支撑下,新博学校每一个学生都能从教师那里得到应有的尊重。新博学校在学生中广泛开展养成教育、成功教育、理想信念教育等,越来越多的问题生走进新博,在这里"成就受益终生的好习惯",走上了不同的成功路。该校还倡导学生坚持写道德长跑日记,一个学期下来学生学会了反思,学会了观察生活。

新博学校最重视"转差培优"工作,在新博人看来,"培优"是在"转差"基础上的"培优"。关于教师的转差能力,新博有这样一个说法:凡是不会适应学生的教师是不合格的教师,凡是不会转差的教师不是优秀的教师。这也是新博衡量教师的"两个凡是"的标准。

2004年，家住辉县市法院的一个孩子李某在该校以优异的成绩考上了辉县市一中。但就是这名学生，谁也不会想到的是，在走进新博之前，他曾是一个沉溺于网络游戏，从电子游戏厅拽也拽不回的孩子。用他父亲的话说：是新博改变了孩子的一生。

在该校的网站上有一位署名为普通学生的留言：我从新博毕业已经一年了，每当听到别人说起新博总有一种自豪感。在新博我是一名普通的不能再普通的学生，但在新博我得到了应有的尊重，新博的老师不偏心看得起我们，新博是我心中最好的学校。

在课堂教学上，新博学校更注重对"弱势群体"的关注。在充分借鉴杜郎口中学的"三三六"模式，该校提出了打造"有效课堂"概念，真正让学生动起来，课堂活起来，效果好起来。所谓"有效课堂"是指教师经过一段时间的教学后，学生所获得的进步和发展。学生有无进步和发展是检验教学效益的唯一标准。

新博学校对教师的课堂教学要求"四不讲"：学生能自己学会的不讲，能小组合作学会的不讲，能借助工具书、资料、网络等渠道学会的不讲，有一个学生会就让这个学生讲，老师不讲。有"三个必讲"：学习方法和技巧教师必讲，全体学生都不会必讲，出现原则性错误的必讲。

"不称职的教师是让学生适应自己，带着知识走向学生；优秀的教师是让自己适应学生，带着学生走向知识。"这是校长任建贵推荐给全体教师的教育座右铭，也是对教师教育教学的最高要求。面对民办学校生源渠道复杂所造成的学生英语基础参差不齐的现实，该校教师大胆尝试按年级实行英语分层教学，这样克服了英语教学"一二一"齐步走的积弊，全面提高了英语教学质量，锻造了新博过硬的英语品牌。栗晓华老师的地理课以其妙趣横生的教学艺术，以及丰富多彩的课外实践调查活动而备受同学们喜爱。他组织的学生环保漫画创作以及倡导的废旧物品回收、身边污染知多少、保护水资源调查等公益活动，吸引了众多学生的参加，并在学校形成了极大的影响。

## 榜样人物的魔方效应

榜样人物会使一个组织的价值观"人格化",他们的行为常常被组织成员作为仿效的行为规范。现代企业文化强调,没有榜样人物的企业文化是不完备的文化,是难以传递的文化。现代学校教育同样是这样,要通过榜样力量,让师生员工明白,学校提倡什么,追求什么,可以说,榜样人物是学校办学思想和价值观的最佳代言者。

新博学校的"星级人物"评选便是这一文化的生动体现。2004年12月20日,"首届新博十大孝星"颁奖大会上,10名学生脱颖而出,在雷鸣般的掌声中,他们一一从校长手中接过鲜花和奖牌。类似于这样的"星级人物",在新博这片天空中可以说是"星空灿烂,流光溢彩"。进步之星、礼仪之星、体育之星、艺术之星、勤学之星、自律之星、环保之星……星级人物评选需要经过严格的审核过程,学生个人申报、班主任资格审定、观察期严格要求自己、小组评议合格通过等。自主教育是教育的最高境界,而校园之星的评选正是从最大限度上发挥了学生自主发展的积极性。"进步之星"使学生从一点点成绩上就可以看到自己的闪光点;"礼仪之星"为同学们树立了弘扬文明礼貌的榜样;"体育之星"让学生在学习之外找回了自己的潜能……每一颗"星星"的出现都激励着他去寻找自己前进的新动力和新方向。

在新博学校,榜样人物无处不在。"他学习成绩可能不太理想,但可能在表演方面很有天赋。我们要让孩子在学校体验到一种快乐。"任建贵说。

即便在教师非常紧张的情况下,新博学校依然重视学生特长的培养。该校先后开设了书法、音乐、艺术等特长课程,还建立了英语、钢琴、泥工、美术、吹画、剪纸、足球、篮球、围棋、合唱、武术等兴趣小组。

2005年3月，在辉县市首届中小学生英语口语大赛中，该校小学三年级的何楠同学一路过关斩将，在全市300多名参赛选手中脱颖而出，摘取小学—初一组第一名的桂冠。

"写一手好字"是"新博素质教育六个一"之一。学校书法班特聘曾荣获日本国艺书道院书法师、中国书画中心书法师等称号的樊振江老师为书法教师。近年来，有不少学生在全国和省级书法赛中获奖。

龙佳明同学的钢琴已过八级，小学部的美术手工、泥工课多次走进辉县电视台《阳光旅程》栏目，而该校的舞蹈节目更是每年全市大型文艺活动的压轴节目……特长教学从多个方面为不同爱好的同学提供均衡的发展机会。

不仅如此，学校丰富多彩的特色活动更成为学生个性发展和健康成长的重要途径。新博学校的演讲活动、作文大赛、运动会、书画展、手抄报、校园文化艺术节、初中生活大家谈、校园卡拉OK歌手大赛、"放飞梦想"风筝大赛、夏令营校外实践活动"大乙风光园—百泉"一日游、中国环保大师田桂荣做客新博、团中央"知心姐姐"报告团心理健康报告会……每一名学生都能找到自我存在的价值，每一名同学都有展示自己风采的舞台。

## "会说话的风景"触动心灵

新博学校的标语文化是一道独特的风景。走进新博，你会发现整个校园本身就是一本立体的教科书，耳濡目染的是能够触动学生心灵的"标语海洋"，原本单调的墙壁和走廊变成了"会说话的风景"，总之，只要是学生经常接触的地方，都会有触动心灵的文字。

在教学楼的垃圾箱上有这样的标语："将垃圾送给我，把文明留给你。""低头弯腰，人品增高。"在镜子上写有："你把我擦明，我把你照靓。"寝室走廊里是"早晨起来想一想今天要做什么，晚上回来想一想今天我做了什么。"还有很多关于习惯养成的标语，如，向粗俗告别，向陋习告别，向坏行为告别；播下行为的种子，便收获习惯；播下习惯的种子，便收获人格；立身以立学为先，立学以读书为本；三天改变态度，三月改变成绩，三年改变人生。有关励志方面的标语，如，做人要知足，做事要知不足，做学问要不知足；生命中最值得投资的是自己，给自己最佳的投资是学习。

"真正的管理来自对人心灵的关注，我们就是要逐步形成以习惯养成教育为核心的班级文化、餐厅文化和寝室文化，以文化影响习惯，以习惯彰显文明。"任建贵说。

走进新博的教学楼，最引人注目的是每个班级门前的大型写真："百合花""快乐红杉""大鹏展翅""七彩阳光"……一个个由师生共同制定的别致而寓意深刻的班名，彰显了班级的个性文化。教室内有小组形象展示，有学生自办的图书角，有学生自带的金鱼花草组成的生命角，还有学生管理的优秀作品展、各种评比栏、黑板报、班级新闻板……

这是新博学校的一个普通教室——

课桌摆放得并不十分规则，学生们以小组为单位组合排列。黑板的正上方是班级的班训，中间有一张翘起的大拇指图画，寓意"你真行"。在教室的后面墙壁上是班级的"全家福"照片和班级常任理事会下设置的环保局、卫生部、文化组织部、督察局等部门的学生干部风采。最引人注目的是班级图书角，这里是孩子的精神加油站。

如果你留心观察新博的教室，或者用手摸一摸窗户的角落，你会发现任何一个角落都是一尘不染。新博学校这种宾馆般的标准卫生管理效果让人肃然起敬。

新博的班级文化还有一大特点就是，除了学校制定的"预设性"的制度，如作息制度、考试制度等，每个班还通过让每个学生参与，民主制定了本班的《班级公约》，同学们都能以积极的态度去执行。

该市教育局专家组在评价新博的班级文化时，有这样一段话：新博的班级文化凸显了三个教育功能：一是规范了学生的言行，提高了学生的自律性；二是丰富了学生的情感，陶冶了学生情操；三是彰显了学生的个性，健全了学生的人格。

"学校的教育模式没有最好，只有最合适，关键就是要创造适合学生发展的环境。"任建贵说。

# 第四辑 文化再造

伊顿公学校长科里曾对学生们说：进一所好学校，最需要学到的不是知识，而是艺术和习惯——表达意见的艺术，迅速了解他人思想的艺术；专心致志的习惯，重视细微差别的习惯，准时完成工作的习惯。教育作用于人的正是在学校中体验到的这种"艺术与习惯"，我们把它称之为"文化"。文化无法触摸，但它真实地存在于每一所学校，并渗透于校园中人、物和事。当学生离开学校 N 年后常常忆起校园的美好生活时，这所学校便有了自己的文化底色。

# 16

## 一所现代版"春晖中学"的教育高度

样本学校：河南省郑州一中
核心经验：自主教育

在距离高考出口最近的高中，如何实施课改？尤其是像郑州一中这样的"老名校"，60年形成的传统积淀，在面对新课改的挑战时应该如何走过阵痛？

郑州一中多年来为什么能保持这种优秀的文化传承？也许与郑州一中接连三任校长的自然接力有很大关系。与很多学校"空降兵"方式的校长任命不同，郑州一中的三任校长都较好地继承和发展了前任校长所倡导的理念。

60年，在历史长河中只是一瞬，但对于一所学校而言，却可能创造奇迹，意味着一种文化的积淀和性格的形成。刚刚走过60年历程的河南省郑州市第一中学正在不断放大着一种高品质教育生态的张力。有人用现代版的"春晖中学"来诠释她的价值取向。和上个世纪20年代的春晖中学一样，郑州一中最大限度地实施了"人"的教育，致力于追求超越应试教育的"真"教育，他们充分尊重学生个体差异，不以培养考试能手作为首要教育目标，而是系统关注学生的精神成长，培养有爱心、有尊严感、有独立思考能力和现代公民意识的人。

在距离高考出口最近的高中，郑州一中始终坚守教育底线，创新教育实践，从最大限度为学生提供自由的空间，到高度自治的学生管理，再到可多元选择的"ST特色课程体系"，有人说，郑州一中的教育实践代表着河南高中教育的高度。无论这样的评价是否是一种共识，但对于一所被当地公众寄予厚望的老牌名校而言，这样的坚守与超越都是弥足珍贵的。让我们一起走近她，触摸并感知一所"名校"的文化基因以及在发展过程中的"变"与"不变"。

## 校长应从庙堂回到学堂

学校是什么？校长朱丹的解读是，学校不是"生产利润"的机构，不是加工标准件的生产流水线，不是印制高一级学校"入场券"的印刷厂，学校最重要的使命是激发学生学习欲望和提高学习的能力。

在郑州一中的办学理念里写着这样的话："培养目标——促进学生的全面发展，立足学生的全体发展，促进学生的全域发展，关注学生的终身发展。"那么，靠什么来实现这样的发展，朱丹的答案是靠"文化"。在《郑州一中青年教师读本》中，朱丹曾写过这样一段文字：学校文化决定着学校的生态，决定着教育效果的优劣，学校文化应该是大家与人为善，让自己做好人，又让别人做好人的文化。学生们做好人是郑州一中的首要育人目标，教育者做好人是郑州一中教师文化、组织文化的重要内涵。

对于学校的文化，朱丹有一个形象的比喻：郑州一中的文化之树有根、有干、有枝、有叶、有花，生命之绿与众不同。"爱"和"善"是其吸取不尽的营养，"自主"是其挺拔的躯干。在朱丹看来，校长文化对学校文化生态的形成起着关键作用。校长文化的核心价值首先表现在校长的教育家品质，当一个"纯校长"。学校校风、教风、学风的养成，很大程度上得益于校长一言一行所体现的教育责任和清正精神。在一中历届校长看来，这个职位不是权力，而是责任，是实现自己教学理念和治校理想的机会和平台。校长要克服官本位思想，从庙堂之上回到学堂之中。

笔者一直在试图寻找郑州一中多年来能保持这种优秀文化传承的答案。也许从郑州一中接连三任校长的自然接力有很大关系。与很多学校"空降兵"方式的校长任命不同，郑州一中的三任校长都较好地继承和发展了前任校长所倡导的理念。现任校长朱丹是前任校长张时今的教学副校长，张时今则是其前任校长马自力的副手，并且无论是马自力还是张时今，都曾主持学校多年，直到退休。这种机制在很大程度上让郑州一中的文化始终沿着一个既定的方向前进，形成了高品质的教育生态。

校长从庙堂走向学堂，就要对教育、对教学有自己独特的理念构建和行动诠释。走访中笔者了解到，郑州一中把应试教学调制在素质教育的方剂中，以学习的欲望和较强的内化需求，以浓郁的学习氛围和力争上游的目标，以张弛有道的不同学科内容的组合，使学生的学习与生活发生着同化和优化。"应试教学没有错，但当把应试教学等价于学校教育的时候，就把应试教学推到了应试教育的泥坑。从应试教学走向应试教育，将会发生边际效应的递减性规律。"朱丹接任校长以来一直在努力强调这样的教育观念。

"海阔天高、鱼跃鸟飞"是郑州一中自己教育精神和育人目标的个性表达。"海阔天高"就是学生成长的舞台，学生心灵的空间，学生成长的自主感觉；就是学生的视野之阔，学生的理想之远……"鱼跃鸟飞"则是学生的成长氛围，学生的个性张扬，学生的多元化发展；是学生的生命幸福感觉，学生向上的内在需求……

"什么是教育？教育不是让鱼在缸里游动，是让鱼自由地欢快地跳起来；不是让鸟在笼子里唱，是让鸟张开翅膀在长空中翱翔！"朱丹说，"教育者应该用自己的嘴巴，说出自己的育人目标，自己的教育精神，自己的教学模式，自己的教育观点和理论，而不是用东拼西凑的流行语雷同于其他学校。"

## ST 课程体系成就学生差异化成长

尊重学生个体差异，开掘学生个体潜能，培养学生个性特长。这是写入郑州一中教学章程里的育人目标。ST 特色课程体系则是郑州一中有效落实这一育人目标的载体。

ST课程体系是在完成国家课程设置前提下，为了培养学生的"自主"精神，发展学生的个性特长、兴趣爱好，优化学生的思维品质，逐渐探索、提炼形成的有郑州一中特色的课程体系。ST是英文Separately＋together的缩写，原意是合餐与分餐，即指统一和个别相结合的教学方式，包含学科奥赛、研究性学习、讲座课程、分层次教学、选修教学五个板块。

校长助理叶玉昆告诉笔者，在教育部规定的学科课时总量不变的前提下，大部分课程采用在本班同步学习的形式，小部分有学生自己决定，想听哪个学科的课就进哪个课堂。从2008年开始，郑州一中在一年级开设三类选修：一是周五为必修课选修日，这一天，学生可在语文、数学、英语、物理等同学科教师之间任意选修，不仅尊重学生的选择，还可以充分开发优秀教师资源，形成良性竞争。二是兴趣特长科目选修。为了满足非竞赛班对参加竞赛的需求，数理化生以及计算机每周两次进行学科竞赛辅导。三是导师选修。在同年级不同学科教师之间任意选修，学生可以进行选择性听课，以满足学生自我特长的发展需要。三类选修分别侧重学生对学习时间的自主把握、对特长爱好的自主发展、对教师资源的自主选择。

"ST课程体系体现了由同步学习和自由学习构成教学体系的设计思想。选课教学尊重学生的学习意志，这对于发展学生的学科特长、拓展个性化教学、提高学习效能有非常积极的意义。"叶玉昆说。

郑州一中的文化长廊上，首先映入眼帘的是中国工程院院士苏义脑和人民英雄卫士任长霞。朱丹校长说："他们的肖像和简历放在这里，不仅因为是郑州一中的杰出校友，更重要的是她向社会昭示了郑州一中的育人目标：做栋梁，做各行各业的优秀公民。郑州一中的教育不是精英教育，是优良教育，是让求学的孩子在这里都能得到净化和提升。"

## 自主精神的心智养育

与学校课程体系改革相对应的,郑州一中的管理架构也进行了变革。在管理机制和教学模式、办学理念、德育活动、课程设置五大方面,学校进行了多维化的创新,提出了"一制三权"思想:即民主集中制下的管理团队行政权、教学团队的学术权、学生团队的自主权。这一思想首次明确把学生自主权作为学校管理的一极。

学校创建了学生参政的广阔平台。每学期一次"校政对话日"总是备受学生关注。这一天,由全体校级领导、中层干部、年级主任、部门负责人,和全校各班学生通过自荐和自主推举产生的学生代表出席的座谈会,学生代表与学校领导面对面,围绕学习和生活中遇到的各种问题进行广泛深入的对话。朱丹告诉笔者,学生提出的问题涉及餐饮住宿、后勤服务、社团建设、校园文化、规章制度、行政管理、办学思路等多领域多层次。针对学生提出的问题,可以当场解释、答复的,相关领导当场作答,不能马上解决的,会后待协调处理后,给予反馈意见。

同样性质的活动还有"教学恳谈会",形式一样,只是把座谈的内容定位于教学。"校政对话日"和"教学恳谈会"一方面有利于学校依据学生切实的需求改进工作;另一方面也为学生"参政"搭建了平台,让学生在日常生活中通过关注身边的事、思索身边的事、参与和改进身边的事来改善生活的环境,提升生活的品质,潜移默化中培养了学生的自主意识和自主能力。

每年一次的学生会大选对于刚进入一中的学生来说是一件具有轰动效应的大事。有志成为学生会新成员的学生不仅要填写统一的报名表,还要提交论文,围绕工作设想展开论述,并分析本人的参选优势和特长。论文评定合格者方可入围参加面试,面试内容包括一分钟自由发言、抽题答辩、评委现场提问随机作答。面试内容和评委人选由学生会部长例会决定。

层层选拔组成的学生会是全体学生自我管理、沟通学校的由学校政体处指导下的自治组织,有着很高的自主性,下设有校园文化部、学习部、寝管部、纪律卫生部、伙管部五个常设机构,其中,小记者站、广播站和各社团属校园文化部。他们参与到学校的日常管理当中,纪律、卫生、寝室、餐厅的管理都可以看见他们的身影,管理、沟通的才能得到了很好的提升。

## 高中校园里的准大学生活体验

让很多从郑州一中毕业的学生留恋高中生活的,不仅仅是彰显自主精神的自治管理,更重要的是该校自由、开放、丰富、包容的校园文化。

5月28日上午,复旦大学著名教授姚大力先生走进郑州一中,就"读史的智慧"这一主题与学生们进行了分享与对话。这是最受学生欢迎的"名人名师讲座"。这样的专家报告一年四季不断。吉林大学校长展涛、原武汉大学校长刘道玉、中国科技大学副校长窦贤康等大学校长、长江学者、博导教授、两院院士都曾来这里传经布道。

叶玉昆介绍说,受邀在"名人名师讲座"讲学的有两种定位:一是自身挖掘,邀请本校资深知名教师做各学科课外知识延伸讲座,郑州一中有特级教师5人,有享受国家特殊津贴的专家级教师,有从教多年知识渊博学有所长的高级教师,这是一中独有的丰富的人才资源。一是邀请校外兼职教师来做讲座。知名作家二月河、李佩甫、田中禾,著名体育运动员、奥运冠军许海峰都曾应邀前来讲学……讲座内容广泛,趣味横生。

吉林大学校长、著名青年数学家展涛到河南后,听说郑州一中有

"专家·名人讲座",主动提出给学生讲一场,他说:"我登上过许多大学讲台,但郑州一中却是中学的唯一。""兴趣就是最好的老师,这些讲座在一中学子们的心中播下了求真知的种子。"叶玉昆说。

在郑州一中的校史馆里我们可以看到,上世纪50年代末,学校就提出了这样的教育观念:"智力靠自我开发,身心靠自我磨砺,人格靠自我塑造。"

笔者了解到,郑州一中缤纷多彩的社团活动、社会实践都由学生自己策划操作,学生自己管理自己的事务。郑州一中学生会校园文化部拥有15个学生社团:"心泉"文学社、"心韵"诗社,适于笔耕,播种情感;"心闻"校报,展示班级风采,观天下大事;"心声"戏剧社、"青春之歌"合唱团、舞蹈团,小舞台,大世界;"心弈"棋社,角逐智谋的方寸天地……"古诗词朗诵大赛"、"盛日欢歌原创诗歌朗诵会"让你的诗情绽放如花,唇枪舌剑可纵横,"中学生辩论赛"、"一二·九"大合唱激荡你爱国情怀。

郑州一中支持学生尽可能地接触更多的社群,尽可能多地参与学校之间的联谊活动,以产生更多的思想碰撞和交汇,丰富他们的阅历和感受。

"这些年来,我们始终以唤醒学生自主意识为教育的出发点,以提高学生自主能力为教育的重心,以培养学生自主精神为教育的目标,致力于让学生学会生活上的自主服务、成长上的自主教育、课业上的自主学习、组织上的自主管理、人格上的自我尊重。"朱丹说。

## 给学生的学习生活留白

"独立、自由"是郑州一中关注学生精神健康成长的关键词。在"自由"之上,学校引导让学生做到"独立",懂得"承担",进行"创造",

让学生身心滋润生长,让学生灵魂永远明亮。

自由同样体现在学习时间的安排上。"自习课多"是郑州一中区别于其他学校的一个特点。朱丹向笔者分析了自习课中一个颇值得研究的现象:应试教育没有真正实在的自习课堂,要么"自习"二字从课程表上消失得无影无踪,要么寥若晨星的自习,仅被师生视作做作业的时间。

"将自习课提升到与其他学科课时同等重要的位置,安排足量的自习时间,目的就最大限度地增加学生学习自由度,解放学生的学习时间。"朱丹说。在他看来,自习课是属于学生的,学生是自习课的主角,他们应该自行安排学习内容。

"自习课堂是课堂的一种重要形态。自习课堂上,做作业仅是学生的一项学习任务,在这段宝贵的时间中,要整理课堂笔记;要对原先学过的、刚刚学过的进行反刍,梳理归类;要修补薄弱章节;要预习即将学习的下一课知识;还要查阅资料,追本求源,以达到融会贯通。除了这些,还有没有?十年的义务教育,有些同学已经适应了填鸭式的教学,丧失了觅食的能力。对他来讲,没有了作业,就没有了学习任务。还有的同学厌烦了读书,对堆积如山的作业干脆采取了放弃的态度,去聊天、听音乐、天马行空地回想让他兴奋的球赛、街舞表演和帅、靓的男女明星们……自习课堂的重要任务就是,修复读书的欲望,校正不良的习惯,强化学习定力,优化意志品质。"这是朱丹在一次国旗下讲话时对自习课价值的解读。

这些年来,朱丹一直在学校不同的场合强调,自习课要建设,要让学生树立正确的学习动机,以超越自我为目的的学习才是真正的终身学习;真正的学习不是封闭的,也不仅是"头悬梁"、"锥刺股"表现出来的刻苦精神,是要学会问"为什么?"教师要把时间真正还给学生,杜绝自习课讲课现象,更重要的是要按照这一理念去设计自己的教学行为。

关于自习课堂建设,郑州一中提出了"入静、入定、入神"六字箴言。朱丹解释说，入静、入定、入神是上好自习的三部曲，讲的是自我修炼。一踏进教室的门槛，就管住自己的嘴巴，教室就是传播知识福音的教堂，要小心翼翼地崇敬这份静谧。

按照朱丹的说法，学校要求自习课堂的辅导教师完成三项任务：一是教师对学生提问解难答疑。二是关注、指导学生的学习行为，营造良好的学习秩序。三是根据各种渠道的反馈信息，主动和学生进行针对性的双边交流。学校要求辅导教师按照"入静、入定、入情、入神"的自习课堂目标，履行自己的课堂责任。

"有什么样的自习，就有什么样的学生。我们身边许许多多有差距的学生，都是不会充分利用自习的人，虽然他们一样聪明，一样有着很强的接受能力。"朱丹说。

## 课堂，还给学生才有未来

郑州一中正在尝试建立一种新型的课堂形态——主体课堂。朱丹把即将在更大范围内推广的主体课堂称之为从课改"实验室"里走出的行动研究性成果。主体课堂与自习课一起被称为郑州一中的"两课"建设。前者强调把自习课堂还给学生，培养他们的自学能力。后者强调把课堂交给学生，突出学生的主体地位，激发学生的学习兴趣。

朱丹认为，课堂的症结在于以模拟生命活动来控制生命活动的教育教学思路和方法，失去了学习者生命活动的支持。因此，从2009年年初开始，围绕突出学生学习的主体地位，学校成立了新课程学科指导委员会和"主体课堂"实验小组，其成员与教研组长共同研究细化解读课程标准、学材编写。同时重组学校教科研中心组，成员由遴选后聘任的骨干教师兼任，参与课标解读、协助学材编写、参加新课程主体课堂实践。

半年来，教师的角色发生了根本性的转变，学生学什么、怎样学、学到什么程度等问题在教师指导下由学生自己参与其中,真正明晰了学习的过程和要素,形成自己发现问题、分析问题、解决问题的习惯和能力,从而从根本上转变学生的学习习惯,变"喂食"为"觅食"。

校长助理叶玉昆说,主体课堂是对讲授型课堂的颠覆性改革,要求把学习时间还给学生,依靠学生自主学习解决问题,它把教师讲和学生学的版图进行了重新划分,每节课学生自主学习的时间不少于1/3。

主体课堂设置了"自主学习——研讨——测评——精讲"四个环节。其中,"自学指导书"兼具学法指导和导学案的功能,引导学生进行目标性自学。"自学指导书"的编制考验着教师的能力。为了配合主体课堂的推进,保证课堂教学环境的完整性,学校还实施"大小课"制度,大课80分钟,小课40分钟。

以学生的"学"为中心的主体课堂,呈现出以学生实际情况为出发点,以学生的学为主线,以教师的教为辅线,以学习目标的达成为最终目的模式。

无论是主体课堂、自习课堂,还是"大小课"制度,都是为了改变传统的填鸭式教学、军事化管理、保姆式服务,把课堂还给学生,让学生在课堂上唱主角,使学生从高考科目知识的学习变成学习能力、思维品质的学习,让学生在三年的高中学习生活中那种创造的冲动、饥饿般的读书欲望得到恢复和激发。

## 为学生的未来打下生命底色

在浙江大学的学生中间,流传有"郑一、青二、哈三"之说,是说郑州一中、青岛二中、哈尔滨三中是享誉全国的名校。有郑州一中的学生做过统计,在很多重点大学里,郑州一中的学生70%以上都是学生会和团委会干部,或者是各个社团的领袖。

刚刚加盟郑州一中两年的英语老师李德俊说，当初她选择到郑州一中工作一个重要因素是，他的大学同学中从郑州一中毕业的都很阳光，组织领导能力很强，这一点让她对郑州一中充满好奇和期待。

值得关注的一个现象是，这些年来从郑州一中走出去的学生对自我的把握、对问题的探究和独创能力得到了众多知名高校的欣赏。

和往年一样，这年四月，北京大学的"喜报"如期而至。喜报这样写道：感谢贵校多年来一直为北京大学输送优秀高中毕业生。2008～2009学年，贵校多名毕业生在北京大学学习刻苦努力，成绩优异，综合表现突出，获得了北京大学多项奖励，是同学中的优秀楷模。他们的成长凝聚了贵校多年培育的心血，谨向贵校表示祝贺！希望贵校未来有更多的优秀学子能走进北京大学！祝愿贵校在今年的高考中再创辉煌！

那些曾经的学子在毕业多年后还能津津乐道当年紧张而又有收获的日子，在他们一生的成长过程都难以磨灭高中教育的鲜明印记，打下了他们生命的底色。

2009年5月9日，郑州一中建校60周年校庆典礼，一位从北京赶来的老校友写下了这样的留言："朴素的作风，高洁的品格，善美的灵性，悲悯的情怀。这便是母校遗传给我们的'文化DNA'，它是一中学子的'第二基因'，它深刻的濡染与久远的影响使我们享受着离别母校的'后一中'教育，它永远照耀着我们的征程。"

李争达，郑州一中2009届毕业生，河南省生物奥林匹克竞赛冠军，曾代表中国参加在日本东京举办的世界中学生生物奥林匹克竞赛。在回顾他走进一中、融入一中的经历时这样说："在一中，学生有充分的空间，老师不是背着学生走，而是指导学生让他们学会自己走。如果说三年前我是怀着对一缕春风的憧憬而来到这里，现在我看到的则是整个春天。当时来一中咨询的时候，曹志民老师告诉我们：来到一中，学生有充分的空间，老师不是背着学生走，而是指导学生让他们学会自己走。

就是这种'学生自主'的理念吸引了四面八方的优秀学子,也使一中超越了高中本身,在传授知识的同时,给我们打开了通往未来的窗口。"

马蓁,郑州一中 2007 届毕业生,解放军信息工程大学学员,第六届中国军校大学生电视演讲比赛金奖获得者,荣立二等军功。她这样总结在母校的学习生活:"一中的教学理念是开放的,不像其他学校填鸭式死板的教学方式,她鼓励我们在学习中形成适合自己的学习方法。在老师循循善诱的启发帮助下,我形成了自己的学习方法,不浪费宝贵的学习时间,学会合理的统筹,最重要的是形成了一种求甚解不服输的学习劲头。"

"魏雅贤老师的循循善诱,使我真正的迈入了神奇的数学王国。所以当我在填报志愿的时候,义无反顾地选择了中国人民解放军信息工程大学密码学专业……母校为我开启了一扇窗,我知道,她给了我一个世界。"马蓁说。

# 17

## 从课堂改造到文化再造

> 样本学校：河南省郑州市第102中学
> 核心经验：网络环境下自主课堂

时下有不少人持有这样一个观点，原来一向引以为豪的办学"条件优势"，在面对课改时一下变成了"软肋"，比如多媒体用不上了，而教室太多的玻璃窗子也不适合安装黑板，更有因为"名师"太多，限制"讲课"则难免招致不少的抵触，而学生都是些走读生，无法像寄宿学校那样组织有效的预习等等。城市学校到底应该如何课改，或者说办学条件相对较好的城市学校，如何在课改中发挥优质教育资源的优势，并切实实现优势向优质的转变？郑州市第102中学的课堂教学改革为我们带来了诸多启示。

如何让城市优质教育资源转化为优质教育，实现硬件优势到软实力的升级？郑州市第102中学的课堂教学改革为我们带来了诸多启示。

作为河南省会城市的一所完全中学，这里的课堂，电子白板取代了黑板，每个教室讲台上都有一个白板，白板与电脑相连，有强大的课程资源库，学生可在上面随意书写、删减、保存，还可变换字体颜色。与此相呼应的是，教师主宰课堂的时代正在成为历史，学生走上讲台成为课堂的主人、学习主人，教师则退居幕后，真正成了学生学习的同伴、学长、导师。这就是郑州102中学"网络环境下的自主课堂"。有人说，因为网络新技术与课堂新理念的融合，郑州102中学正在改写着课堂教学的行走方式。

## 课改，剑指"目中无人"的课堂

2010年8月3日，郑州102中学应邀到位于洛阳的偃师市对全市校长、教师进行培训。与学校老师一起参与培训的还有一位学生，学生作为课改的受益者向与会的校长、教师现身说法，畅谈了学校课堂教学改革前后自己的变化和感受。学生流利、大方的表达深深感染了台下的代表。

而两年前，与很多学校一样，郑州102中学的课堂气氛沉闷、效率低下。当时的现状是，班额过大，学生厌学，课堂秩序混乱，教学质量更是预料之中的低下。"尤其是老师讲、学生记，这样的课堂使学生俨然成了知识的储存器，所谓的成绩是通过灌输得来的，是被教会的，而不是学生主动探究学会的。"校长崔振喜说，"教师教学最大的敌人是包办，很多时候，老师讲的内容学生通过预习已经掌握了，但老师还在自我陶醉地讲授，这对学生来说是一种煎熬。"

在一篇博文中，崔振喜对传统课堂形态的弊端进行了批判：传统课堂关注的是集体人而非个体的人，是控制型的而非开放的，学生的个性精神被目中无人的课堂遮蔽、消解了。这样的课堂已经成为一种教育公害。作为教育者必须从学生生命成长的意义思考课堂，为学生的终身学习、终身发展、终身幸福奠基。

在学校里，学生70％的时间在课堂，课堂无效则教育无效。在崔振喜看来，学校的产品不是学生而是课堂，有什么样的课堂就有什么样的教育。

基于此，郑州102中学把改革的切入点直接锁定课堂，从课堂教学模式的构建入手，致力于建设充满活力、乐学向上、自主安全、师生共同成长的课堂文化。"课改初期，构建模式就是解放教育生产力，解放了教育生产力也就变革了教育的生产关系。"崔振喜说。

客观地说，102中学的改革源于一次漫长的学习之旅。在改革的酝酿期，崔振喜便确立了借力发展的策略。他认为，别人最初探索的过程我们没有必要重复探索一遍，成功学校探索出来的成熟经验可以直接移植过来为我所用。

他们把目光首先聚焦到了课改的前沿区域，东到山东、南下江苏汲取改革智慧。半年来，学校领导班子先后考察了山东的杜郎口中学、兖州一中、昌乐二中和江苏省无锡六中、苏州十中等课改名校。回忆起当初的取经之旅，崔振喜将其称之为"课改长征"迈出的第一步。

2008年2月13日，崔振喜在自己的博客中写下了这样一段文字：今天我们从杜郎口中学学习回到郑州了，但仍然在思考着一个问题，杜郎口中学到底是一种什么现象，是一种什么精神，到底他们在追求什么？杜郎口中学的学生尽管是农村孩子，但是他们的表现欲望和学习能力是我们任何一所学校都不能比的。

他们最终将临帖的样本聚焦到了杜郎口，开始师法杜郎口的教学经验。2008年3月，郑州102中学和山东杜郎口中学正式"联姻"，豫鲁两位"崔校长"从此携手行走课堂教学的改革之路。

自此，传统的课堂开始在郑州102中学谢幕，重新启幕的是一种脱胎于杜郎口的新型课堂。

## 课堂"还权"于学生

郑州102中学提出课堂还权于学生，真正突出学生学习的主体地位，构建开放的课堂文化，放大传统课堂缺失的价值。

今天，走进郑州102中学的课堂，课堂教学不应再是教师一统天下，而是每一位学生人人参与的舞台。每个班都被分成若干组，每组6人，6位学生按成绩、性格等因素以"AA、BB、CC"的形式进行组合；课堂教学内容也会被分解成若干部分，交给不同组负责。学生提前预习，集体交流备课，然后每组出一个学生上台讲解展示。课堂上，学生坐成一团或站成一群，看起来有些乱。

起初，上台展示的多是一些成绩较好的学生，为鼓励全员参与，学校制定了评价体系。"A等生上台展示,小组加1分,C等生上台展示可加3分。"刘可平说,"现在每个学生都有机会,站到台上都很沉稳。如果学生讲得不对,其他人就会立即站出来质疑、矫正,当学生不能将问题讲清楚时,老师才会出场给予'救援'。"

上学期,几乎每周都有外地参观学习的代表。但是,代表们随意进出教室丝毫不会分散学生的注意力。

笔者观看了一节视频课。讲台上,一位女同学指着电子白板上的一道数学题讲解,声音洪亮,落落大方,后排的同学簇拥在讲台前认真听着。女同学讲完走下来,一位男同学上去展示另一道题的解题方法。一节课进行了将近一半还看不到老师的身影。直到有学生出现错误时,突然从学生中传出了老师的声音。原来老师一直"躲"在一个角落,学生讲的不到位的地方,她会及时给点拨。

操作层面上,郑州102中学形成了"预习、展示、调节、达标"的教学模式。预习是课前预习与课上预习、解疑,展示分组内的小展示与全班大展示,调节是通过"调节教学"提高课堂教学的效率与质量,达标是课堂学习的小结、检测、知识达标和正向评价。

展示是课堂教学的核心环节,是学生综合能力的培养途径,学生在课堂上的展示与传统课堂回答教师的提问是完全不同的,学生需要把自己通过预习掌握的学习能力通过讲解、叙述、表达、实验和表演展示给全班同学。

曾有前来参观考察的老师提出疑问:课堂应该是动静结合的,这样放大了展示环节的课堂会不会影响学生的成绩?

这其实同样是课改之初学校很多老师的担忧。郑州教育局副局长田保华在调研了学校的课堂后,有感而发的几句话是对这一担忧的很好回应:这样的课堂学生还会打瞌睡吗?还会厌学吗?还会逃学吗?学生自学不会的通过同伴对学学会了,同伴解决不了的通过小组群学解决了,小组内解决不了的通过组与组之间的大展示解决了,全班同学解决不了的通过老师的调拨解决了,这样的学习方式,成绩还会下降吗?

笔者了解到,从2009年上学期期末成绩到2010年的中招和高招考试成绩,大部分学科成绩都直线上升,高考本科上线率与往年相比有了很大突破。

"以前是直接给学生鱼,现在是教学生如何钓鱼。学生的学习力被解放了,能力得到提升了,成绩自然会得到提升。"学校教科室主任乔白玉说。

## 从黑板时代进入白板时代

郑州市第102中学巧借电子白板,把高效课堂理念与高科技手段融为一体,独创"网络环境下的自主课堂模式"。课堂新技术和新理念元素的植入,使课堂迅速完成了"变脸":黑板变"白板",课堂变"学堂",教师变"学长",教材变"学材"、教案变"学案"、"一言堂"变"百家鸣"。

刘可平介绍说,电子白板只是"班班通"的一部分,它连通网络,配备录像设备,可把每一节课,包括课件、学生的讲解、修改过程、教师的讲解圈注等都储存下来,自动上传至校园网络,供老师、学生们调阅、反馈、总结、互动。

目前,该校46个教学班全部安装了"班班通"设备。在交互式电子白板环境下,因白板具有倒计时、擦除、图层、透明、探照灯、幕布、书写、绘画、涂色、照相等效果和功能,可以设计出多种形式的学习活动。这无形中增强了学生的学习兴趣,活跃了课堂气氛,调动了学生的参与热情。网络环境下的课堂真正互动起来,学生有了更多到白板前展示、表现、练习和合作的机会,师生的交互合作成为一种常态,人机互动、师生互动、远程互动成为现实，完成了课堂新技术与新文化的高度融合。

电子白板新技术的植入，让郑州102中学的课堂更加高效。画图不用三角板、圆规，点击白板的画图功能，在白板上可随意画一个不规则的三角形，上面就会出现标准的三角形，还能调节各角的度数。

几种图形可任意拼接，正方体、圆柱、圆锥等都能在资源库找到，拿来即用。资源库里有烧杯、试管、酒精灯等图形，点击拖动就可自行"组装"实验装置，还可演示反应现象等。学生在电子白板上用手简单点几下，就能模拟出复杂的化学实验。课堂上，学生不用慌慌张张记笔记，电子白板储存的内容可以直接下载。

学生把预习好的导学案及课堂展示的内容课前上传，上课时就不用忙着记笔记，也不用在黑板上临时书写了。腾出来的大量时间可以用于师生之间、同学之间的交流互动。

在网络环境下，备课系统使师生在开放的学习平台上共享备课的乐趣和学习成就感。预习功能可以提升不同层次学生的学习兴趣、学习能力与学习质量；展示功能可以让学生充分享用丰富多彩的网络资源、发挥学生的网络信息素养；反馈功能则通过网络管理系统进行教学的及时反馈；评价功能，通过网络的评价系统进行学生实时评价及阶段性评价，形成了真正意义上的开放课堂、人文课堂、安全课堂。

"现在学校正在进行设备升级，将来家长也可在授权下从互联网上观摩课堂。"刘可平说。

## 我的课堂安全吗

"我的课堂安全吗？"这是郑州102中学教师常常反躬自问的一句话。课堂安全被置于课堂的重要位置。

郑州102中学实现了课堂的"软着陆"——"安全"学习。课堂的"安全"与否，是学生能否全心投入学习的前提，老师的一声断喝，能使学生一堂课"胆战心惊"，教师一时的情绪，可能让孩子一天都惴惴不安。

崔振喜说，我们正在构建的课堂教学模式，其核心是"自主"，价值是"安全"。他刻意强调了"安全"二字。安全包括心理安全、人格安全、话语安全。学校要做的是为学生提供安全的课堂、自主的环境，让师生平等地交流。

崔振喜向笔者讲述了一个案例。一个学生在课堂上展示了错误答案时，他羞涩地低下了头，可是，当他发现老师并没有直接给出正确答案，而是顺着他的思路分析是如何出错的时候，他惊讶地抬起头——没想到老师竟然能想到他的心里去——他似乎找到了知音。

他说，这一案例传递了两个信息：一是教师要有"同理心"，善于和学生一起去体验那"迷途知返"所带来的快乐；二是教师的这一课堂智慧无形中为更多的学生营造了安全的心理环境。

为使学生免于受到教师的语言伤害。学校倡导每一位老师不断提醒自己：你今天的课堂带给学生的是鼓励还是伤害？鼓励了一些人的同时是否伤害了另一些人？你今天的课堂上学生得到的是快乐还是忧伤？是增加了自信还是自卑……

学校将日常教学中哪些该说，哪些不该说的语言进行了梳理。比如学校禁止老师说，"你今天考了几分""你不是那块料""都什么时候了""你还在玩"等这样的言语。倡导老师多用这样的鼓励性语言：你今天开心吗？你能行，你喜欢做什么？

学校将教室文化也进行了调整。"课堂上没有真正的对与错，只要你敢想、敢发言，那你就是最棒的""小疑则小进，大疑则大进，无疑则不进"等鼓励性标语布满了教室。

在这里,学生们发言并不需要举手,谁有问题就直接站起来,回答问题也是站起来就回答,课堂有点乱,但很鲜活。

今天,郑州102中学的课堂到处充满了和谐、友爱、合作的氛围。学生对子间,兵教兵,兵强兵;师生间,老师用询问的和蔼的语气,与学生一起探讨知识的生成过程;学生回答,展示的对与否,老师都要让学生表达完毕,并给予提示性、友善性的点拨,让孩子在一种"安全"的环境下放心学习。

"安全是课堂一切活动的前提和保障。心理安全是现代社会公民的基本素质,人格安全是公民素质健全的基础,话语安全是民主社会的象征。"崔振喜说。

## 改革:阵痛与嬗变

面对开放后的课堂,因为学生新的学习行为习惯尚未形成所导致的课堂问题接连出现。"一方面是因为增加了课堂上学习的合作与展示,每节课既定的教学内容往往完不成;另一方面,上课不让老师讲,学生又说不到点子上,很多老师担心这样下去考试成绩肯定受影响。"教学校长孙丽红告诉笔者。

这样的担心始终是改革的最大障碍。她说,改革之初曾一度出现了课改的复辟现象,一些老师让学生做流动"岗哨",发现学校检查组的老师来了,赶快暗示老师不讲,让学生上台展示;检查组走了,一切恢复原状。更大的压力来自家长,一些家长听说老师不讲了,让学生自己学习,直接找到学校领导要求给学生转学。理由是,以前老师讲学生都不一定学会,现在老师不讲学生怎么可能学会?一些家长对这样的改革抱有极大的怀疑。

"不放心学生的学,是我们最大的心结。"孙丽红说,"把课堂还给学生说着容易，但真正走下讲台，把课堂让给学生，是一个艰难的过程与痛苦的抉择。"

谈到课改遭遇的困境，崔振喜的一番话让人感动："没有困惑、苦恼，甚至彷徨，说明课改还没有真正起航；没有问题、没有挑战，说明课改仅仅停留在表面；没有争论、没有质疑，说明课改还没有触及问题的要害。"从这句话中笔者分明读出了一位改革者的勇气与信念。

为坚定教师们课改的信心，学校首先是加大了课堂的自我诊断，针对教学中遇到的技术问题进行梳理分析，同时让老师们带着问题外出学习。孙丽红说，当时学校几乎每月都安排一批教师外出听课学习。

促使很多老师坚持课改的另外一点是，学校确立了课改"权力下放、责任上移"思路。学校领导开始下水上课。一时间，学校领导层泡在课堂里，坐进教研组，走进教师中，始终与老师们一起劳作于课改现场。校长崔振喜身先士卒，在离开讲台10余年之后，再度回到课堂亲自上课，为教师示范由"演员"到"导演"、由教师变学长的角色转变。

让笔者特别感动的是，在学校开了30年车的司机杨明泽也成了课改的坚定支持者。他感动这样的课堂真正让学生想学了，他还专门说服在其他学校做教师的儿子在自己的班上搞起了改革。

"真正把课堂还给孩子，才发现孩子会不断创造奇迹。"孙丽红说。如今的课堂人人互动，学生的学习由"供应式"转变为"超市式"，教师的教学由"注入式"转变为"发动式"，课堂教学由教师的"一言堂"变成了"百家鸣"，课堂教学目标由"两维"向"三维"转变，学生由精英式的学习变成了全员式的参与，课堂成了"享受学习快乐的地方，而不是被动接受、枯燥无味的看守所"。

2009年11月，刚刚入校两个月的七年级学生期中考试的作文题目是"我在变"，不少学生不约而同地写到了课堂改革带来的变化。七年级（1）班学生郑向宇描述了自己的变化："原来，我从来不敢上讲台讲话……但是老师让小组每个人都要上台去展示。第一次，我的声音小得像在说悄悄话，声音也很抖。不过，在老师的鼓励下，我提高了嗓门，全班同学用掌声鼓励我。就在一次次的尝试中，我胆子大了很多，在众人面前不再扭扭捏捏了。一个月后，我发现我变了，爸爸妈妈也说我变了……"这让七年级年级长何培谊欣喜不已："我们的孩子居然有这样的认识和收获，确实让我们感到意外。"

高一（5）班学生安琪在作文中这样写道："从小学老师的枯燥讲课升级到现在学生自己讲，自己学，从中有很多好处。以前的我很害怕在众人面前说话，但是在我真正面对同学们讲过课后，我竟然有了一种巨大的成就感。以前的课堂一直被那些成绩好的学生占据。现在，我们这些一般学生竟然也可以真正地成为课堂的一部分，我们不再是优等生们的附属品。从这以后。我发现我胆子大了许多。为了证实我的胆大，我参加了学生会竞选。不曾想我居然选上了！"

面对笔者的询问，七年级（6）班女生刘佳勇坦然地说："在传统课堂上老师就好比是猫，学生就是老鼠，老师讲什么学生就老老实实接受什么。可是，在我们的课堂里，我发现原来老鼠和猫也是可以沟通的！"

## 一位"课改妈妈"的陪读故事

在郑州102中学七年级五班的教室里，有一位特殊的"学生"。这是一位学生的家长，杨佳鑫的妈妈帖艳红。10个月前，本来是抱着质疑的态度去发难学校的，没想到家长却被别样的课堂深深吸引了，昔日的"全职太太"成了今天的"铁杆陪读"。

2009年10月，七年级五班学生杨佳鑫回家给妈妈说学校的课堂变了，老师在课堂不讲课了，让学生自己展示。本来就担心孩子学业成绩的妈妈帖艳红坐不住了。"就这一个孩子，误了孩子的前途怎么办？"帖艳红决定亲自到学校看一看。

来到学校,老师们的解释并没有消除她内心的顾虑和担忧。帖艳红开始亲自陪孩子上课。最初几天,她觉得上课乱糟糟的,学生太自由了,老师讲的太少。她甚至有让孩子转学的打算。但是,她慢慢地发现孩子变了,一向沉默寡言的孩子在课堂上敢于大胆展示了,而且英语、数学等学科的成绩都有大幅度提升。

孩子的变化不仅仅体现在学习成绩上,让帖艳红最感到欣慰的是,孩子在这样的课堂上变得更阳光、更懂事了。她向笔者讲述了这样一个故事:有次她胃疼躺在床上休息,孩子知道后悄悄给她装了一个暖水袋,怕烫着她,孩子又用毛巾包起来让她暖胃,然后搬了一个小凳子坐在床头,问妈妈还疼不疼,是不是需要去医院。这个小小的举动,让帖艳红感动得热泪盈眶,因为以前孩子很少主动向父母表达自己孝心。

孩子的变化让她从课改的质疑者成了坚定的支持者和建设者。"帖艳红不仅是陪读家长,更是我们这个班的副班主任。"七年级年级主任何培谊说,"有时候班主任开会,她也参与一些讨论。"

帖艳红从陪读中也学到了不少知识,当然,更重要的是带动了儿子一起进步。"现在放学以后,儿子做的第一件事就是上网找资料、做课件。"她说,有时候遇到不懂的问题,儿子会向她请教,她会帮儿子找资料,一起分析问题。

如今,每天一上课帖艳红就坐在最后一排的座位上,与其他学生一样参与学习。她也因此成了学校的名人,每次走进校门,就连门岗都会笑着问她:"帖老师,你啥时候毕业啊?"学校负责宣传工作的刘可平老师告诉笔者,帖艳红因此引起了当地新闻媒体和网络的关注,不少媒体纷纷前来跟踪采访,帖艳红也因此成了网络红人,被媒体誉为"课改妈妈"。

"现在每学期都有家长来随机听课。学校的课堂都是对外开放的,我们鼓励家长走进校园、走进课堂。这样一方面更多的家长会了解课改,支持课改,另一方面也有助于学校工作的改进。"崔振喜说。

## 走出校门,方显课堂本色

因为课改,郑州 102 中学原来的平静被骤然打破,先后有江苏、湖北、山西、河北、开封、南阳等省内外的学校代表慕名造访,当地媒体更是频繁关注。与此同时,这里成了郑州区域推进道德课堂改革的策源地,学校的校长、教师,甚至学生被邀请外出讲学、送课。

2010 年 1 月 15 日,中国教育学会常务副会长郭振有到该校调研时,对该校的课堂教学模式给予了高度评价,并欣然题词:颠覆旧课堂,创造新教育。

1 月 22 日,在郑州市教育工作会议上,作为郑州道德课堂最典型的实践形态,郑州市教育局专门播放了郑州 102 中学的两节视频课引发了兄弟学校的震动。

4 月 8 日,由《中国教师报》发布的全国高效课堂九大教学范式在郑州发布,郑州 102 中学"网络环境下的自主课堂"成为九大教学范式之一。

这些课改所带来的巨大变化的背后有着艰辛的历程。崔振喜常说的一句话是:要课改,就要放得下名利,扑得下身子,进得了课堂,看得了书刊。走访的几天,笔者发现这位谈起课改就兴奋的校长,不管是吃饭,还是一起聊天,总是随身带着放着纸和笔,随时记录大家交流碰撞中有价值的观点。也许正是这样的学习精神和生活状态成就了学校课改的成功。

"2009 年,我们把课堂还给了学生;2010 年,我们要把学校还给学生。"崔振喜说。"把课堂还给学生、把学校还给学生"彰显出的是该校民主办学的理念。

崔振喜告诉笔者,学校正在对学校各职能部门进行重组。教导处更名为"学堂评价中心",政教处更名为"学生发展服务中心",教科室更名为"学师发展服务中心",校医室和心理咨询室合并为"师生健康服务中心",学生会更名为"学生自治管委会",并且专门成立学生社团服务中心。名称变化的背后是一种"一切为了学生、基于学生"的管理文化的重塑,标志着郑州102中学的课改逐步走向纵深。

学生从课堂的开放走向学习的自主、管理的自主、生活的自主、精神的自主,从学生的自主到教师的自主性成长,再到学校部门职能的"转变",最终是学校自主文化的生长。

"过去的课堂关注的是知识的传授,今天的课堂应该关注的是学习,未来的课堂必然走向现代公民的培养。"公民教育不在于开设什么样的公民课程,而在于把学校变成一个公民社会,让每一位学生都体验到作为现代公民的责任和义务。

当笔者要离开学校时,远远看到在学校校门的上方有一句被放大的标语:"走出校门,方显课堂本色"。这也许正是对郑州102中学课堂教学改革的一种价值诠释。

# 18 通往名校之路

> 样本学校：河南省郑州市第十九中学
> 核心经验：充满诗意和故事的教育

名校和魅力校长永远是一个联合体，就像一个固定搭配的词组。郑州市十九中是一所正在成长中的名校。这里的师生正在共同经历一种充满诗意的教育生活，每一个人都在以自己的方式经营着一个理想；这里有一位智慧型的校长，对一些司空见惯的现象和事件，她总能给出诗意的、富有解释力的言说，她那经典的语录和富有哲理的寓言故事，始终指引着一个方向——那是一条通往名校和品牌的成长之路。

案头有一本《我的教育之道》。这本由北京师范大学教授肖川作序的书是一本学校近10年来的工作报告的结集。书中少有技术层面的说教，少有计划的罗列，更多的是理念、文化、故事和观点。这些元素组合在一起构成了作者正在努力构建的一种教育生态。书中有一段作者甚为推崇的文字：将文化解读为力，这本身就是思维方式和观念的改变，它标志着我们的教育工作者已经开始摒弃理论脱离实际的静态研究，而转向理论联系实际的动态研究，为认识文化功能提供了全新的视角。

　　作者就是郑州市第十九中学的校长孙晓丽。她正在践行着以文化的视角来审视和设计学校发展的理念，致力于推进一种基于文化的变革，旨在为师生寻找一种新的生活方式，使学校品牌增值，逐步形成稳定的内核。

　　有人说，名校是一个国家或者一个区域内教育最高水准的标志。今天，处于变革中的现代学校正在进行一次新的格局调整。而学校品牌创生的过程并不完全取决于政府的支撑，更重要的是靠自我探索来抵达目标。孙晓丽带领的十九中人以"软性管理"为法则，打通了这条路径。

让我们一起走进十九中，走进孙晓丽充满智慧和诗意的解读。

## 做心中有"道"的教师

"教师应是这样的人：他已从童年长大，但并未失落童年时最美好的天性，他保持了婴儿时期原始的感情，幼儿时固执的自由意志，学前时的好奇心，学生时代的交往热情和求知欲，以及少年时代的理想主义和激情。他把这些特征熔于一炉，铸成了一个新的纯朴的模型，实现了成人的稳重、智慧，以及对他人的感情、责任、力量和目的性。"这是校长孙晓丽借鉴一位哲人的话给"教师"下的定义。

依据这一定义，她认为不适合从事教师职业的人有以下几种：只有学问，没有人品；只会做事，不懂得做人；单打独斗，不懂得合作；只爱自己的孩子，不把学生当孩子；只会盘算自己的小家，心里没有所在的大家；只会算自己的小账，不会算集体的大账；心高自傲，不懂得尊重别人的人；商气、俗气、小气、野气太浓的人。

孙晓丽将教师管理设定为三种境界：一是让员工把工作做规范，二是成为专家，三是把工作当成生命的历程，感受到生命因工作而快乐。她常说，一所优秀的学校总是以积淀深厚的教育思想和学校文化作支撑的。因此，心中有"道"的教师意味着第一是读书，第二是多读书，第三是有系统有选择地读书。为此，学校提出了"教师素养再教育"工程。

为了引导教师读书，学校为每位教师征订专业报刊，并且专门建立了"漂流书屋"，让图书流动起来；为了鼓励读书，学校给在各类活动中获奖的老师奖励图书；为了交流读书心得，学校专门投入人力、财力更新拓展了校园网站。

在一次新学年的全体教师会上，孙晓丽给教师们讲了这样一则寓言：想象一下，如果你手里有一张足够大的白纸。现在，你的任务是，把它折叠51次。那么，它有多高？一个冰箱？一层楼？或者一栋摩天大厦那么高？不是，差太多了，这个厚度超过了地球和太阳之间的距离。

孙晓丽说，拿着这个问题发问，估计没有多少人能猜到这个结果。折叠51次的高度如此恐怖，但如果仅仅是将51张白纸叠在一起呢？这个对比真让人感到震撼！没有方向、缺乏规划的人生，就像是将51张白纸简单地叠在一起，今天做做这个，明天做做那个，每次努力之间并没有一个联系。这样一来，哪怕每个工作都做得非常出色，它们对整个人生来说也不过是简单的叠加而已。读书对于做人的意义，就在于它使人生丰富而厚重。

美国耶鲁法学院院长哈罗德曾寄语学生：别让你的技巧胜过品德。他说耶鲁法学院倡导的是：只会读书而缺乏人性的人是无益的，成功而没有人性是可悲的。当你们离开耶鲁，我希望你们回想起耶鲁时不仅视其为一个接受法学教育的地方，而且还是一个你从中找到了道德指南的地方。孙晓丽认为，哈罗德是在提醒人们，教育不是为了将孩子造成"工作机器"，而是鲜活的道德信仰者；不是赚钱的工具，而要成为公民理念的倡导者；不仅是为了自己，更是为了给社会和事业带来发展的愉悦。

孙晓丽告诫教师要想站好课堂，要想打开学生的心门，必须有两串钥匙，一串钥匙挂着尊重、保护、关爱，一串钥匙挂着唤醒、激励、发展。她鼓励教师要学会三省自身：一省有没有走进学生的心灵，二省有没有追求课堂的诗意，三省有没有享受教育的幸福。

十九中提出教师要确立素质教育的十个理念：1. 学生是第一位的，提供适合学生的教育；2. 学生是教育的对象，也是我们服务的对象；3. 学生是教育的对象，也是我们教师发展的资源；4. 学生是鲜活的个体，要具体分析，因材施教；5. 教师是帮助学生的，而不是治理学生的；6. 所有的思路与措施，以学生接受为前提和目的；7. 师生平等，但师生有别。强调理解、信任、参与、合作，并不意味着放松教育管理的责任和刚性；8. 严不是目的，爱不是一切；9. 对学生教育要有前瞻性，要着眼于未来，着眼于生存和发展；10. 让学生站在阳光下，而不是阴影里。这是被十九中教师视为信条的教育准则。

在十九中，每一位心中有"道"的教师都会视教育为信仰，视工作为生活，视学生为朋友。因此，在十九中的校园里总会发生众多让人感动的事。高一语文老师王慧丽每年元旦都会为自己的学生送上贺卡。每一个学生收到老师的祝福同时也收获了一份感动。这种理念表现在课堂教学上，于是，十九中的数学课有了室外课，学生亲手测量了国旗杆的高度、我们距离太阳有多远；英语课上学生模仿着经典电影的对白，语气和神态真有点明星的味道；物理课学生们去了科技馆，政治课上有了模拟法庭，生物课学生们亲手解剖了鲤鱼，化学课学生们写出了金水河污染的报告……

## 软性管理的"道"与"术"

现代学校管理正在从"刚性控制"向"软性管理"转变，而软性管理的本质就是坚持人本主义路线。

孙晓丽给教师们讲过这样一则故事叫做《众酒成水》：在一次隆重的丰年庆典中，部落大酋长要求每一户家庭都捐出一壶自己酿的酒，并且将它们都倒在一个大桶里，准备在庆典最后让大家共享。当由几个人抬着大桶经过各家门口时，只见每户人家都郑重其事地倒下自家酿的酒，很快就将桶装满了。终于到了可以共享美酒的时刻了。酋长拔掉了木塞子，在每个人的杯中都注满了一大杯酒，当大伙一饮而尽时，却发现喝下去的都是清水。

她在随后的解读中说，导致大家喝的都是清水的根源是缺乏一个明确的约束机制，也可以说是管理上的漏洞。人人都以为自己的一点点小问题不会影响到大局，而到最后检查结果时却发现不了问题出现在什么地方。

依制度规范行为，按程序办理事务是一种责任；事事有人管，事事有人干，事事有落实是一种责任；服务教学做事不拖拉是一种责任；发现问题及时处理是一种责任……

学校必须注重学校管理运行机制的民主化和科学化进程，建立管理制约机制，以遏制"众酒成水"的消极影响。在发展当中，无论我们遇到什么样的新问题，都要以人为本，克服平庸，从机制上来解决问题。

学校建立了预警错误的管理系统，坚持民主评议、互帮互评、告诫谈话、建议辞职等程序，制定干部守则，使错误在走向失控前就拉响警报，提醒纠错，保障干部队伍健康发展。

孙晓丽认为，校长应该是能够不断地推出新概念的人。2002年她提出了：实行学习化管理，建设学习型的教师团队。学校尝试了一种新的管理方式，即三面立体化的心理管理：用美好的前景鼓舞人，以景动情；尊重爱护平等对待每一个人，以情动情；奖励鼓励激励，给情以实实在在的内容。为此，学校的领导行为要特别注重美感、情感、实感。他们试图将无情的机制注入一种感情，融入一种艺术，探索出一种温文尔雅、从容不迫、高层次、先进的学校管理模式。

十九中从2006年以来坚持不断完善教育教学质量体系建设，开展"三展、三查、三评"活动。孙晓丽说，这些工作都只是督促教学环节的零碎不成体系的应急手段和载体，就像一个学生仅仅被动地应付完成教师布置的作业，不可能将学业成绩搞上去一样，质量体系建设的真正目的在于通过新课程改革基本精神的探索和实践，完成教师教学方式和学生学习方式的改革。

"人是观念的囚徒。无论你做什么预测，事实总是被低估了，最极端的预测都落后于现实。时至今日，我们的校园里还有将'培养几个清华北大学生'作为教育最高理想的声音，还有一根粉笔一本书'卸货式'教学的行为，还有教师随意占用自习课的现象，还有教辅资料滥用的问题，在校园网上各取所需学习好的做法的同伴互助的工作习惯还没有养成。这些都值得我们深刻反思。"孙晓丽说道。

对于教师的流动，孙晓丽认为，教师自主流动是教育开放的一种表现，人才的流动是无法阻止的。一个单位保持15～20%的人员流动，保持2%的淘汰率，保持80%的骨干，这个单位才会有活力和生命力。我们不会按照"可汤泡馍"的思维方式或"够用即可"的标准进行人才蓄水池的建设。

## 十九中辞典中的"学校定义"

有人说，现在监狱越来越像学校，而有一些学校却越来越像监狱。这样的论断也许有些言过其实，但至少传递出一个信息：一些所谓名校的教育早已被异化和窄化为分数的奴隶，甚至可能是反教育的。

关于学校，孙晓丽有着自己深刻而个性的解读。她对学校给出了一个较为人文的定义：学校，是品学兼优者的一个学社和协调的组织，大家聚集在一起，对所有为了学问到这里来的人给予同样的祝福。

她给出的另一个定义是：学校就是学生可以犯错误的地方；在孩子离开了父母之后仍旧可以淘气、顽皮、打闹、追逐和嬉戏的地方；是与同伴产生冲突，并可以学习解决冲突的地方。一所学校应使学生有一种公平感、正义感，是学生的精神家园。

2004年新学期的工作报告中，孙晓丽第一次给自己的学校下了这样一个定义：在这所学校里，人与人之间充满了爱和信任，人与人之间用义务和责任彼此相连，每个人的个性特长得以充分发展，每个人的心灵和潜意识得以高度净化，友善、诚信、求实、创新流淌在人的血液里，人与自然和谐而统一，用和谐的局面成就和谐的教育。

十九中就是这样一个洋溢创新、成长、和谐的校园。2008年4月24日，十九中首届教师诗文朗诵会如期举行。伴随着悦耳的钢琴声，6位年轻教师款步上台开启了故事的第一篇章"友情篇"；生活中永远不能缺少爱，第二组老师又把"爱情篇"送给了大家；当幻灯片把一个活泼可爱的小宝宝的照片放映出来时，台下响起了会心的笑声，四个"妈妈老师"声情并茂地把"宝贝篇"演绎得淋漓尽致；音乐声由活泼逐渐过渡为绵远悠长，此时两个老家在外省的老师走上台来，朗诵了"思乡篇"，诉说着自己对家乡亲人的眷念；英语组的四位老师神采奕奕，用极具磁性的声音将英文版的"奋斗篇"诵得满堂喝彩；美丽的终结篇的阵容是由学校德高望重的三位即将退休的老教师组成的，报告厅里的热烈掌声从他们上场到表演结束频频出现，也正是对他们所朗诵的"奉献篇"的最高褒奖。

这是诗文朗诵的最后一个节目《在我们的故事里》表演时的真实场景。《在我们的故事里》一波三折一唱三叹，在全体老师齐诵"我们只是平凡人，我们不是英雄，在我们的故事里，有你有我还有很多人"的同时画上了圆满的句号。

2008年3月，首席教师示范课。李明田老师的物理课，学生问疑，学生解答，遇到难题小组讨论，最后教师点评；夏西强老师的政治课，学生自己研究了个人所得税起征点的变化，从计算中受到了深刻的思想教育——虽然富裕了，父母挣的钱来之不易，更要珍惜。教师们把成长的空间留给学生，让他们自己谱写成长的旋律。师生同时布置作业，谁的科学用谁的；"今日我当家""今日又当家""今日还当家"系列活动让学生们当家从自己的家当到老师的家；教师布置的父子同读《背影》，学生与家长共同回顾家庭小事显真爱的感人故事，写出的心得让人感动；

单元小测验、期中期末的复习题,让学生参与命制和设计,他们成了学习的主人,学会了搜集资料、筛选资料、利用资料;合唱比赛的组织,学生们其实比教师更有眼光,歌曲的选择、声部的配合、队形的排列、服装的设计、舞蹈的渲染,他们都是超级棒的策划者……

2007年9月,学校创建"郑州十九中博客群",师生们又多了一个心灵的平台。杨卫平老师在网上和学生切磋作文之法,给班级博客添加动听的音乐,给学生建立个人文集,连载学生创作的校园青春小说,把教育生活打造得有声有色,富有情趣,师生们的博文也不断被郑州教育信息网推荐和加精,引起了教育同行以及学生家长的关注。

为了进行荣辱观教育,学校组织教师集体观看了《泰坦尼克号》电影剪辑;为引领教师对教育新观念的理解,集体观看新加坡电影《小孩不笨》,多少教师为之动容动情;读书报告会共享精神盛宴、提升净化心灵;春光健身活动、迎春暴走让老师们享受团队幸福……

## 充满诗意的校园生活

十九中的校园环境、校园建筑无不包含着深刻的教育意义和文化内涵:花间追逐嬉戏的蝴蝶"飞舞"雕塑、撬动地球的神奇"支点"、傲然而立的"千纸鹤"、栩栩如生的"校园故事",让你感受到生命在张扬,渴望在飞翔;召唤的"诺贝尔"塑像、坎坷的鹅卵石小道、攀升的十九级台阶、前端的科技长廊无声地昭示着:这里是薪火相授、文化传承的圣地,是科学萌芽、理想放飞的沃土。

办公楼、科教中心内,一处处或由蝴蝶兰、石头,或由鸟巢、鸟蛋、栅栏,或由金鱼缸等精心构成的不同主题、不同意趣的"角落文化",静静地向人们诠释着美与人文相结合的丰富意蕴和生命律动的曼妙。

孙晓丽说,校园文化既是一种文化现象,又是一种新的管理模式。

这种模式的基调是"人",内容是"文化",核心是"价值观",法则是"软性管理",目标是"校园人的发展"。

走在十九中的校园里,这里的学生会真诚地向校园里每一个人问好,会主动弯腰捡起地上的纸屑杂物,全校 3000 多名师生集合完成一次全校集会只需要 15 分钟,学生们做课间操整齐划一、精神饱满,成了校园里一道靓丽的风景;校园里拾金不昧已经成为习惯,合唱比赛时候他们用手语表达心愿无比虔诚……

"温馨教室"评比中,学生们动手布置起教室来,头头是道,牙签、瓶盖、树叶都成了素材,他们对自己班级的热爱,流淌在一个个的细节。学校的学生竞争学生会、团总支干部,讲起话来口若悬河,妙语连珠。我们初中部的孩子,国旗下演讲、国旗队员、主持人、鼓号队,将每周一的升国旗仪式,进行得高规格、有水平。

学校将"规律规格规范、自信自主自强"的德育目标融入学生校园生活,注重学生的过程参与和习惯养成,围绕着"环境、观念、行为、实践、阅览、学科、榜样、心理、家庭"等 9 个方面一点一滴地扎实进行:高三学生在复习冲刺阶段紧张疲惫,学校为他们组织拔河、跳绳、篮球比赛,让他们集体看电影《冲出亚马逊》;学生们关于"网络、早恋、小说"等问题处理不好,年级组织辩论赛让他们在争辩中明理;为了引导学生爱上读书,学校组织了学生读书报告会;十八岁成人节、三八节、感恩节,学校倡议他们给家长做顿饭、洗次脚、送束花;运动会上由学生做主持、当裁判,每周的升国旗仪式学生组织、演讲、点评,校园广播站让学生全权运行,周末书市学生自主操办,学生法庭组织得有声有色,班级小报学生自编自排,国旗队、鼓号队、合唱队、礼仪队、航模队、独轮车队,这些组织都成为了学生展示自我特长的舞台……

十九中也强调升学率,但绝不急功近利地紧盯目标,更注重把理念体现在过程中。学生们都必须通过考试竞争来实现自己的人生梦想,但学校更重视学生自己在过程中以亲身体验的方式,来发现问题、纠正缺点、增长智慧,让孩子们养成自我反省、自我矫正、自我约束的习惯。

## "开心辞典"版的数学活动

"请计算 $\left|\frac{1}{10}-\frac{1}{11}\right|+\left|\frac{1}{11}-\frac{1}{12}\right|+\cdots+\left|\frac{1}{49}-\frac{1}{50}\right|$ 的值!"主持人话音刚落,抢答器就响了,一个初一小男生操起话筒,答道:五十分之一!噢,不对!五十分之四!噢,还不对!是五十分之二!短短数秒,由思路错误到思路订正再到最后的正确答案,所有亲友团成员都为他捏了一把汗。"回答正确!"主持人肯定的语言为他赢来了热烈的掌声。"三条直线可以把平面分成几部分?""7个!""对不起,你的回答不全面,这道题交给亲友团的同学们来回答。"主持人话音未落,大厅里便沸腾起来,早已胸有成竹的观众激动地从椅子蹦了起来,争着、抢着回答……

这是十九中举办的数学知识擂台赛的现场。擂台赛以"开心辞典"的形式进行,内容包括数学知识,计算技巧,数学史,含有数理的诗词、成语、歌曲、英语等,让学生通过背诵、抢答、歌唱等一同感受浓厚的数学氛围。

为扩大参与面,比赛不仅采用了单独作答、小组合作、你争我抢等多种形式,还专门为"亲友团"设置了"请你参加""心有灵犀"等活动。看到如森林般举起的小手,如海啸般呐喊的声音,你就知道学生有多喜欢数学。

十九中数学教师将新课改"数学教育要面向全体学生,人人学有价值的数学,不同的人在数学上得到不同的发展"的精神付诸实践,为学生提供现实、有趣、富有挑战性的学习素材,使学生感受到数学的美与和谐。于是,室外数学课产生了,数学教师多次带学生走出课堂,出去测量"十九中旗杆的高、裕达国贸的高、金水河的宽、汽车对角线的长、太阳离我们有多远、怎么样目测目标物离我们大概距离"等等，使"大众数学"思想得以充分的体现。

看到的容易忘记，听到的记忆不深，只有亲身经历的才会刻骨铭心。十九中数学教师倡导：把学习的权利还给孩子，让孩子乐于学习。数学学习应作为一种乐趣、一种享受、一种数学奇境的探索与渴望，让学生真正认识自己是学习的主人。每节课前几分钟都提倡学生自学，讲出对课本的理解。通过学生主动探索、发现和解决数学问题，体验成功的喜悦，学得轻松，学得快乐，知识在轻松愉快的过程中轻松地掌握。树立现代教育新观念，提倡学生上讲台，提倡七嘴八舌，提倡标新立异；允许学生提意见，允许学生讲错改错，允许学生提出与教师不同的见解，允许学生保留自己的观点；鼓励学生不迷信自己和课本，更不迷信资料。学生的情感在认知中得以发挥，在想象中焕发创新的魅力。

# 19 县中突破

> 样本学校：山东昌乐二中
> 核心经验："高考成绩只是教育的副产品"

有这样一所学校——

学生每年要阅读30—40本书，《匹克威克外传》《普希金诗选》《世界十大传记文学名著》等被列入了必读书目；

由学生发起的"红学会""西学研究会""三国研究会"等学术社团组织，每年产生很多研究性学习成果；

每年徒步65公里的远足拉练和"火山调研""大洋一号考察"等社会实践活动深受学生欢迎，并且由此开发了100多种校本课程；

学校提出的"271法则"，最大限度地调动了学生的主动学习的积极性，真正让学生在自主、合作学习中赢得分数的同时也收获了更多的精神成长……

这就是被媒体誉为引领"县中突破"现象的山东昌乐二中。

这里是中央教科所指定的全国5所ISO9000管理样板学校之一，这里被誉为"生态的校园，诗意的空间"，这里的教育变革让学校走出了"没有成绩过不了今天，只有成绩过不了明天"的"县中无奈"。这就是位于山东潍坊的昌乐二中。

　　近年来，她的名字频繁出现在《中国教育报》、《中国教师报》等国内主流教育媒体上，慕名到这里观摩学习者络绎不绝。据统计，平均每天有400多人到此参观，最多时候一天有1000余人。与此同时，昌乐二中的600余名教师中每年有超过一半的教师应邀赴全国各地"讲学"。

　　作为一所县中，昌乐二中何以能够脱颖而出，她突破了什么？作为山东高中课改的领跑者，她到底领跑了什么？循着这样的追问我们开始细细品读这所县中的课改文化。

## "271法则"解码课堂文化

　　　　　　教育的真谛是培养学生的学习能力，使其自主学习，创新学习,终身学习。

未来的文盲不是不识字的人,而是不会学习的人。

带着知识走向学生不过是"授人以鱼",带着学生走向知识才是"授人以渔"。

教给学生良好的学习方法,培养学生良好的学习习惯,是检验我们教育成功与否的一个重要指标。

应邀到各地讲学时,赵丰平常常会和盘托出这样的观点。这是他平时思考最多的问题,而这样的思考不是坐在书斋里"拍脑袋"来的,而是源自他所在的昌乐二中的教学实践。

昌乐二中的教学改革正是着眼于学生自主学习能力的培养,围绕学生"学会、会学、善学、乐学",从根本上改变学生的学习方式与学习状态,构建"学习动车组",实行导学案、训练案"两案并举"。这样的教学改革思想就呈现在名为"271高效课堂"的教学模式之中。

所谓"271高效课堂"模式是将课堂45分钟的时间按照"2∶7∶1"的比例划分为"10+30+5",即课堂上20%的时间为老师讲解、引导、点拨的时间,70%的时间放手让学生自主学习、合作探究;10%的时间让学生对当堂课所学的内容进行总结、归纳、反刍、提高。

"271高效课堂"的提出,源于长期教学实践中的两个值得深思的"271"现象:一是他们发现在一个班级的学生组成上往往会呈现出这样的规律和特点:一个班往往是由20%的特优生、70%的优秀生和10%是"待优生"组成的。二是在学生学习内容上,他们发现:大约20%的知识是不用老师讲,学生自己就能掌握的;70%的知识学生通过集思广益也可以讨论解决,只有10%的知识需要在同学们独立思考、积极讨论之后,由老师提示、点拨、讲解之后才能掌握。也就是说,"2"是学生自己能学会的知识,"7"是讨论交流能学会的知识,"1"是同学帮助、老师点拨学会的知识。

"271高效课堂"要求教师在课堂上既要充分利用好20%的优秀学生资源,又要给他们提供可以选择的"自助餐",让他们学得更好;要求教师引导学生通过小组互相讨论,促进中间70%的处于中等层次的学生"向上发展",逐步扩大优秀生的比例;关注10%的后进生,鼓励他们向着70%的群体推进,缩小后进学生的比例。

校长赵丰平介绍说,"271高效课堂"的核心指导思想是把学习的权利还给学生,学校是学生的,课堂是学生的,学习的权利也是学生的。其具体教学流程有五个环节:第一个环节是学生阅读自学;第二个环节是完成老师通过对教材二度开发设计的学习案;第三个环节是学生讨论、交流;第四个环节是让学生把他总结的规律或个性化的解读展示到黑板上;第五个环节是由学生到台上给大家讲解,学生质疑,思想碰撞,催生新的生成。

"推进教学改革不是单纯的为课堂而课堂,而是借助课堂这个主阵地,提高学生学习效率,走出'题海+时间'的应试泥淖,让学生自主发展、主动进取。"赵丰平说。

在实践过程中,"271高效课堂"逐步上升为一种"271法则",其内涵也不断得以丰富。如今的"271法则"已经不仅仅是一种课堂时间的分配,更是从学生的差异出发,对学生学习方式和个性发展的深层解读,其内涵也从课上延伸到了课下。

来自学校的资料显示,"271法则"体现在学生课下自主学习时间的划分上:20%的时间用来完成学案和训练案中的作业,70%的时间用来完成下节课的预习任务,10%的时间用来进行预习"自查"。体现在学生课余生活时间的划分上:20%的时间用来体育锻炼,70%的时间用来参与阅读、实践和社团活动,10%的时间用来处理个人的日常事务。

如今,在昌乐二中"271法则"已成为解决学生发展和教师专业成长的矛盾、素质教育和升学教育的矛盾、教书和育人的矛盾、学生个性发展和全面发展矛盾的金钥匙。

## 让学习变得快乐

学习是快乐的,而快乐学习是一种能力、一种修炼。赵丰平说,每个人的生命都有一个周期,一部分叫快乐、一部分叫低潮。谁能延长"快乐"就意味着缩短"低潮",谁延长了快乐就等于留住了成功。而我们的教育就是要让学习变成学生快乐的生活,让学生在满足学习欲望的过程中感受到学习带来的快乐。

为了能让每个人都积极表现、获得发展,也让小组合作的方式更有效地开展,鼓励学生的合作精神,赵丰平把网络中"开心农场"的管理理念引入学校的小组管理中,建立小组评价激励机制,他想让学生们也享受着在"开心农场"中不断收获成功的晋级评价,于是,相应的"阳光乐园"积分晋级办法也随即出台。六个等级的"⌣"、"⌣"……"⌣＋☆"臂牌成为许多学生的"时尚装饰"和荣誉象征。

初二年级主任孟维杰对此项评价方式也情有独钟,他形象地比喻:"阳光乐园"评价机制其实是将"矛盾转移到学生中间去,让学生自己解决发展的问题"。

评价办法中不仅包括个人得分,还有小组得分,通过课堂表现、活动表现、检测评价等方面对小组整体评分并分别计入个人得分中,因此每个人要想获得晋级,不仅个人表现要好,还要实现小组整体的进步。同时还设立了"特殊加分"政策,班主任和任课老师可以根据学生的特殊表现给予特殊加分,如检测进步较大的、为班级做出特殊贡献的等。

在实际操作中,每个学期每个小组六个人,按学习水平的高低分为AA、BB、CC,如果以币值计算的话,AA 回答对了一个问题,挣到一元人民币，BB 回答对了挣一美元，CC 回答对了则挣一欧元，一欧元等于十元人民币，一美元算六元人民币。这样一个小组里都希望差生能取得好成绩，因为可以拿到更多的奖励，从而促进差生和中等学生提高成绩。而最终获得的奖金，则由学生拿去旅游或者买书，做一些有意义的事情。去年暑假，获得此项奖励的学生由学校组织免费到上海去看世博会！

课堂教学改革改变了原来老师讲学生听的传统教学模式，真正把学生推到学习的前台，老师则退居幕后，角色发生了彻底变化，始终围绕学生的学，成了学生学习的设计者、对话者、引导者、评价者和激励者；改变了老师教的方式和学生学习的方式，原来老师是用自己的生活经验、学习经验、思维方式对知识咀嚼理解以后输送给学生，但现在是老师通过问题的设置引领学生自己去学习、自己去讨论，自己去归纳、总结、提升，然后还要去质疑、生成，是一种全新的教学方式和学习方式。

赵丰平说，原来的课堂是教师一个人在动，现在是所有的人在动，过去的课堂老师就是"火车头"，学生是"拖车"；现在老师依然是"火车头"，但不同的是，每个组都有动力，成了"动车组"课堂。

一位教师在自己的反思中曾这样对比描述：传统课堂的"填鸭"培育出的不仅是不健康的"鸭"，而且还是"呆鸭"。"271 高效课堂"则让学生成为课堂的主人，他们主动参与，积极展示，大胆质疑，真正体会到了自主学习、高效学习的快乐，在这样的课堂上，老师给予了学生更多的权利，让他们自己去选择；给予了学生更多的机会，让他们自己去把握；给予了学生更多的条件，让他们自己去创造……

这样的教学改革在昌乐二中进行得并非一帆风顺。赵丰平说，在改革之初，一些老师不理解甚至不接受这样的理念，认为这样的课堂是在作秀、作假。"有老师曾在网上发帖对我进行人身攻击。""我在想虽然这样的方式不对，但问题不在老师身上，我个人是需要反思的，说明理念的引领还不到位。"赵丰平说。后来赵丰平在网络上回复了一封信,在这样的交流中一些对改革有畏难情绪的老师逐渐接受了新课堂的理念,加入到改革者的行列。

## 教师是读懂学生故事的人

"我是昌乐二中一名优秀教师,教书育人是我神圣的天职,学生是我服务的对象,我要把整个身心奉献给可亲可爱的孩子们,奉献给昌乐二中,奉献给祖国的教育事业。三尺讲台,传播文明薪火;昌乐二中,铸就辉煌人生。用人格引领人格,用智慧启迪智慧,用意志砥砺意志,尊重个性,激发创造,把每个孩子的一生变成一个成功而精彩的故事……"这是昌乐二中的"教师誓词",是每一位新加入教师的必修内容之一。

从这样的"教师誓词"中我们能够读出昌乐二中在倡导什么样的教师人生。"把每一个教师都变成深刻的思想者,让他们体验并享受职业幸福。这个看似很高的标准,其实是做教育最起码的要求。"赵丰平说,"教育家和教书匠最大的区别就在于有没有自己独立的思想和人格,有没有自己的教育理念和追求。"

作为校长,赵丰平对自己的定位是,努力维护老师自由思想和自由教育的权利,让每一个老师都能思考教育的价值和为师之本,让每一位老师都有一个"梦",并为之倾注一生。

美国"年度教师"马伦说,最优秀的教师有一个共同的品质,他们能够读懂孩子的故事,而且能够抓住不平常的机会帮助孩子创作故事,知道如何把信心与成功写入故事中,知道如何编辑错误,帮助孩子实现一个完美的结局。

昌乐二中教育追求的目标是,把每个孩子的一生变成一个成功而精彩的故事。在这样理想信念下,学生到学校以后,就是发展和讲述一个成长的故事，而教师就是读懂学生故事的人。在赵丰平看来，读懂孩子故事的勇气、力量和智慧就来源于老师们的独立思考。这位有着29年从教经历和12年校长生涯的教育工作者，一直在追寻着一个梦想，要当最好的老师、办最好的学校、做最好的教育，让每一个教师享受教师职业的幸福，让学校成为学生最向往和留恋的地方。

赵丰平号召广大教师进行"六项修炼"，并身体力行：修炼上进的事业心、修炼博大的爱心、修炼坚强的意志、修炼豁达的胸怀、修炼协作的能力、修炼认真的态度。与此同时，学校启动园丁读书锻造工程，鼓励老师们读书并开展读书交流会；每年聘请专家学者给老师们"充电"；学校还与师范高校联合开办了研究生班……所有这些旨在为教师的专业成长铺设快车道，让他们过一种幸福而有尊严的职业生活。

目前，昌乐二中正在组织教师对国家课程进行研究，同时对教材进行深挖、整合，要求写出课程研究报告和教材整合报告，然后答辩，学校要对老师的答辩作出一个评价。通过对教材的研究，让老师明白课程的核心理念在教材中是如何体现的，然后对教材进行整合。对国家课程校本化、师本化、生本化的研究，则要求老师要把教材里的知识和学生的认知能力结合起来，引领学生去学习。"实际上，学校的教育水平就体现在教材的生本化和师本化研究上。"赵丰平说。

在此基础上，学校利用教师资源鼓励教师自主开发校本课程。让老师作为课程的开发者和设计者，昌乐二中的每一个老师都有自己研究的学科课程和校本课程，并且成立一个以自己名字命名的课程俱乐部。在未来一两年内，昌乐二中将开发出一大批可供学生自主选择的校本课程。

## "海量阅读"铺就生命底色

在昌乐二中，看课外书是有课时保障的，初中各年级每周10节阅读课，高一年级每周阅读课不少于 8 节，高二不少于 6 节，高三不少于 4 节。

从 2004 年秋季开始，阅读课成了昌乐二中学生的必修课，阅读进课堂，变"课外阅读"为"课内阅读"，阅读课被确立为昌乐二中一门重要的校本课程。谈起为什么让阅读进课堂，赵丰平说，一个人的阅读史就是一个人的精神成长史。我们旨在通过"海量阅读"为学生铺就生命的底色。让阅读进课堂就是为了让学生有充足的阅读时间。

大力倡导阅读，实施"书香校园"行动并不偶然，这与校长赵丰平个人嗜好不无关系。他本人就是一个典型"书迷"，至今在昌乐二中内部还一直流传着赵校长"十本书治校"的美谈。他借助《为了理想的教育》《给教师的一百条建议》《细节决定成败》《卖产品不如卖自己》《赏识你的孩子》《为了自由呼吸的教育》《杜郎口旋风》等书引导全体老师推动了一系列改革。他个人也曾因为爱读书、会读书被评为 2007 年"全国十大读书推动人物"。

昌乐二中的图书馆藏书近 30 万册，这在全国同类学校中为数不多。除了图书馆外，为了便于学生阅读，学校为每个班级都设立了书架，书架上既有学校指定书目的图书，也有学生们自己汇集的图书。学校还制定了详细的考核评价标准与等级，并把阅读分为"研读、精读和泛读"三类，每个年级都有必读书目。学校要求，初中每年阅读课外书不少于 40 本，高中每年读书不少于 30 本。"书卷气是一个人最好的气质，书香气是一个学校最好的氛围。"昌乐二中教科室主任兼初中部年级主任、书香校园行动的积极实践者徐振升感慨良多，"学校就是读书的地方，中学生是最应该读书的年龄。"

昌乐二中把阅读与研究性学习结合起来，倡导学生"活读"，学校通过开展一系列的活动来引导激发学生读出感悟，读出精彩，读出智慧，读出成长。

据了解，在昌乐二中，每周都有学生报告会，每月都有读书会和名著故事会等活动，这些活动大多由学生自主策划、组织。周末的校园里，常常会出现很多别样的海报，如"我的红学学术报告会"，落款是"美女＋才女，高一某班某生"等等，学校几乎每个学术报告厅里挤满了学生。学生还自发成立了"西"学会、"红"学会、"三国"研究会等学术研究团体，名著研读蔚然成风。在名著研读中，每个班都可自主申报一个研究课题，引导学生带着课题进行研究性阅读。这些年来，学生在阅读中研究的论文有很多，学校还编辑出版了《我眼中的"红楼"》《我品"三国"》《我话"西游"》等学生阅读名著系列成果。

课本剧表演是昌乐二中每年元旦联欢晚会的保留节目。课本剧表演，虽然名字叫"课本剧"，但不仅仅局限于课本，也可以对一些名著进行改编。除此之外，学校还开展"好书大家看"活动，实施"零食换名著"计划，倡导少吃一些零食，多买一本名著。

一名初二的学生在阅读笔记中写道：书籍是心灵观察世界的窗口。通过阅读我领略了书的魅力。徜徉在"三国"之中，我领略了三国人物的风采，感受到了关羽的忠义，张飞的勇敢，刘备的仁和，曹操的奸诈，孔明的睿智，周瑜的嫉妒……在尔虞我诈的三国争斗中，在硝烟弥漫的战场上，我深深体会到了三国人物的性格特点，让人深思。

高一（1）班学生孙颖："在来昌乐二中之前，就听说这所学校如何有文化内涵，进入学校之后，学校的海量阅读让我们畅游书海，每周最多十节阅读课让我们读得自由自在，真正感受到了这所学校的博大！我们没有理由不去爱这所学校。"

## 让学生真正做自己的主人

"成长是学生自己的事情，家长、老师和校长都无法替代，我们要做的就是创造条件解放学生,释放蕴含在学生身上的巨大潜能:解放学生的嘴巴,让他们的思想在辩论、表达中自由流淌;解放学生头脑,让他们的思维天马行空,任意驰骋;解放学生的眼睛,让视线能够走出书本,仰望星空;解放学生的双手,让孩子敢于动手,乐于动手;解放学生的时间、空间,维护学生成长的尊严和权利,让学生天天做自己的主人,天天体验自己成长的感觉、自己成功的快乐。"赵丰平曾在自己的教育笔记中写过这样的一段文字。

真正的教育是"自育"而非"他育",教育就是让孩子重新认识自我,发现自我,真正做自己的主人。昌乐二中的"三力"建设,即学生的自主学习力、自主管理力和自主生活力建设,就是在这样的背景下启动的。

学校把班级所有的管理都放给学生,包括学校的部分管理工作也交由学生负责,旨在让学生在体验过程中感悟,在感悟当中成长。

昌乐二中每个班级都有"三驾马车"。"第一驾马车"是高效学习小组,一个班分9个组,每个组6人,9个组的组长是"第一驾马车"。"第二驾马车"是高效学习科研小组,即学科班长,相当于科代表,这9个组里面每个组选一个人,这9个人组成了这个班级、这一学科高效学习科研小组,学科班长领着每个组的8个同学进行学习、探究。"第三驾马车"是行政管理小组。行政管理小组是由每天的值日班长组成的,每天的值日班长负责班级的所有行政事务。每位"值日班长"工作交接时都要总结任期内的工作和班级发展情况,并为继任者提出建议等。

"我们的目标是通过这'三驾马车',通过'三力'建设,把每个班级建设成一个家庭。"赵丰平说,"同学和同学之间的关系就是一种家庭式的亲情关系,因为我们的学生必须要有一种安全感,有了安全他才能够安下心来学习,而最安全的地方是哪里呢?是家。当同学和同学之间的关系是兄弟姐妹的关系,而不是残酷竞争关系的时候,他们那种互相帮助，他们那种互相激励、携手并肩，就为我们的高效学习提供了一种非常好的人际关系。"

高二级32班（卓越班）学生娄坤说："我们的班级中有班名、班歌、班徽、班旗、班级目标，有我们自己的班级日志《卓越的足迹》，有我们自己的报纸《卓越日报》，还有我们的卓越生日榜和爱心基金，这些都使我们不断感受到班级大家庭的温暖和整个团体的蓬勃向上，也使我深深感受到昌乐二中班级自治、学生自主给我们带来的成长帮助！"

赵丰平常常拿这样的问题拷问自己：学生毕业30年后，母校还能留给他们什么？也许正是这样不断地反躬自问，才有了他"办真教育、真办教育和把教育办真"的觉醒。"当我们回归了教育本质，当我们按照孩子成长学习规律来管理我们的学校，来设计我们的课堂，来发展我们的课程，来培训我们的老师，来引领我们学生的时候，你会真正感觉到，你在做着教育。"赵丰平说。

学校每年开展的一系列社会实践活动深受学生欢迎。如65公里远足拉练、西瓜嫁接实验、中华文化寻根、自主体育节等。每年一届的体育节都会有诸如拔河、袋鼠跳、水龙带、踩气球、自行车慢跑、呼啦圈、扑克神射手、真人象棋大赛等寻常运动会上难得一见的项目。

整个体育节的活动过程全由学生组织，从竞标到承办，一系列准备、联系工作全由学生独自完成，让学生在组织、承办过程中真正达到锻炼、超越自我的目的，人人都是体育节的参与者，人人都是体育节的主人。

每一次的远足拉练都是一次刻骨铭心的素质考验。没有比人更高的山，没有比脚更长的路，野营拉练锤炼出来的是永不服输、永不放弃的精神。一名学生在远足拉练结束后写道：130里的路程，130里路的绝望和骄傲，130里路的成长与涅槃，等所有的苦痛迸发所有的激情熄灭，等所有的意志执拗所有的信念变化为唯一。努力忘却，尽管每一步是旋舞刀尖的挣扎，努力微笑，尽管每一声喘息都透支过生命的力量，在炎热干渴、疲惫疼痛、黑暗恐惧，希望歌声、欢声笑语、感动感激交织的漫漫征程里，我们在创造自己的奇迹，我们也创造了自己的奇迹。

"我只是一个建筑工人，是一个为梦想搭建舞台的人。我希望我的学生，能在我为他们搭建的舞台上人格健全、精神卓拔，把每个学生的一生变成一个成功而精彩的故事；我希望我的老师，能在我为他们搭建的舞台上尊严地工作、阳光地生活，在点亮别人生命的同时，也让自己的生命灿烂开放。"赵丰平说。

## 管理突破：导入 ISO 质量管理体系

在学校管理中，不少校长普遍感到无奈的是：在宝塔式组织管理结构下，一管到底的无限责任以及在决策、执行过程中的随意性，使得校长常常困扰于繁琐的教管事务，而不能将更多的精力用于做对学校发展最有价值、最出生产力的事情。

昌乐二中在管理上的突破，集中体现在导入 ISO 质量管理系统，使学校庞大繁琐的管理逐步变成每位当事人的自觉行为，为学校近年来裂变式、可持续发展注入了强大动力。曾有评论这样认为：昌乐二中不仅每年向国家输出千人以上的优秀本科生，在某种程度上，也在向中国的基础教育体系输出一种可资借鉴的教学质量控制模式。

昌乐二中借鉴企业管理的经验，2002 年 5 月在教育系统中率先引入 ISO 质量管理体系，开始对全体教职员工进行培训与考试，搭建扁平式组织管理结构，制定文件和标准，调试运行、不断改善，完成了 ISO 标准与学校管理的成功接轨。

ISO 框架下的昌乐二中，学校管理的各个环节有章可循，并且在不断地优化之中。赵丰平说，学校虽然不是企业，但它存在着活动和过程，这些活动和过程分别构成了教育、教学、管理和服务几大类别，而这每一类别的活动和过程又都有结果。在教学过程中，针对教学计划、教师聘用、教材订购、备课授课、辅导答疑、批改作业、考试考核、分析总结等影响向学生提供合格的知识、信息和方法的关键点，用教学大纲、教学计划控制程序，教学人员聘用程序，教学物品采购程序，教学管理和过程控制程序进行控制和监督，使学校的教学过程得到有效的控制和管理，从而保证老师向学生提供的知识、信息、方法和服务合格有效。

在教学服务过程中，入校接待、住宿就餐、信件收发、图书借阅、学籍管理等项，用招生录取控制程序、新生接待控制程序、宿舍管理控制程序、食堂管理控制程序、图书管理控制程序和设施环境控制程序进行控制，确保为学生提供的各项服务措施到位。在管理过程中，针对学校财产、消防安全、教学设备及设施、标识、文件资料、不合格教学物品、不合格教学服务、教学服务产品防护、纠正预防措施等影响向学生提供合格教学设施、设备、环境的诸因素，采用教育教学服务检验评定准则控制程序、学校财产控制程序、紧急事件控制程序、教学服务可追溯标识控制程序、文件和资料控制程序、不合格教学控制程序、产品防护控制程序、预防和纠正措施控制。

在ISO框架运行的过程中，昌乐二中的教育者对"学校的产品是服务"这一理念有了新的突破性认识……

赵丰平介绍说，在引入ISO之初，学校主要是想通过科学先进的制度来规范全体教职员工的行为，没想到在贯彻这一标准的过程中，自身的办学理念发生了根本性的改变：学校的产品不是学生是服务，学校的领导、教师为学生、学生家长和社会服务。在昌乐二中，教学在每一位教师的心目中都是一项伟大、崇高的事业，"把工作和事业内化为生命和生活的必需"，"把敬业修炼成一种习惯"。他们视学生为子女，视学生为弟妹，把"平等"、"伙伴"、"宽容"和"关爱"贯穿于教学全过程，建立起新型师生关系，学校的管理档次得到全面提升。

赵丰平常说，一位好校长应该有三"大"追求：追求大视野、大思路、大完美。大视野是作为一个教育家对教育本质的准确把握，大思路是作为一个改革者对教育未来的大胆探索，大完美是作为一个实干家对教育实践的精益求精。唯有如此，校长才能跳出教育看教育，跳出学校看学校，跳出课堂看课堂，才能做具有战略眼光的称职校长。

今天，我们回过头来审视昌乐二中的课改实践，从课堂改革到海量阅读，从"高考成绩只是教育的副产品"到"高考就是考人品"，从让学生做学校的主人到引入ISO质量管理体系，这些无疑是赵丰平"追求大视野、大思路、大完美"的最佳注脚。

这是一所典型的"县中"，但并没有为"县中困境"所俘虏。他们以"271高效课堂"改革为切入点，系统开展海量阅读、大德育社会实践、学生自主管理等育人工程，用实际的课改行动求证了"高考成绩只是教育的副产品"、"高考就是考人品"，擦亮了"把每个孩子的一生变成一个成功而精彩的故事"的教育理想。这就是山东昌乐二中，以及他们正在躬身实践的"修炼人品"的"活教育"。

# 薄弱学校的蜕变与增值

样本学校：河南洛阳市十二中
样本价值：创业与变革

- 优秀教师流失、生源严重不足、社会口碑很差，5年前，薄弱学校几乎所有的特征都能在这里找到印证。
- 在这片贫瘠的土地上，洛阳十二中人耐得住清贫、孤独和寂寞，用自己的生命诠释着"忠诚"的意义。
- 丁进庄始终认为，不建立起学校的管理文化，学校的改革与发展就只能在一种较低的层次徘徊。

优秀教师流失、生源严重不足、社会口碑很差,5年前,薄弱学校几乎所有的特征都能在这里找到印证。然而,就是这样一所高考升学率连年是零的学校、一所学校领导班子被集体免职的学校,受命于危难之际的新任领导班子,通过内聚人心,外树形象,实现了弱校变强的快速蜕变与增值:在校生2100人,现代化建筑拔地而起,累计资产从600多万元跃至3千万元,高考成绩连创新高。

这就是洛阳市第十二中学,一所初、高中一体化的农村学校。我们的解读从最初的创业开始。

## 2004年的创业故事

从决定选择回到自己母校的那天起,丁进庄就已经没有了退路。

2003年11月,32岁的丁进庄通过竞聘上岗,开始掌舵洛阳十二中。一个值得回味的背景是,偏居郊区农村的洛阳十二中当时成绩连年下滑,内部人心涣散,外部在公众心目中已被严重边缘化。曾有小学老师呵斥学生：如果不好好学习，就连最破烂的十二中也考不上。而丁进庄在竞聘演说中立下"军令状"：如果拯救不了十二中，就主动引咎辞职。

这是一个相信未来的理想主义者和改革者的赌注。原本在市区一所热点学校工作的他，选择了孤注一掷。"这是我的家乡，我有责任改变母校的薄弱面貌。"洛阳十二中所在的李楼乡是生他养他的地方。当年从洛阳十二中毕业的丁进庄始终有一种情结，也正是这种朴素的责任感和创业理想，让他如此义无反顾。

2003年11月，丁进庄回到母校洛阳十二中时，面对的是危机四伏的局面：校舍与当年上学时一样，依然是上个世纪50年代的危房，学校人心涣散，不少教师频频递交调出申请，学校经费更是捉襟见肘，财务上可供支配的现金仅有几千元。

"眼前的一切让我难以接受：满目疮痍、危如累卵的校舍，杂草丛生、遍地纸屑的校园，一边办公、一边用盆接着漏雨的情景，至今令我难以忘怀。在人类进入21世纪，享受科学文明的光辉时，十二中没有图书馆、阅览室、实验室，像是一个被人遗忘的角落，在黑暗中摸索爬行。"该校一位老师的日记记录着学校当年的破败局面。

穷则思变。这是对洛阳十二中5年卧薪尝胆、鼎力改革的最简约的概括与诠释。

而资金，成了十二中谋求改革的最大困惑。刚到学校上任的那年冬天，天特别冷，解决取暖问题成了当务之急，但学校连最基本的取暖用的煤都买不起。最后实在没办法，校委会全体成员狠了狠心，决定将学校里的两棵树卖掉以解决燃眉之急。就这样，学校利用卖树所得的3000元钱购买了取暖用的煤度过了严冬。

而那一刻，丁进庄深刻体验到了"一分钱难倒英雄汉"的境遇。"钱，首先要能搞到钱。"为了学校的发展，丁进庄从此走上了"化缘之路"。在他看来，要发展首先要凝聚人心，要能让老师们看到希望。

历时两个多月，他带领几位元老级的老师一起走访了知名校友、历任领导，区、乡、村三级政府官员，当地企业家和社会名流，向他们讲述学校生存的困窘和新任领导班子用真诚与爱心正在点燃一个古老而年轻的学校的激情。

与此同时，丁进庄率先垂范捐出了当时家里仅有 1 万元存款。很快，以洛阳十二中为中心掀起了一场声势浩大的捐款活动，广大党员干部纷纷加入到捐款队伍中，全体教职员工、在校学生、辖区的干部群众、仁人志士伸出援助之手，慷慨解囊支持学校建设。尤其是在学校内部捐款活动中，很多感人义举真正凝聚了人心。陈俊德、焦清世等几名老教师都已是花甲之年，平时生活简朴，很少到饭店奢侈地吃一顿饭，甚至没有买过像样的衣服。陈俊德老师穿的衣服大多都带着补丁，曾经买了一件最贵的"皮衣"，穿了一周便开了花。焦清世老师更是"抠门"，一根皮带用了 17 年，一双球鞋穿了 9 年，外出开会学习，他都自带干粮，开水泡馍，骑着自行车，路上还不忘捡破烂，拾废品。然而，为学生公寓建设捐款，多数老师捐 200 元或 300 元的情况下，陈俊德、焦清世两位老师先是各捐 500 元，没过几天，两人又捐 400 元，率先垂范，给全校师生带了个好头。

在这片贫瘠的土地上，洛阳十二中人耐得住清贫、孤独和寂寞，用自己的生命诠释着"忠诚"的意义。如今，这段历史已成为洛阳十二中的一笔精神财富。每个单位和个人的捐款依据数字都刻在了苏秦雕像基座上的功德榜上，激励着十二中全体师生。也就是在这样的创业感动中，2004 年，学校的学生公寓、餐厅等顺利建成并投入使用。这一年，洛阳十二中顺利实现了从一片萧条到初显现代化气息、从全走读到全寄宿的过渡与转型。

## 创业积淀一种文化

2006年,是丁进庄领导十二中发展的第三年,这一年十二中迎来了50年校庆。这一年十二中真正打破了发展瓶颈,是该校真正的成长期:学校二期、三期改扩建顺利完工;分别荣膺市示范性高中、市规范化初中;寄宿分校顺利通过省教育厅复查,进一步规范了办学行为;招生人数成为此前历史上最多的一届。洛阳十二中也由此奠定了在洛阳教育领域的地位。

如果说创业之初发生的点滴故事和今天取得的诸多成绩值得记忆和回味,那么,这种回味和记忆经过时间的重复累积便积淀了一种文化——激情、奋斗、团结、感恩,应该是这一文化的关键词。而这种文化同样外显于校园的每一座建筑、每一帧风景,并在每一位曾经在这里生活和学习过的人身上传递、延续。

如今,走进洛阳十二中的校园,每一堵墙、每一幢楼、每一个雕塑、每一条小路都渗透着文化气息,都传递着十二中人创业精神。学校把学生公寓取名为"卧薪楼",意在卧薪尝胆、苦志兴校;把餐厅命名为"田园斋",意在不忘村民的支持,建设一个田园式学校;把教学楼取名为"培英楼",意在培英育华,桃李芬芳;把综合办公大楼取名为"求真馆",意在求真务实,追求真理;秦园中"人"字形的小路,提醒学生要把"人"字写得端正。

洛阳十二中的校园规划更是彰显了教育人的创意与智慧。进入校园的第一区域是一个名为"学苑"的生态园林。学生们每天出入校门都要经过有喷泉的水系,走过水系上的杏林桥是升旗台,四周的青石栏板上雕刻着洛阳八大景、洛阳历史故事和文化名人。位于校园南部、独成一体的是一个占地50余亩的现代化塑胶操场——健搏体育运动中心。校园中有各种独具匠心的文化建筑：秦园里矗立着苏秦的雕像，学苑中有白居易的雕塑，寄宿分校门旁还有一"心湖"。校园内绿树成荫，葱郁的竹林生机滴翠，假山亭台相映成趣，给人一种美不胜收流连忘返的感觉。

按照学校的发展规划，未来的洛阳十二中将是一个集生态园林、休闲园林、文化园林于一体的现代化学校。学校将逐步建设西方文化区、传统文化区、现代文化区，建设别具一格的楼道文化、办公室文化、宿舍文化、班级文化。丁进庄希望，十二中能成为洛阳农村高中的名片和窗口学校。

在洛阳十二中的学校简介中有这样一段文字：学校北依洛浦秋风，南望伊水之滨，世界第一所大学洛阳太学诞生于此，诗溢神州的香山居士白居易仙逝于斯……这里有乡村的痕迹，多了一份宁静和清新；这里有城市化的气息，却少了一份都市的喧闹和浮躁。

正是这样一块有着丰富文化底蕴、人杰地灵的土地，铺就了该校独特的文化氛围，而十二中人也一直从厚重的文化积淀中，寻求学校变革的智慧与动力杠杆。

## 丁进庄的治校之道

充分进行思想沟通，是丁进庄领导智慧的核心价值所在。他认为，无论是领导班子内部，还是与教师之间，充分的沟通有利于达成共识和信任，这是想做事、做好事的最大基础。

2005年元月，在该校校报的《新年献辞》中，丁进庄写下了这样一段文字：我喜欢听凯丽·金的萨克斯曲《回家》，在我烦恼时，只要听听《回家》，我的心就会平静下来。一心想把十二中建成一个现代化的学校，使它成为洛阳市农村教育的一颗明珠。面对艰苦条件，我们只有把学校当成家，当成每一个十二中人的家，一个有温情、亲情、友情的家。因为孩子永远不会嫌弃自己的家,也永远不会嫌弃自己母亲的丑。在家中我们永远互相支持、互相搀扶,永远彼此爱护、彼此欣赏。也许我们做得还不够,但全体十二中人都在努力,都在努力实现"我们是十二中人,十二中人是优秀的"理想。我希望在2005年我们能够把十二中建设成一个充满爱和快乐、充满宽容与理解的温馨的家。

他同样在很多场合强调这样一个观点:人要学习狼,因为很少有一条狼单独猎取食物的时候,所以老虎看到狼群,也会退避三舍,这就是群体的力量。一个人要想在社会上有所作为,他必须要认识到群体力量的重要性,并且学会合作。而教育工作最应该成为团队合作的典范。

在这样的思想影响下,一支具有很强合作精神的教师团队迅速成长起来,并在教学上取得了可喜的成绩。2004年以来,十二中高考成绩连创新高,上线率达到70%,二本以上达200%。

在教学上,丁进庄的主张是"借脑"。他深知,硬件设施不断完善的同时,学校的发展战略也必然要不断升级,尤其是要对办学理念进行深耕,从教学层面、管理层面进行改造。

"教学上我们没有成熟的经验,可以采取拿来主义,学习借鉴别人的经验与智慧"。丁进庄说,"而这种学习是抱着'归零心态'的,然后吸收、改造、转化成为符合十二中校情的特色。"几年来,他们先后南下江苏洋思中学,东到山东安丘四中、杜郎口中学取经。

如今,学校摸索出了"一学——二教——三练"的课堂教学模式,研究课改小区的构建与使用,解决了一系列重大认识问题,取得了良好的效果。2007年该校在原有的基础上摸索教学案一体化方案,已成为洛阳十二中教学上新的特色和增长点。

对于学校管理,丁进庄始终认为,不建立起学校的管理文化,学校的改革与发展就只能在一种较低的层次徘徊。为此,他致力于建立以"扁平化"为特征的管理体制,以聘任制为核心的人事制度,以服务对象评价为主的评价体制，以"多劳多得、优质优酬、效率优先、兼顾公平"为指导的绩效分配体制。

五年来，十二中着力建立动态开放的教师管理与任用机制，在洛阳市率先实行聘任制，打破"铁饭碗"，共造"金饭碗"，按照"老虎理论"对教师队伍实施活力曲线管理（即高效的激励最优秀的20％，区分淘汰最差的10％，调动70％有积极性），使岗位履行职责与教师专业成长有序对接，使教师管理与任用的过程成为教师专业化成长的过程。这一改革在全市引起了巨大震动，各大媒体纷纷跟踪报道，一时间，十二中成了洛阳教育的改革先锋。

所有这些改革与实践都基于丁进庄上任伊始制定的办学理念。笔者摘录部分如下：

> 校训：志存高远、行从细微。
>
> 学习理念：告别"三闲"，静、专、思、主。
>
> 和谐理念：学会合作、学会感恩、学会宽容、学会微笑、学会快乐。
>
> 工作理念：抢挑重担，没有借口，物我两忘，执著入迷。
>
> 人才理念：1. 人人有才，人无全才，张扬个性，人人成才。2. 五湖四海，德才兼备，任人唯贤，唯才是用。3. 怀才有遇，有为有位，人位者更有为。4. 鼓励和支持冒尖，鼓励和支持领头雁，鼓励和支持一马当先。5. 人人是人才，赛马不相马。6. 尊重个性，承认差别，支持尝试，允许失败。

今天的洛阳十二中已成为洛阳市的热点学校之一。回首五年来的创业历程，丁进庄始终有一种强烈的愿望：要让全校教师享受到学校发展的成果和一个强校带来的地位和尊严，要让老百姓用平民的价格享受到优质的教育资源。

## 为学生提供心灵套餐

"当我们的课堂内外拧干了情感、艺术、人文、兴趣、想象、愉悦等东西，剩下更多的是为了考试而准备的东西，孩子的心灵将得不到润泽，情感世界将是枯涩无味的，精神世界也将是极其荒芜和可怕的，会自小就丢失了对崇高事物的敬仰和追求，对人生美好的幸福追求。"丁进庄认为，长此以往，我们的学生必将会是情商严重缺乏的一代，必将会是缺乏想象，没有趣味的一代。因此，对于精神价值的守护，对于生活意义的追求，应是教育的最崇高的使命。

基于这样的思考，丁进庄推出了"心灵套餐"系列活动，意在励志立德益智，春风化雨般渗透情感、态度、价值观等高贵昂扬的道德、精神之美，铸造学生美妙的精神世界。

**心灵早餐：**这一活动是老师利用早操结束后大约3～5分钟的集会对学生进行心灵教育。所用素材可以是一篇美文、一首小诗，或是身边人或事……只要贴近学生实际，易于接受，有一定的针对性，产生励志修德的德育效果即可。

**心灵加餐：**上午大课间是40分钟，课间操结束尚余20分钟左右，时间不长，但利用得好会十分有价值。老师们利用第三节课前十五分钟开设心灵加餐，让各小组轮流坐庄，自主设计，自主主持，充分发挥集体的智慧才能。活动方案的思路从考虑个人的爱好与特长，了解同学的兴趣与意愿，留意身边发生的各种情况和一些热门话题，配合学校德育活动，做到精简、新颖、奇特、快乐、有益。通过学生的自主实践，发展学生自主精神，锻炼自主能力，在充分表现自我的过程中，看到自身的价值，享受到无穷无尽的乐趣，建设快乐、友爱、自主、向上的好集体。

**心灵盘点：**有每日盘点和每周盘点。每日盘点，即每天晚自习下课后的3分钟学生要对当天作基本的自我反省，在待人接物、学业发展、自我成长、情绪情感、集体贡献等各方面，都花些时间来沉淀一下心灵。每日盘点的方式可以是独自默默进行，也提倡小组成员交流评价与感受，因为他人的评价往往比自我评价更客观，他人的参与更能够促进学生的反思力与进步的提升力。每周盘点则是利用学生返校后第一节的班会时间，让学生先反思、盘点上一周的总体情况，对本周进行自我新期待，并要在印制的表格上填写规范后上交，每周末由班干部根据实际情况点评后反馈。

"心灵套餐"系列活动的开展构建了学生丰富深刻广博的精神殿堂，成为学校德育工作的重要手段。孙巧云老师感慨地说：关注学生精神现象，会让孩子一生富有。作为教师，必须"教"且"育"，注意引导青少年树立科学的世界观、人生观和价值观，提高他们的文化免疫力，使青少年学生在"行之乎仁义之途，游之乎《诗》《书》之源"的同时，提升他们的文化素养。

## 手记：认识学校营销

提起营销，人们更多地会认为它是一个商业概念。而今天，营销这一理念已超越了商业的范畴，渗透到了各个领域。在我们生活的周围，从产品营销到理念营销再到文化营销，从公司营销到城市营销再到国家营销，营销无处不在。而在探寻洛阳十二中的发展之道时，我潜意识地想到了"学校营销"这一新的词汇。她在突围与创业、创新与突变中，给了我们一个学校营销的范本。

现代学校更像是一个浓缩的品牌，需要向社会、政府进行文化、精神、服务等方面的系统营销。如何在学校内部通过校长思想的营销来凝聚人心，如何让家长和社会清晰地认识学校品牌形象，如何在同类学校中发出独特而响亮的声音，如何向上级部门反馈改革思路，如何与社区相处，从而形成一个和谐的关系圈？洛阳十二中在这些方面可谓是发挥到了极致。

学校从困境中突围到品牌创生的过程取决于全体师生的共同支撑，学校营销的核心是经营人心。校长丁进庄深谙此道。在学校内部，他的率先垂范、有效沟通，在学校里极力营造"家"的氛围，让广大师生紧紧团结在一起，艰苦创业；他能够勇于摆脱权力思维，靠人格魅力、创业激情和改革智慧赢得支持，与教师利益捆绑在一起。

在学校外部，生他养他的地方使丁进庄有着天然的人脉关系，与此同时，他又抓住每一次机会推介自己的办学决心，赢得了当地村民和镇政府领导的大力支持，学校的"健搏体育运动中心"便是由镇政府出让土地、学校投资共同促成的项目。如今，十二中的图书馆、运动场等公共设施向附近村民免费开放。十二中已成为当地的教育中心、文化中心。

现代学校，要像营销产品一样来营销学校。十二中率先试水人事制度改革，一方面激活了思想，另一方面引起了媒体和上级领导的高度关注，在社会上树立了良好的改革形象。

学校发展同样需要更多的外脑智慧和外在借鉴。十二中在发展定位、课堂教学等方面都充分利用了"借脑工程"，他曾到很多兄弟学校进行思想采购，学到了很多现成的经验。

与丁进庄校长交流时，他谈到最多的就是精神。丁进庄那种赌命式的创业精神，以及言谈中流露出的对教育的情结、对生他养他的那块土地的情结，让人不禁心生敬意。

这种精神同样在洛阳十二中的教师群体中传递着。而丁进庄又适时将这种感动与思考渗透到学校治理的每一个细节中，制定出了学校完整的理念系统，从而在规模扩张、管理、教学、文化重建等几大关键领域开启了学校转型之路。

丁进庄常说，一个校长的任期再长，但对一所学校来说，都是短暂的，所以，校长要留下善良与真诚、宽容与正直、独特与纯净、丰富与深刻、民主与合作，要学会等待、学会分享、学会选择、学会合作、学会创新。

对于这样一所濒临停办的薄弱学校而言，有一位有责任感的创业型校长，其作用一定程度上可以说是决定性的。同样的教师、不同的领导智慧，经过有效整合使原本颓废的发展元素迅速转换成了突破困境的有力支撑。

今天，洛阳十二中的发展在全市同类高中是绝对强势的。而丁进庄并没有满足于此，他制定的新的战略是，初步建成十二中教育园区或教育集团，集团以洛阳市十二中初中部、高中部、十二中分校、洛龙区第十三小为核心，各自为独立法人资格，集团为公办、民办和多种经济成分融合的集团联合体，多方合作，共同兴办教育，让十二中成为区域教育中心、农村社区文化策源地。

# 附录·观察

## 名校能否基业长青

2009年,被河南省沁阳市永威学校定义为"永威经验"诞生元年。到这一年,退休后的蔡林森在永威学校已度过了3个春秋。这位曾经创造了洋思教育传奇的名校长主政永威3年来,又一次缔造了名校神话。洋思经验从移植到生长再到发展,从原来只适用于初中到向小学和高中的成功延伸,永威已不只是第二个洋思,而是正在走向全国的全新的"永威"。这一年5月份,由河南省教科所主办的河南省教育改革优秀成果"永威经验"现场展示会在该校举行,这是官方对"永威经验"的一种肯定和认可。

永威学校的成功,是名校长带动战略的典型案例,它的成功与洋思一样深深地打上了蔡林森个人的色彩和烙印。值得思考的是,今天的永威到底能走多远?如果有一天,蔡林森离开了,永威是否能光芒依旧,是否会黯然失色?蔡林森之后的继任者能否持续保持永威今天的发展态势，其被关注度是否会持续升温？

这一年，同样引起关注的还有走过了50年办学历程的河南省安阳市人民大道小学。这一年11月1日，在50年校庆的庆典上，柳斌、郭振有、王文湛等一大批教育专家云集于此。这所曾经被誉为全国小学教改的标志性符号的名校，又一次走进了人们的视野。人们重新拾起的不仅仅是姚文俊时代所缔造的辉煌，还有对现任校长马丽娜所作出的探索。有媒体报道说，她"重拾"姚文俊时代的德育财富，续写出德育的"第四部曲"，开展"提高学生道德认识，促进知情意行和谐发展"为主题的德育实验。然而，与十几年前相比，今天的安阳市人民大道小学名校光环有些暗淡。对今天的安阳市人民大道小学来说，马丽娜如何实现"二次辉煌"，如何把主体教育思想进一步发展、丰富并有效落实到每位教师的课堂教学中，是挑战，更是机遇。我们期待着马丽娜和她的团队能复兴"大道精神"，铸就"大道师魂"。

安阳市人民大道小学和沁阳市永威学校，一公办一民办，分别代表着两种不同的教育形态。我们认为，名校不仅仅是人影响人和制度影响人，更应该是文化影响人。我们所期待的名校，不应该是教改英雄成就的名校，而是一个团队成就的名校，一种文化成就的名校。我们祝愿两所名校都能够基业长青，成为"百年老店"。

## 对名校的误读

在与很多校长的交流时，大家常常会不约而同地把话题集中到洋思中学和杜郎口中学等名校上。言谈之中可以看出，几乎所有的人都去过或了解过这些名校，都能对其核心经验评论一番。有人谈到了这些名校对基础教育改革贡献的价值，有人对盲目追捧名校现象进行了批判，也有人则对名校经验本身的科学性提出了质疑。

这样的交流与碰撞自然会生成很多智慧，很多认识也会越辩越清晰。而我想抛出的一个思考是，我们到底该以什么样的态度看待名校、学习名校。

我们总寄希望于从名校的成功经验中拿到能解决一切问题的万能技术，但到头来发现，学习的结果并不是这样，有可能是水土不服，也有可能是"四不像"。于是，有人开始怀疑，甚至责难，于是，一些带有误导性的观点就出现了：杜郎口的教学模式过于夸大了学生的作用，杜郎口只适用于落后的农村学校，杜郎口把中小学教改引入了误区。

正像影视明星一样，成功学校一旦成名，随之可能出现鸡蛋里挑骨头式的批判，甚至可能招致绯闻或攻击。名校的经验是成功的，但不一定就是完善的，我们不能一相情愿地要求名校的经验就是完美的、万能的，我们同样不能因为它存在不足而否定其本身所具有的价值。

任何一所名校成功经验的产生，都有其特定的背景与现实条件，都有其领军人物的独特人格魅力所派生出的个性文化。无论是洋思还是杜郎口，他们都曾经面临生存困境，危机四伏，他们都有"穷则思变"的强烈欲望与热情，他们都以课堂教学为切入点和突破口，他们都有一支愿意追随校长的教师团队。因此，我们可以学习其精神、借鉴其理念、模仿其技术，但洋思与杜郎口经验背后的文化无法复制，也无需复制。

也许我们本不该对这些名校抱有太高的期望，指望一个洋思或杜郎口来改变中国基础教育是不现实的。可是，有时候我们每个人都在有意无意地扮演着神化名校的角色。其实，有人盲目追捧不是明星的错，而是追星者的错。我们需要学习洋思和杜郎口，但不能因为学习别人而迷失了自我；我们需要批判性地借鉴，但不能因为批判而忽视了建设；我们需要争鸣，但不能因为争鸣而使行动变得无力。

## 为什么农村初中更容易出经验

细心的教育工作者一定会发现这样一种现象：一个时期以来，基础教育课堂教学改革领域出现的经验大多来自农村学校，并且多是初中。从十几年前的江苏洋思中学到今天的山东杜郎口中学、江苏后六中学等，这些学校的出现都在不断强化着人们对这一现象的认识。

也许有人会说，这只是偶然的巧合，或者说基层还有很多尚未被发现的更有价值的经验。客观上说，小学阶段教育改革的空间更大，环境更宽松，这些条件更有利于探索出有价值的经验。但是，冷静思考一下——来自全国各地的学习者涌入洋思中学、杜郎口中学学习的景象，不得不让人叹为观止。一个不争的事实是，这些学校的教改实践为基础教育改革贡献了重要价值。

高中距离升学这一出口最近，改革需要承担的风险最大，因此他们推动改革的积极性最低；位于城市的学校，条件相对优越，生源、师资相对稳定，不存在更多的生存压力，因此面临可改可不改的选择时，他们势必会保持沉默或观望姿态；小学距离升学这一出口最远，改革也最活跃，可谓是一派繁荣景象，但是小学的教改实践更多的集中于所谓的素质教育探索层面，因为就小学教育而言，学生潜能的激发、习惯的养成等为终身发展奠基的教育远比知识的传授更重要；而位于农村的初中学校则基础最薄弱、问题最多、矛盾最集中——办学条件相对较差，初中阶段的学生开始出现敏感、叛逆等心理特点，容易出现两极分化，客观上说，基础最薄弱，改革起来最容易突破，问题最多、矛盾最集中，使改革更迫切，这样的改革也更具挑战性。

我们再来分析这些改革成功的农村初中所共同具备的条件：他们都曾是被严重边缘化的学校，硬件落后，生源萎缩，危机四伏，他们被现实逼着走上了改革这条路，改革愿望比较强烈，动力充足；基于穷则思变的思想基础，全体教师容易形成发展的共识和一致的目标，推行改革的阻力相对较小；他们都有一个有着朴素教育情怀和执著精神的领军人物；他们改革的初衷很简单，就是为了摆脱现实困境，就是为了能生存下去。

## 关注经验形成的过程

河南西峡区域教改的核心经验是"三疑三探"课堂教学模式，她让一个县域的城乡中小学课堂发生了质变，这种整体性的变化很大程度上放大了教学模式本身的价值。

我们知道，时下有不少专家对模式教学现象提出了质疑，认为课堂教学应该充分张扬教师的个性，而不必囿于一种模式。需要深入分析的是，有了教学模式后，是不是就与张扬教师个性对立了？是不是就压抑了教师教学创新的积极性？我想答案肯定也是否定的。因为模式的诞生本身就是一线教师、教研员批判性继承和创造性实践的结果。"三疑三探"教学模式是不断发展的，她不是一旦形成便固定不变的。没有对洋思经验和杜郎口经验的深入学习与发展，就不会有"三疑三探"教学模式的形成。

课堂教学本质上是一种以提高生活质量和生命价值为宗旨的特殊生活实践过程，是一个学生不断超越和提升现有生存状态，从而创造一种更为完美的可能生活的动态生成过程。西峡教育者在实践洋思经验过程中，没有失去自己独立的思考，他们的认识回归到了课堂的本质，然后从课堂的原点重新出发。因此，他们找到了自己的变革路径：让每一个孩子在自己的经验中走进文本、感悟文本、解读文本。在这个过程中，多鼓励学生发表自己的独特见解，允许学生对教材文本进行不同的解读。

所以，学习教改经验不仅仅要学习经验本身，更要关注经验形成的过程，关注经验产生背后的变革精神与实践智慧。

著名学者李政涛说，对改革过程的忽视，体现在两方面：一是没有意识到改革的文化价值。二是没有意识到改革的育人价值，没有想到改革的过程就是参与改革者的生命成长与发展的过程。因此，他认为，良好的学习心态不仅注重过程甚于结果，而且特别关注策划改革的过程，特别关注核心的文化理念转化为文化行为的过程，特别关注改革过程中出现的困难和障碍的诊断与解决，特别关注让每个人在共同的价值取向的基础上以自身的方式参与改革的过程，特别关注改革的过程对每一个改革参与者的发展价值。

## 拷问传统课堂

案头有一本名为《课堂教学的革命》的书，这是一本系统解读河南省西峡县"三疑三探"课堂教学模式理论与操作体系的书。在书的前言部分，作者深刻分析了"我们当前的教育到底培养了什么样的人"这一问题。作者认为，传统的课堂教学是学生思维的"屠宰场"，使学生丧失了独立思考、敢于质疑的精神与能力。今天，当面对学生质疑精神和创新能力的培养时，我们的课堂教学似乎显得苍白无力。

如果用一些关键词来概括传统课堂的诟病，能列举一箩筐。我这里有一系列带有"火药味"的词语，比如霸占——老师霸占了课上，还要霸占课下，比如绑架——应试绑架了学生的同时，也绑架了老师和家长；比如牺牲——为了智育牺牲了美育、体育和德育，为了未来的牺牲了当下；比如围剿——因为作业和考试的围剿，学生没有了童年的空间……

传统的课堂教学因为过于重视了教师的"教"而弱化了学生的"学"，导致"有教无学"和"以教代学"现象的泛滥；因为过于关注分数而缺少对学生精神成长的关注,以至于陷入了"有教无育"的应试本位的困境;因为过于对标准答案的追求而限制了学生思维的放飞,这样的课堂输出的是流水线上的产品,培养的是同质化思维的学奴。这样批判不是指责,更多为了清醒地认识传统课堂的弊病,是为了更好地建设新课堂。应该说传统的课堂教学很好地解决了知识性的传授与学习,但大多数课堂过分重视对学生进行知识的灌输,而课程又忽视社会需求,教学组织形式和管理办法陈旧老套;课堂生活僵化、呆板,学生在这样的课堂上找不到自由的环境,体验不到学习的快乐,我们的老师在有意无意地制造着专制的课堂……这些都让原本对新事物充满好奇的学生,慢慢变得麻木,甚至渐渐失去了独立思考的能力。

有人曾拿网吧的生意兴隆与课堂的低迷进行对比,为什么网吧能够吸引那么多学生如痴如醉,而课堂却使学生纷纷逃离?原因大概就在于,一是因为学生对网络游戏由衷地感兴趣所以乐此不疲,兴趣是最大的动力,因此在网吧玩游戏从来不需要我们号召减负,哪怕学生不吃饭,不睡觉;二是网吧里的环境自由,没有人约束和干涉,学生可以自由选择自己喜欢的游戏,三是网络游戏的不断晋级是最有效的即时评价,能使学生满足探究欲,不断体验到成就感。也许课堂如何与网吧展开一场争夺战,将是一个需要直面的命题。

## 伪课堂,还是伪教育

2009年10月31日,98岁高龄的大师钱学森逝世,随后,安徽高校的11位教授联合给新任教育部部长袁贵仁及全国教育界发出一封公开信:让我们直面"钱学森之问"!自此,"钱学森之问"又一次成了舆论关注的焦点。"钱学森之问"谈到的问题是:这么多年,我们为什么培养不出杰出人才?

"钱学森之问"是关于教育改革与发展的一道艰深命题，其核心是如何破解创新型人才的培养问题。这让我想到了一直倡导问题意识和独立思考的西峡"三疑三探"教学模式。"三疑三探"教学模式的价值不在于其教学流程本身的科学与否，而在于模式背后"疑"和"探"的核心精神。其创立者杨文普认为，课堂不能简单地以解决问题为旨归，鼓励学生发现问题比解决问题更重要。

把课堂教学改革与"钱学森之问"联系起来，源于课堂是教改的核心阵地，几乎所有的教育改革都要以课堂为归宿，并要在课堂上得以验证。如果我们的课堂关注了学生问题意识的培养，创新型人才的培养难题也将被破解。

当下，在如火如荼的课堂教学改革中，课堂教学模式林立，概念频出。然而，需要思量的是，你的课堂是否体现了"思"字当头，让学生独立思考、放飞思维、自由思想？你的课堂是否缺少精神的成长？一线教育者对模式的追求是否有意无意地让我们的课堂偏离了方向，是否对学生依然缺乏问题意识的培养？

看一看当下的课堂教学改革，还有多少学校在热衷于改造流程，有多少教师还在忘情于表演，有多少课堂上的合作学习是虚假的繁荣，有多少课堂"热闹"过度而缺少了安静的空间，有多少课堂教学改革关注的是所谓的教师传递知识的技巧……这样的课堂到底是伪课堂还是伪教育？

课堂教学不只是传授知识，更重要的是启迪智慧。课堂教学，功夫在课外。在流程、方法、技术之外，课堂教学不只是对文本的解读，更重要的是文本与生活的对接，在生活里寻找教育，为生活而教育。理想课堂应该是让学生带着问题走进课堂，带着生成的新问题走出课堂，应该是点燃学生智慧的火把。而给予火把、火种的是一个个具有挑战性的问题，让学生走出教室的时候，仍然面对问号，怀抱好奇。课堂应该是由问题推动的,而问题不是老师预设,应是学生提出。课堂生成的制高点是质疑问难,启迪智慧。没有独立思考,就不会有创造性的生成。

我们要摒弃课堂教学改革的技术主义,摒弃"无教育的教学",我们要进行立意高远的改革,而不是急功近利的改革。我们的课堂应锁定质疑与创新,打造有文化的课堂——基于交流的对话文化、基于探究的质疑文化和基于学科的教学文化。

## 顺民、暴民与公民

在河南省焦作市人民中学组织的"网友读书沙龙"上,网友"阿常"曾提出这样一个观点:我们的教育培养了太多的顺民和暴民,却少有真正的公民。这一观点也许会有很多人质疑或者批判。但它至少传递了一个信息:我们的学校在公民教育培养上是存在问题的。

关于学校教育中的顺民与暴民,我的理解是:所谓顺民,是缺乏独立思考能力的人,习惯于人云亦云。传统的课堂到处充斥着教师的霸权主义,学生被动接受的多,主动思考、敢于质疑的少,课堂教学的专制使学生的思想发育背负着沉重的枷锁。我们的教育因此缺少了独立思考和批判精神的培养。有一则笑话发人深省:在一所国际学校里,老师给各国学生出了一题:有谁思考过世界上其他国家粮食紧缺的问题,请大家发表一下自己的看法。非洲的学生一脸茫然地问老师:什么是粮食?新加坡学生问老师:什么叫紧缺?美国学生问老师:什么叫其他国家?而中国学生提出来的问题却是:什么叫发表自己的看法?这只是一个笑话,但相信每一个人看后都笑不起来,问题的背后是一代人独立思考精神的缺失。我们需要反思的是,只有在专制的环境中才容易产生顺民;只有老师过多地预设与控制,才容易导致专制的环境。

所谓暴民,是在受压抑的环境中起来对抗的人。在高考这一利剑下,我们目睹的现状是，教师苦教、学生苦学、家长苦陪，学生的厌学现象逐渐凸显，校园里传唱着对学校和教师不满的童谣，一些学生不断逃离学校，甚至有学生在造句时这样写道："如果我有一颗 Bomb，我就会炸平我的学校；如果我有一把刀，我就会杀死我的妈妈。"这些都在不同程度地传递着学生们的暴民倾向。

顺民和暴民到处都有，唯有公民是我们的社会和学校教育所缺少的。虽然公民教育是现代学校教育的一个重要内容，不少学校也开设了相关的课程，但是，公民意识的虚弱，依然是一个不争的事实。也许，我们不缺少公民教育的课程，缺少的是民主、宽松、法治的育人环境。正如著名校长郑杰所说：真正的公民教育不在于开设多少节公民教育课，而在于打造一所真正民主的学校，使这所学校本身成为一个公民社会。在这个社会中，每个人都通过做公民的事情、学习像公民那样行动而成为一个公民。

期待着更多的顺民、暴民都能走向公民。

## 文化永远大于技术

在对学校教育的现实改造中，人们总是过于依赖技术的力量。考察或学习一些学校的经验时，学习者的目光总是聚焦于具体的课堂教学流程，关注于怎样评价教师、怎样备课、怎样考试，甚至对别人的制度或试卷实行全面的"拿来主义"。在很多人看来，只有具体的经验文本是最真实的、最直接的，技术层面的经验也最容易借鉴和复制。因此，人们的视野里会不断出现"概念新颖"的课堂教学模式。

实际上，任何一所成功学校的背后，都有一种具体的历史或现实的背景，都有一种文化或理念的支撑。显性的技术层面的经验与隐性的文化共同构成了成功学校的经验，仅仅关注技术是狭隘的，是走不远的，这也正是一些学校在学习成功学校的经验时,常常出现水土不服或"四不像"的原因。比如,山东杜郎口中学课堂教学改革的背后,是以校长崔其升为核心的整个教师团队"穷则思变"的强烈愿望的推动。改革是要付出代价的,但不改革就是在等死,因此,改革是杜郎口唯一的出路,是"置之死地而后生"的选择。这样勇于变革的心态,如果你的学校没有面临严重的生存危机,如果你的学校还有后路可走,是体会不到的。我们不能说,仅仅是改革的勇气和动力催生了杜郎口课堂教学模式的诞生,但至少这样的心理基础是其中一个很重要的原因,这样的心理基础是很多学校所没有的。

比如,开封市求实中学,在其高升学率的背后,有学校各种主题活动给学生心灵的解放,有教师团队合作激发创造性的故事演绎,有课堂教学高效的积淀,有家校沟通形成的合力推动。人们在学习求实中学的经验时,可以借鉴学生自主开展的晨会,可以带领学生外出郊游,可以倡导教师合作,但求实中学一些隐性的文化是很难触及的,比如,校长张建平的教育家情怀、独特的人格魅力在教师中形成的绝对威信,比如,家长对求实中学办学理念高度认同,等等。

教育变革的前期可能是技术变革、制度变革,但最终必然是一种文化的变革。同样品牌的90%是文化。真正的品牌产品营销的不只是产品本身,更是一种品牌文化。我们坚信,只有文化的才是久远的,文化永远大于技术。当我们在关注技术层面的经验时,同样需要更进一步去关注深层文化,用文化来改造学校,用文化来涵养教育。

## 校园文化苍白折射了什么

日常工作中,经常会走访一些学校,每到一校,笔者总习惯于关注学校的校园文化(这里的校园文化定位于学校的视觉文化系统),但遗憾的是，鲜有让人眼前一亮的校园文化标识，目及之处往往是理念大致相同的口号，标语的同质化和理念的滞后很难让人觉察到教育变革的生机和活力。

"勤奋、进取、求实、创新"这样八股式的校训曾使学校千校一面，"一切为了学生，为了学生一切，为了一切学生"这样的标语也曾一夜之间风靡城乡学校。一些学校即便有一些特色的文化点缀，但又是孤立的，是支离破碎的，缺乏统一的系统的规划。有专家提出这样一个观点，笔者比较认同：校园应该是一本书，可我们的校园不是"书"，既没有"中心思想"也没有"段落大意"，只有被肢解的"字词句"，更没有"写作特色"和艺术风格。校园文化的苍白也好，同质化也罢，也许皆源于没有把校园看做一本厚重的书。

校园文化苍白和同质化折射的不仅仅是个性和特色的缺失，背后更是校长或办学人对教育独特认识的缺失。对教育缺乏自我的认识，就可能陷于盲从，流于肤浅，就很难做出入脑入心的教育，也很难在分数之外为学生终身发展做出有益的探索。

在内容同质化和缺乏系统规划之外，校园文化同样存在开发不足、缺乏动态生成等弊端。比如学校的地面文化如何充分开发并利用，比如地域文化如何与学校教育相结合，开发出具有地域特色的校园文化，比如校园里某些地方的校园文化内容是需要定期更换的，甚至是需要发动学生参与设计的。只有动态校园文化与静态校园文化互为补充，才能形成校园文化的合力，才能更好地体现出校园文化的育人功能。

## 向企业学习什么

时下，在学校管理中不少校长推崇向企业学习管理，这一现象似乎正变得炙手可热。我们发现，有不少著名企业经典管理案例，被勇于学习的校长直接拷贝或移植到自己的学校管理中；不少优秀企业家的言论成为一些校长在学校管理中的座右铭；更有不少学校管理的文章中充斥着企业管理的术语。

但遗憾的是，大多停留在对于"术"的现学现用和简单照搬层面上，更有不少是在盲目地跟风。企业界风行"细节决定成败"，学校管理中便有人跟风式地实施精细化管理，《细节决定成败》这本书便出现在众多校长的书架和案头。

值得深入思考的是，学校和校长到底应该向企业和企业家学习什么？盲目跟风与走马观花式地参观学习能给学校的发展带来多少积极的变化？

仅仅停留在"术"的简单复制上是远远不够的，学校的可持续发展关键在于校长和整个团队在学习他人经验的基础上善于"谋道""悟道"，从而"得道"。当然，这需要一定的时间和耐心去修养、去感悟。

"道"是思想，是方向，是文化。实际上，学校领创者能否对整个团队价值共识进行有效塑造，能否建设学校的独特文化，是品牌学校与薄弱学校的重大分野。因此，如何去塑造并凝聚学校文化与精神？成为当前学校变革与转型过程中迫切需要解决的重大问题之一。我们期待更多的校长能在学习中"谋道""悟道"，从而"得道"，能建立起独特的学校文化。

# 后　记

2010 年，是我职业生涯中的一个拐点。

这一年，工作的变动使我关注的范围开始从河南扩大到了全国，走成都，过内蒙，去江浙，下广州，一路走来，结识了更多有思想、有理想、有故事的"课改达人"。从他们身上，我目睹了基层教育变革力量的崛起和一系列草根课改成果的诞生。

这本书是我对这些变革力量与课改成果的记录与解读，确切地说，是从我过去三年多来的采访报道中提取的产物。我只是尽可能地让这些原本没有多少内在关联的报道在重新组合的过程中成为一个主题相对集中的文本。

作为教育媒体的记者，我一直认为自己首先应该是教育人，其次才是新闻人。我也因此对自己的职业心存敬畏。有人说，新闻是一种要不断回到地面的行为艺术，其实，教育改革同样需要回到粗糙的地面。只有这样，无论新闻还是教育才会更加具有现场感，更加真实。记录是新闻人的行走方式，而解读则是作为教育人的观察与思考。每每深入到学校改革现场,我都会以客观记录和真实解读为追求,努力捕捉那些有价值的信息与经验。当然,所谓客观记录,只能是相对客观,所谓真实解读,也只能是有限解读。因为每一所学校都是动态发展的,经验本身是不断丰富完善的,所谓的记录与解读仅仅是我作为记者截取了当时的观察片段,只是对学校成功经验挂一漏万的呈现。

我所能做的就是努力使采访的每一所学校,尽可能有一种全新视角的解读。采访常常是一个充满感动与激动的过程,采访结束后坐在电脑前开始写作时,则往往是一种建构、推翻、再建构的痛苦过程。我常常因此纠结的是,自身的知识储备与期待的真正富有解释力的描述和解读之间有着一个很难逾越的鸿沟。无论最终见报的文字如何都会有一种遗憾,尽管就主观愿望而言,我迫切希望让自己的文字能传递出更多有价值的思想。好在前辈有人说了"写作是一种遗憾的艺术",可以拿这句话来聊以自慰。我也希望这种"迫不得已"的一种有限解读,能为读者预留更广阔的思考空间。

我很庆幸自己当初走进大学的时候选择了新闻专业,毕业之后又顺利走上了新闻工作岗位。是新闻这一职业丰富了我观察生活的视角,而教育媒体这一平台又让我拥有了同时可以在新闻和教育两个领域行走的机会。

因此,我要感谢曾经供职的《教育时报》,这是一份立足中原、面向全国的有专业品质的教育纸媒。这里留存有我和一帮兄弟为了一个标题而讨论到深夜的难忘记忆,有我们为了探索教育专业媒体转型所进行的种种努力。正是在这个心怀职业理想和不断碰撞学习的团队里,使我积蓄了从新闻人走向教育人的勇气和信心。我对这个曾经在此战斗了8年的媒体心怀感激。

我要感谢《中国教师报》总编辑雷振海先生和采编部主任李炳亭先生,是他们让我在这份定位于"课改报"的新锐纸媒中,获得了更大视野和更开放、多元审视教育的机会。

我同样要感谢这些年来我曾经采访过的每一个对象，无论是否收入我的这本书里，他们都帮助我进一步厘清了对教育的认识，是他们为我的记录与解读提供了丰富的素材，也让我对未来教育和未知的采访对象充满期待。

**褚清源**

2011 年 3 月

**图书在版编目（CIP）数据**

学校智道/褚清源著.—济南：山东文艺出版社，2011.4
（2012.4重印）
ISBN 978－7－5329－3450－8

Ⅰ.①学… Ⅱ.①褚… Ⅲ.①中小学—教学研究 Ⅳ.①G632.0

中国版本图书馆 CIP 数据核字（2011）第 030179 号

## 学校智道

褚清源　著

| | |
|---|---|
| 主管部门 | 山东出版集团 |
| 集团网址 | www.sdpress.com.cn |
| 出版发行 | 山东文艺出版社 |
| 社　　址 | 山东省济南市英雄山路 189 号 |
| 邮　　编 | 250002 |
| 网　　址 | www.sdwypress.com |
| 读者服务 | 0531－82098776（总编室） |
| | 0531－82098775（发行部） |
| 电子邮箱 | sdwy@sdpress.com.cn |
| 印　　刷 | 山东新华印刷厂德州厂 |
| 开　　本 | 710×1000mm　1/16 |
| 印　　张 | 18.25　插页/2 |
| 字　　数 | 230 千字 |
| 版　　次 | 2011 年 4 月第 1 版 |
| 印　　次 | 2012 年 4 月第 3 次印刷 |
| 书　　号 | ISBN 978－7－5329－3450－8 |
| 定　　价 | 32.00 元 |

版权专有，侵权必究。如有图书质量问题，请与出版社联系调换。

发现教育智慧
助力教师专业化成长
致力于高效课堂模式的推广与应用
服务于"新教师"、"新课堂"、"新教育"

# 教育发现书系隆重推出

| 类 别 | 书 名 | 作 者 |
| --- | --- | --- |
| 高效课堂 | 善待杜郎口——李镇西教学随笔 | 李镇西 著 |
| | 民主教育在课堂 | 李镇西 主编 |
| | 教育即道德 | 田保华 著 |
| | 杜郎口"旋风"（修订版） | 李炳亭 著 |
| | 高效课堂22条 | 李炳亭 著 |
| | 高效课堂九大"教学范式" | 李炳亭 著 |
| | 我给传统课堂打0分 | 李炳亭 著 |
| | 课改立场：一个区域教育的实践样本 | 李炳亭 褚清源 张志博 著 |
| | 高效课堂导学案设计 | 张海晨 李炳亭 著 |
| | 问道课堂：高效课堂理念与方法的26个追问 | 李炳亭 褚清源 著 |
| | 问道课堂Ⅱ：解读现代课堂常识与行动 | 郭瑞 梁恕俭 主编 |
| | 发现高效课堂密码（修订版） | 于春祥 著 |
| | 中国当代课改档案 | 李炳亭 洪湖 著 |
| 班主任修炼 | 发现班主任智慧：追求充满人性的教育 | 郭文红 著 |
| | 班级问题诊断 | 高影 编 |
| | 治班有招 | 高影 编 |
| | 治班有道 | 高影 编 |
| | 问题学生诊断 | 高影 编 |
| 校长修炼 | 活的教育 | 陶三发 著 |
| | 学校智道 | 褚清源 著 |
| | 校长之道 | 姚文俊 著 |
| | 学校管理智慧：教师成长 | 吴盈盈 编 |
| | 学校管理智慧：管的艺术 | 吴盈盈 编 |
| | 学校管理智慧：找到学校的魂 | 吴盈盈 编 |
| | 学校管理智慧：校长成长 | 吴盈盈 编 |

# 教育发现书系隆重推出

| 类 别 | 书 名 | 作 者 |
| --- | --- | --- |
| 教师成长 | 师道：为师亦有道 | 马朝宏 主编 |
| | 蒋自立与自我教育 | 蒋自立 著 |
| | 李平老师讲语文 | 李平 著 |
| | 做幸福的老师 | 翟幸福 主编 |
| | 使人成为人 | 司家栋等 著 |
| | 课堂问题与争鸣 | 叶飞 编 |
| | 教师成长密码 | 叶飞 编 |
| | 问道中国教育：仰望教育的天空 | 雷振海 李炳亭 编 |
| | 问道中国教育：撬动教育的支点 | 雷振海 李炳亭 编 |
| | 问道中国教育：追寻教育的幸福 | 雷振海 李炳亭 编 |
| | 问道中国教育：改变教育的思维 | 雷振海 李炳亭 编 |
| | 问道中国教育：追溯教育的原点 | 雷振海 李炳亭 编 |
| 区域课改之殷都样板 | 殷都样板：小学低年级导学案点评 | 姚文俊 金耀林 主编 |
| | 殷都样板：小学英语导学案点评（3—6年级） | 姚文俊 金耀林 主编 |
| | 殷都样板：小学数学导学案点评（3—6年级） | 姚文俊 金耀林 主编 |
| | 殷都样板：小学语文导学案点评（3—6年级） | 姚文俊 金耀林 主编 |
| | 殷都样板：中学导学案点评 | 姚文俊 金耀林 主编 |
| | 为了学生的学 | 姚文俊 金耀林 主编 |
| | 分数大变脸 | 姚文俊 金耀林 主编 |
| | 做智慧教师 | 姚文俊 金耀林 主编 |
| | 模式就是生产力 | 姚文俊 金耀林 主编 |
| | "主体多元"在殷都 | 姚文俊 金耀林 主编 |

地  址：山东省济南市英雄山路189号山东文艺出版社    邮 编：250002
购书热线：0531—82098775                            投稿信箱：jiaoyufaxian@126.com
投稿热线：0531—82098789                            读者交流QQ群：69362448